数字出版概论

SHUZI CHUBAN GAILUN

刘银娣 编著

华南理工大学出版社
SOUTH CHINA UNIVERSITY OF TECHNOLOGY PRESS

·广州·

图书在版编目（CIP）数据

数字出版概论/刘银娣编著 . —广州：华南理工大学出版社，2018.11（2021.8重印）

ISBN 978-7-5623-4156-7

Ⅰ.①数… Ⅱ.①刘… Ⅲ.①电子出版物－出版工作－概论 Ⅳ.①G237.6

中国版本图书馆 CIP 数据核字（2018）第 265432 号

数字出版概论

刘银娣　编著

出 版 人：卢家明
出版发行：华南理工大学出版社
　　　　　（广州五山华南理工大学17号楼，邮编510640）
　　　　　http：//www.scutpress.com.cn　E-mail：scutc13@ scut.edu.cn
　　　　　营销部电话：020-87113487　87111048（传真）
策划编辑：毛润政
责任编辑：王　倩
印 刷 者：广东虎彩云印刷有限公司
开　　本：787mm×960mm　1/16　印张：15.75　字数：298千
版　　次：2018年11月第1版　2021年8月第3次印刷
定　　价：48.00元

版权所有　盗版必究　印装差错　负责调换

前　言

出版学是一门实践学科，30多年来，世界出版业和中国出版业在数字技术的推动下，都出现了新一轮的发展高潮。2010年以来，国家更是加大了对数字出版产业的支持力度，原新闻出版总署下发《关于加快我国数字出版产业发展的若干意见》，其后每年都会出台多项旨在促进数字出版产业发展和传统出版企业数字化转型升级的政策，国家对数字出版产业的财政支持力度也越来越大，金融资本的渗透越来越深入。数字技术在出版业的应用越来越广泛，数字出版产值不断增长，数字阅读率不断提高。数字出版"已经成为新闻出版业的战略性新兴产业和出版业发展的主要方向，也是国民经济和社会信息化的重要组成部分"。

作为新兴出版业态之一，自产生以来，数字出版理论研究和人才培养就受到政府、产业界、研究界和学界的关注。然而，数字出版产业的蓬勃发展一方面为出版学的理论研究提供了丰富的实例和鲜活的素材；另一方面，现有的理论又跟不上实践的发展，数字出版理论研究和人才培养远远落后于实践。人才是产业发展最重要的驱动力之一，我国数字出版产业要想实现跨越式发展，迫切需要一大批具备数字出版专业知识的人才。

2012年，中华人民共和国教育部看到了产业发展和转型对数字出版、网络与新媒体人才的需求，印发的《普通高等学校本科专业目录（2012年）》和《普通高等学校本科专业设置管理规定》首次在新闻传播学科门类下新设了"数字出版"和"网络与新媒体"专业。事实上，早在教育部新设"数字出版"专业之前，北京印刷学院、武汉大学等高校就已经开始了数字出版人才培养的探索。系统、成体系的专业教材是人才培养的重要基础和保障。随着产业实践的日益深入、数字出版研究成果的不断增加以及数字出版人才培养经验的日益丰富，数字出版教材的编撰也有了更加坚实的基础。

本教材从理论性和实用性两方面来探讨数字出版业的基本概念、范围和

最新成果，主要采用系统论和认识论的视角和观点，在分析数字出版环境时，以迈克尔·波特（Michael E. Porter）的价值链理论为基础，将数字出版企业置于整个内容传播系统中，从主要相关利益群体在内容传播中的价值和承担的职能出发，将数字出版机构的环境分为制度环境、供求环境、竞争环境和技术环境。在分析数字出版概念、形态和特征时，将数字出版的概念与网络出版以及电子出版等相关概念进行比较，以界定其内涵和外延；在分析数字出版特征时，结合数字出版形态，从生产流程和出版要素两个维度去分析；在分析数字出版发展历程时，比较了国内外数字出版发展历程；在分析数字出版技术时，遵循数字出版产品生产各个流程所使用的技术，系统地分析了数字内容组织技术、数字内容编排技术、数字内容出版技术以及技术标准；在分析数字出版物市场时，也是从系统论的角度将数字出版物市场进行解构，分别分析数字出版物市场的各个要素及其特征，并充分考虑实用性，介绍了数字出版物市场细分、资源配置以及市场分析和预测方法；在分析数字出版产业价值链及其盈利模式时，从传统出版业的"牛鞭效应"出发，指出数字化转型是解除传统出版业这一"顽疾"的重要方法，并由此开始分析数字出版产业价值链的构成与结构以及基于数字出版产业价值链的盈利模式。在对数字出版产业和市场进行深入分析之后，开始将重心转向数字出版产品方面。尽管当前营销学界各种营销新理论层出不穷，然而，在多方比较之后，本书放弃了市场流行的营销理论框架，参考了菲利普·科特勒（Philip Kotler）在《营销管理》一书中对于企业产品营销构建的"4P"营销理论框架，该框架更实用，且便于操作和掌握。本书参考这一框架，用四章内容分别分析了数字出版产品策划与开发、数字出版产品定价、数字出版产品分销渠道和数字出版产品促销。数字出版产业的发展离不开合法、合理、有效的管理，因此，本书的第十一章从数字出版行政与行业管理、数字出版标准化管理、数字版权管理以及数字出版产品质量管理四个方面分析了数字出版产业管理的问题。最后，新兴的技术热潮也对数字出版各个方面产生了深刻的影响，本书第十二章分析了大数据、VR以及人工智能等出版业尝试应用并预计未来会进一步深刻改变数字出版产业的技术，主要分析了这三大技术在出版业应用的现状以及带来的挑战和机遇。

前　言

本书具体分工如下：前言，第一、二、三、五、六、八、九、十一、十二章由刘银娣负责；另外三章由华南理工大学新闻与传播学院的三位研究生负责：第四章由周盛楠负责，第七章由潘聘负责，第十章由姚琼负责。

本书在出版过程中得到了华南理工大学出版社教材分社社长毛润政、华南理工大学新闻与传播学院院长苏宏元的大力支持和帮助。与此同时，本书的编写可谓是"站在前人的肩膀上"，参考了徐丽芳、张立、谢新洲等数字出版专家的理论研究成果，在此谨向他们表示衷心的感谢。

需要指出的是，作为新兴产业和专业，数字出版的学科体系还处于创建阶段，再加上受实践经验、研究深度和资料掌握程度以及作者本身能力的限制，不足之处甚至错误在所难免，敬请各位读者批评指正。

刘银娣
2018 年 4 月于美国密苏里

目 录

第一章 数字出版环境 ... 1

第一节 制度环境 ... 2
一、宏观制度环境 ... 3
二、产业制度环境 ... 8
三、企业制度环境 ... 9

第二节 供求环境 ... 10
一、供应环境 ... 10
二、需求环境 ... 12

第三节 竞争环境 ... 13
一、替代威胁 ... 14
二、进入和退出壁垒 ... 15
三、数字出版行业内的竞争 ... 16

第四节 技术环境 ... 17
一、数字出版技术变迁 ... 17
二、数字出版技术发展 ... 19
三、数字技术发展给数字出版机构带来的机遇和挑战 ... 20
本章小结 ... 22
思考与练习题 ... 23

第二章 数字出版的概念、形态与特征 ... 24

第一节 数字出版的概念 ... 24
一、出版 ... 25
二、数字出版 ... 25
三、数字出版的三大要素 ... 27

第二节 数字出版相关概念辨析 ... 28
一、电子出版 ... 28
二、网络出版 ... 30

　　三、互联网出版 ………………………………………………… 31
　　四、移动出版 …………………………………………………… 32
　第三节　数字出版的形态 ……………………………………………… 32
　　一、数据库 ……………………………………………………… 33
　　二、电子图书 …………………………………………………… 35
　　三、数字期刊 …………………………………………………… 36
　　四、数字报 ……………………………………………………… 36
　　五、按需印刷出版物 …………………………………………… 37
　　六、自助出版物 ………………………………………………… 38
　　七、开放存取出版物 …………………………………………… 39
　第四节　数字出版的特征 ……………………………………………… 40
　　一、基于生产流程的数字出版特征分析 ……………………… 40
　　二、基于数字出版要素的数字出版特征分析 ………………… 41
　本章小结 ………………………………………………………………… 42
　思考与练习题 …………………………………………………………… 43

第三章　数字出版发展历程 ……………………………………… 44

　第一节　数字出版发展历史 …………………………………………… 44
　　一、国外数字出版发展历史 …………………………………… 44
　　二、我国数字出版发展历史 …………………………………… 47
　第二节　数字出版发展现状 …………………………………………… 49
　　一、国外数字出版发展现状 …………………………………… 49
　　二、我国数字出版发展现状 …………………………………… 52
　第三节　国内外出版集团数字化转型路径比较 ……………………… 56
　　一、国内外出版集团数字化转型的相似之处 ………………… 56
　　二、国内外出版集团数字化转型的区别 ……………………… 58
　　三、推进我国出版集团数字化转型的建议 …………………… 60
　本章小结 ………………………………………………………………… 61
　思考与练习题 …………………………………………………………… 61

第四章　数字出版技术 …………………………………………… 62

　第一节　数字内容组织技术 …………………………………………… 62

目 录

　　一、标记语言 ………………………………………………… 63
　　二、标识符 …………………………………………………… 64
　　三、元数据 …………………………………………………… 65
　第二节　数字内容编排技术 ……………………………………… 65
　　一、版式设计与编辑技术 …………………………………… 66
　　二、多媒体技术 ……………………………………………… 66
　第三节　数字内容出版技术 ……………………………………… 68
　　一、数据库出版技术 ………………………………………… 68
　　二、数字版权管理技术 ……………………………………… 70
　第四节　数字内容技术标准 ……………………………………… 71
　　一、数字内容描述标准 ……………………………………… 71
　　二、数字内容组织标准 ……………………………………… 72
　　三、数字内容发布标准 ……………………………………… 73
　本章小结 …………………………………………………………… 74
　思考与练习题 ……………………………………………………… 75

第五章　数字出版物市场 …………………………………………… 76

　第一节　数字出版物市场的构成及其细分 ……………………… 76
　　一、数字出版物市场的构成 ………………………………… 76
　　二、数字出版物市场细分 …………………………………… 78
　　三、数字出版目标市场的选择 ……………………………… 80
　　四、定位战略 ………………………………………………… 81
　第二节　数字出版资源 …………………………………………… 83
　　一、数字出版资源的含义 …………………………………… 83
　　二、数字出版资源的构成 …………………………………… 84
　　三、数字出版资源优化配置 ………………………………… 86
　第三节　数字出版物市场需求 …………………………………… 87
　　一、数字出版物市场需求的含义 …………………………… 87
　　二、数字出版物需求的特征 ………………………………… 88
　第四节　数字出版物市场调查与预测 …………………………… 89
　　一、数字出版物市场调查的内容 …………………………… 90
　　二、数字出版物市场调查的程序 …………………………… 91

三、数字出版物市场预测 ·· 92
本章小结 ·· 92
思考与练习题 ··· 93

第六章 数字出版产业价值链及其盈利模式 ························· 95

第一节 传统出版业的"牛鞭效应" ··································· 95
一、"牛鞭效应"的含义及其对传统出版业的危害 ············· 96
二、传统出版业产生"牛鞭效应"的原因 ························ 97
三、传统出版业应对"牛鞭效应"的措施 ························ 99

第二节 数字出版产业价值链的构成与结构 ······················· 101
一、价值链理论 ·· 101
二、数字出版产业价值链的结构 ·································· 102
三、构建我国数字内容产业价值链的建议 ······················ 104

第三节 基于数字出版产业价值链的盈利模式 ···················· 107
一、基本价值链定位模式 ·· 107
二、价值链拓展模式 ·· 108
三、价值链分拆模式 ·· 109
四、价值链整合模式 ·· 109
本章小结 ·· 110
思考与练习题 ··· 110

第七章 数字出版产品策划与开发 ······································ 111

第一节 数字出版产品及其生命周期 ································ 112
一、数字出版产品特点 ··· 113
二、数字出版产品生命周期 ······································· 114

第二节 数字出版产品开发 ·· 115
一、新作者挖掘 ·· 115
二、数字内容获取 ··· 116
三、数字出版产品排版设计 ······································· 119
四、数字出版产品的发布 ·· 120

第三节 数字出版产品策略 ·· 121
一、定制策略 ··· 121

二、多媒体融合策略 ·· 123
　　三、立体化开发策略 ·· 123
　　本章小结 ·· 124
　　思考与练习题 ··· 125

第八章　数字出版产品定价 ·· 126

第一节　数字出版产品定价制度与定价影响因素 ·· 127
　　一、数字出版产品定价制度 ·· 127
　　二、数字出版产品定价影响因素 ··· 129

第二节　数字出版产品定价模式 ·· 134
　　一、电子书定价模式 ·· 134
　　二、数字连续出版物定价模式 ··· 136

第三节　数字出版产品定价方法 ·· 141
　　一、渗透定价法 ··· 141
　　二、差别化定价法 ·· 142
　　三、捆绑定价法 ··· 143
　　四、尾数定价法 ··· 144

第四节　我国数字出版物定价的原则与建议 ·· 145
　　一、我国数字出版物定价的原则 ··· 145
　　二、促进我国数字出版物市场良性发展的建议——基于定价的角度 ············ 147
　　本章小结 ·· 149
　　思考与练习题 ··· 149

第九章　数字出版产品分销渠道 ·· 150

第一节　数字出版产品分销渠道构成 ·· 150
　　一、数字出版产品分销渠道的概念 ·· 150
　　二、数字出版产品分销渠道的类型 ·· 151

第二节　电子书分销模式 ··· 154
　　一、直接销售模式 ·· 154
　　二、一级渠道分销模式 ··· 157
　　三、多级渠道分销模式 ··· 160

第三节　数字期刊分销模式 ··· 161

　　一、数字科技期刊分销模式 ……………………………………………… 161
　　二、数字消费类期刊分销模式 …………………………………………… 164
　　本章小结 ………………………………………………………………… 165
　　思考与练习题 …………………………………………………………… 165

第十章　数字出版产品促销 ……………………………………………… 166

第一节　数字出版产品促销概述及组合 ………………………………… 166
　　一、数字出版产品促销概述 ……………………………………………… 167
　　二、数字出版产品促销组合 ……………………………………………… 168

第二节　常规促销策略 …………………………………………………… 169
　　一、广告 …………………………………………………………………… 169
　　二、销售促进 ……………………………………………………………… 170
　　三、公共关系 ……………………………………………………………… 171

第三节　创新促销策略 …………………………………………………… 173
　　一、服务策略 ……………………………………………………………… 173
　　二、体验营销 ……………………………………………………………… 175
　　三、互动营销 ……………………………………………………………… 176
　　四、打造 Publish + 的数字化营销模式 ………………………………… 178
　　本章小结 ………………………………………………………………… 179
　　思考与练习题 …………………………………………………………… 179

第十一章　数字出版产业管理 …………………………………………… 180

第一节　数字出版行政与行业管理 ……………………………………… 180
　　一、数字出版行政管理 …………………………………………………… 181
　　二、数字出版行业管理 …………………………………………………… 184

第二节　数字出版标准化管理 …………………………………………… 185
　　一、数字出版标准的含义和范畴 ………………………………………… 186
　　二、我国数字出版标准化管理体制与机构 ……………………………… 186
　　三、我国数字出版标准建设发展的原则 ………………………………… 187

第三节　数字版权管理 …………………………………………………… 188
　　一、数字版权管理的含义和范围 ………………………………………… 188
　　二、数字版权技术保护 …………………………………………………… 189

三、数字版权的行政管理 ·· 192
第四节　数字出版产品质量管理 ·· 192
一、我国电子书质量现状 ·· 193
二、我国电子书质量管理现状 ·· 194
三、提高我国电子书质量的对策 ·· 196
四、电子书质量保障机制建设构想 ·· 198
本章小结 ·· 202
思考与练习题 ·· 203

第十二章　数字出版技术应用前沿 ·· 204

第一节　大数据技术在数字出版业的应用 ···································· 204
一、基于大数据的传统出版模式变革 ······································ 205
二、出版业应用大数据面临的挑战 ·· 209
三、欧美传统出版企业大数据应用策略探析 ································ 211
四、出版业大数据应用策略建议 ·· 215
第二节　虚拟现实技术在数字出版业的应用 ·································· 217
一、虚拟现实技术在各个出版领域的应用 ·································· 217
二、VR应用于出版业面临的挑战 ··· 220
三、VR出版的发展趋势 ·· 222
第三节　人工智能技术在数字出版业的应用 ·································· 223
一、选题策划：从经验判断到实证测量 ···································· 223
二、内容生产：从复杂的人工劳动到自动化创作与审稿 ····················· 224
三、内容营销：从以供应方为导向的营销活动到以终端读者为对象的"精准营销" ··· 226
四、内容消费：从文本、多媒体阅读到定制化、体验式阅读 ················· 227
本章小结 ·· 227
思考与练习题 ·· 228

参考文献 ·· 229

第一章 数字出版环境

教学目标与教学重难点

目标：了解产业环境分析的各种理论框架；了解如何运用价值链理论将数字出版企业置于整个内容传播系统中；掌握数字出版环境分析方法；了解我国数字出版业的制度环境、供求环境、竞争环境和技术环境。

重难点：理解迈克尔·波特的价值链理论，能够采用该理论分析具体行业以及数字出版企业发展的环境。

数字出版环境是数字出版企业组织运营和管理的基础，关于环境的分析方法很多，包括P（politics）、E（economic）、S（society）、T（technology）宏观环境分析模型，基于该模型扩展后的S（society）、T（technology）、E（economic）、E（education）、P（politics）、L（legal）、E（environmental）、D（demographics）宏观环境分析模型，还有S（strengths）、W（weakness）、O（opportunities）、T（threats）这一基于企业宏观和内部环境的分析方法。除此之外，还有迈克尔·波特的钻石模型、现代营销学之父菲利普·科特勒以企业市场占有率为基础的市场营销环境分析方法等。本章以迈克尔·波特的价值链理论为基础，将数字出版企业置于整个内容传播系统中，从主要相关利益群体在内容传播中的价值和承担的职能出发，将数字出版机构的环境分为制度环境、供求环境、竞争环境和技术环境，并先后对这四种环境进行深入分析。

数字出版环境是指数字出版机构在生存和发展过程中所必需的，独立于数字出版机构之外的，影响和制约数字出版机构企业行为的各种因素和力量的集合，如图1-1所示。

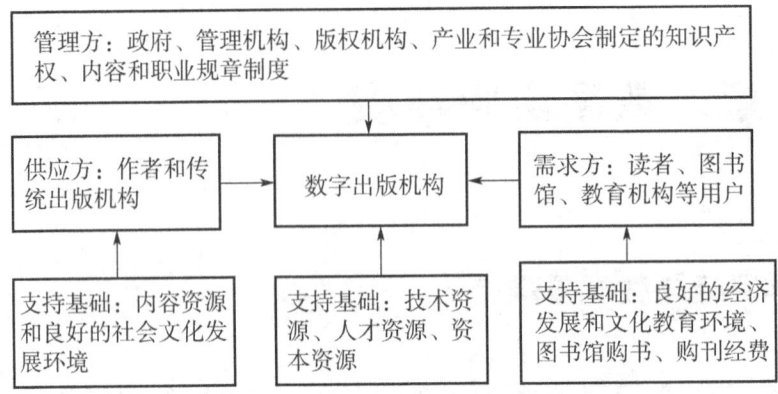

图1-1 影响数字出版机构企业行为的因素

如图1-1所示,影响数字出版机构企业行为的因素包括管理方——其主要职能是制定数字出版机构发展的规则,这就构成了数字出版机构的制度环境;供应方和需求方——它们为数字出版机构的生产和发展提供必要的物质基础,共同构成数字出版机构的供求环境;数字出版机构在出版市场运行,同行业竞争者和潜在进入者的行为和状况对数字出版机构的企业行为也会产生一定影响,这就构成了数字出版机构的竞争环境;技术是出版业产生和发展的重要基础,技术进步是推动出版产业向数字出版升级的重要条件,因此,技术也是影响数字出版机构企业行为的重要因素。数字出版机构的活动在很大程度上受外界环境的影响和制约,因此,对数字出版机构的环境进行定量和定性分析是理解和把握数字出版环境的基础。本章以数字出版机构为中心,以数字出版价值链为基础,分别分析数字出版机构的制度环境、供求环境、竞争环境和技术环境。

第一节 制度环境

"制度"曾一直被看作是政治学的"专利",直到1899年,凡勃伦(Thorstein B Veblen)的《有闲阶级论——关于制度的经济研究》一文发表后,制度才开始与经济效益联系起来。凡勃伦从社会学和进化论的角度出发,将制度定义为个人或社会对有关的某些关系或某些作用的一般思想习惯,含义相当广泛。康芒斯(John R. Commons)是凡勃伦的追随者,他主要从法律的角度分析

第一章　数字出版环境

制度对经济运行和发展的作用，他认为制度就是"运行的机构"，是"集体行动控制个体行动"。真正对制度进行广泛而透彻的经济学研究是从新制度经济学开始的，新制度经济学的奠基人罗纳德·科斯（Ronald H. Coase）从交易成本出发，认为制度是"一系列关于产权安排、调整的规则"。新制度经济学派的另一重要代表人物道格拉斯·诺斯（Douglass C. North）则对制度做出了更为清晰的定义，指出制度是"一系列被制定出来的规则服务程序和道德、伦理的行为规范"，包括"企业的组织方式""产权结构""管理体制"以及"市场规范"等。虽然这些著名学者对"制度"的定义各有不同，但是总的来说，他们都将制度看作一种行为规范，认为有效的制度能够提供一种激励结构，从而推动经济增长。

将制度看作一种企业组织环境也得益于新制度经济学家对制度和组织关系的深入研究，他们将制度环境定义为一种重要的组织环境，指出人类的经济行为涉及两个方面的关系，即人与自然的关系和人与人之间的关系。其中人与自然的关系是人类经济生活的技术环境，由我们熟知的技术规则调节和规定；人与人的关系就是制度环境，由一系列用来建立生产、交换、分配基础的政治、社会和法律基础规则调节和规定。可见，制度作为一种企业组织环境存在，主要是指一定社会环境中调节人们之间关系的一整套行为规则，包含的范围相当广泛。本节对数字出版制度环境的研究主要集中在主要的、直接影响数字出版机构企业行为的制度，并按照影响的范围和层次将其分为宏观制度环境、产业制度环境和企业制度环境。

一、宏观制度环境

宏观制度环境主要是指影响企业的宏观社会规则体系。数字出版业的繁荣离不开成熟的市场经济体制、完善的法律体系、宽松的出版管理制度、鼓励和推动数字出版业发展的经济和法律政策以及规范而宽松的融资制度环境。

1. 逐步完善的社会主义市场经济体制

市场作为一种制度，为数字出版业的蓬勃发展提供了强有力的动力机制。亚当·斯密（Adam Smith）在《国富论》中指出，市场这只"看不见的手"在调节着资源的流动和配置，这也就意味着市场作为一种机制，本身也是企业发展的一种重要的制度环境。与西方国家不同，我国实行的是社会主义市场经济体制，这是一种史无前例的体制，也是中外经济学经典中从来没有过的一个概念。改革

开放以后，我国的广大理论工作者和实际工作者在解放思想、实事求是的思想路线指导下，坚持实践是检验真理的唯一标准，从社会主义初级阶段的实际出发，认真总结国内外改革和发展的经验教训，大胆突破传统理论观点的束缚，逐步提出和丰富了社会主义市场经济理论。经过几十年的努力，我国社会主义市场经济体制的改革目前已由建立阶段进入完善阶段，我国数字出版主体正是在这一逐步完善的社会主义市场经济体制下运营。数字出版主体按照其经营范围可以分为纯数字出版机构，例如阅文集团、中国知网等，以及正在进行和已经完成数字化转型的传统出版机构，例如中国出版集团、高等教育出版集团等。尽管以上两种类型的数字出版机构有着不同的经营范围，但其都是在相同的市场经济条件下运作的。

2. 亟待完善的数字出版法律法规体系

法律环境是数字出版机构至关重要的宏观制度环境。数字出版在我国起步较晚，数字出版法律制度正在迅速建设中。2001年，《中华人民共和国著作权法》（下称《著作权法》）第一次修订中增设了信息网络传播权；2006年，中华人民共和国国务院颁布《信息网络传播权保护条例》，对信息网络传播权做了细致的规定；2006—2017年，我国相继加入《世界知识产权组织版权条约》（WCT）和《世界知识产权组织表演和录音制品条约》（WPPT）等国际数字版权协议；2012年《著作权法》的第3次修订也是对新技术的发展和实践的需要做出的积极回应等。但是总体而言，我国数字出版法律制度却没能够完全跟上产业发展的步伐，与其他国家相比，我国目前的版权法律也尚有许多需要进一步完善的地方。主要表现在以下方面。

（1）数字版权制度不健全。

版权保护是数字出版产业发展的关键所在。我国目前数字版权保护法律环境混乱，数字版权制度不够健全。这一方面表现在我国还没有针对数字版权专门立法，目前仍然主要依据《著作权法》和《信息网络传播权保护条例》进行保护。另一方面，数字版权立法滞后，导致旧书新权的矛盾。对于2001年《著作权法》修改前已经创作产生的作品（旧书），在2001年修法之后如何对待信息网络传播权（新权）尚存困难。目前，在实际操作中往往倾向于将这些在法律修改前创作的"旧书"新增的信息网络传播权回复到作者手中，以减少侵权风险。然而，对于数字出版商而言，对大量存在的过期资源（信息网络传播权设置前的出版内容）进行一对一的传统授权基本上很难实现，或者说成本和代价太大。数字授权模式单一，无法满足海量授权需求也对数字出版业的发展颇为不利。按现行法律规定，未经作者授予作品网络传播权的，即使支付或拟支付报酬，仍然属于侵权行为。然而，数字出版相较传统出版而言，其最大的优势之一就是使海量数据传播成为可能，传统的一对一模式根本无法满足数字出版商短时间内取得海量授权的需求。加之巨大的交易成本，将会增加数字出版产业的运营成本。

（2）传统著作权集体管理制度无法与数字出版有效衔接。

我国著作权集体管理制度建立于数字出版行业产生初期，尚未就海量授权对集体管理组织的冲击予以充分应对，仅仅将集体管理权利范围限定于会员已授权内容的管理，未引入北欧一些国家运行已久的著作权延伸性集体管理制度。这直接导致其不能很好地适应数字出版对内容授权的海量需求，也不能真正发挥其作为数字版权中介的价值，而只能充当一个具有较大存量的版权内容提供商，其价值与大型版权代理机构无异。除此之外，我国著作权集体管理组织尚未建立起一套完整顺畅的著作权信息管理系统，更不用说利用这套信息管理系统来服务数字复合出版需求。在数字出版过程中，由于大量作品的作者身份难以确定，获得授权往往存在一定障碍。没有一个可靠、相对完整的著作权信息汇总、查询途径，也大大削弱了集体管理对数字出版的价值。

（3）我国数字出版的法律法规多是一些宏观规定，实践操作性不强。

我国数字出版现有法律法规还存在原则性指导多、可操作性不强的问题。这主要表现在以下方面：

首先，"避风港"规则的操作性不强。2006年我国颁布的《信息网络传播权保护条例》中的第二十三条规定了"避风港"规则，对其的理解一直都存在着争议。如"明知则侵权，反之，不明知则可以豁免"，对于网站到底是明知还是不明知，缺乏一定的判断方法，取证难，所以在具体的司法实践中可操作性不强。个别网站还将该规则作为发布未经授权影视作品的保护伞，逃避主动审核的责任。

其次，"合理使用"在实践操作中也很难认定。网络传输作品的一些特殊情况扩大了合理使用的范围，如个人浏览时在硬盘或 RAM 中的复制等。《著作权法》第二十二条列举了 12 种属于合理使用的情形，并增设了"信息网络传播权"，但只是对其进行了简单的解释，没有规定其合理使用的范围，在实际操作的过程中难以找到合适的范畴。

最后，"网络著作权侵权案件地域管辖的确定"不具备可操作性。《最高人民法院关于审理涉及计算机网络著作权纠纷案件适用法律若干问题的解释》第一条规定："对难以确定侵权行为地和被告住所地的，原告发现侵权内容的计算机

终端等设备所在地可以视为侵权行为地。"司法实践中依靠现有的技术力量难以准确确定网络服务器、计算机终端的位置，比较容易确定的是被告住所地，实际架空了侵权行为地和计算机终端等设备所在地的司法适用余地。

除此之外，有关网络作品作者身份的确定、"临时复制"等法律规范，也存在着法律条文模糊、界定不清等问题，这给在实践中处理有关数字版权的纠纷带来了极大的困难。

3. 多头管制的数字出版管理制度

除了市场经济体制和法律法规体系外，出版管理制度也是影响数字出版产业发展的重要制度环境。其中，本书第十一章将会重点讲述这个问题，此处只简单分析。数字出版在生产方式、传播流程和渠道方面与传统出版有着较大区别，其管理制度的建立也更加复杂。因为数字出版产业牵涉包括文本、图像、声频、影像等多个内容领域，目前我国对于数字出版的管制机制也以多部门管制为市场管制的主体。在数字出版的内容管制方面，有中华人民共和国国家新闻出版广播电视广电总局（下称国家新闻出版广电总局）、中华人民共和国文化部（下称文化部）等；在内容传播所需要的互联网线路管制方面，则是中华人民共和国工业和信息化部（下称工信部）和国家新闻出版广电总局。国内以网络为平台的数字出版经营者需要向这些部门申请相关的产业经营牌照。这一领域的产业经营牌照包括《中华人民共和国电信与信息服务业务经营许可证》（ICP牌照）和从事特定内容服务的许可证等多种类别。前者由电信管理部门负责发放，后者则由各个内容领域的专业管理部门负责发放。在多头管制体制下，管制机构的运作存在着制度上的潜在冲突。例如我国数字出版产业所需的电信服务融合不力就是一个突出例证。虽然国家多次提出"三网合一"的目标，但是某些部门却依赖自身主持创建的产业制度，力争"三网合一"的主导权，从而使得网络融合无法有效进行。这种部门间的管制冲突已经阻碍了数字出版产业的健康发展，迫切需要得到解决。

4. 鼓励和推动数字出版业发展的财税支持体系

较之战略性产业，数字出版产业的财税支持政策更多是对弱小产业，强调政策为新办企业和小微企业的成长营造良好的发展环境，主要从财政基金投入、税收、人才吸引等多方面共同发力。如上海市率先将数字出版作为工商注册的行业准予登记，重庆为数字出版业提供房租先交后返优惠，减轻企业运营成本等。

税收支持政策。税收政策是国家宏观调控资源的重要手段，美国、英国、德国、荷兰、法国都非常重视在经济上扶持数字出版业，给予税收优惠。2008年，

第一章　数字出版环境

原新闻出版总署发布的《国家新闻出版总署办公厅关于认定新闻出版行业高新技术企业有关问题的通知》就指出，"2009年初至2013年底国家将对在文化产业支撑技术等领域内，需要重点扶持的高新技术企业，按减15%的税率征收企业所得税"。这在很大程度上促进了我国数字出版高新技术企业的发展。

政府资助政策。除了通过税收政策支持和鼓励数字出版产业的发展，政府资助与财政补贴也是数字出版产业得以蓬勃发展的重要原因之一。近年来，我国每年都列出专项资金支持传统出版企业的数字化转型以及数字出版新技术的研发。2014年国家新闻出版广电总局、中华人民共和国财政部（下称财政部）发布《关于推动新闻出版业数字化转型升级的指导意见》（下称《意见》）。《意见》明确表示，加大财政对新闻出版业数字化转型升级的支持力度，将新闻出版业数字化转型升级项目作为重大项目纳入中央文化产业发展专项资金扶持范围，分步实施、逐年推进。同时，《意见》还要求加强数字出版人才队伍建设。同时，支持出版企业申报数字出版行业标准、国家标准乃至国际标准。我国建立了数字出版业专项资金制度支持传统出版企业的数字化转型，但是目前还存在出资主体积极性不高、资金规模不够大以及资助的范围仍然局限于传统的出版企业而民营数字出版企业难以获得政府财政支持的问题。不过市场的问题终究需要让市场资金解决，因此，政府的资助只能用于鼓励数字出版企业的发展，不能成为数字出版企业发展的主要推动力。

5. 规范而宽松的融资制度环境

资本是企业发展的重要资源，资本实力特别是可控资金数量的多少在新闻出版企业的生存发展中往往起着举足轻重的作用。从国外大型新闻出版集团的发展历程来看，其无一不是通过运用多种融资方式获取企业的营运资金，实现了跨越式发展。数字出版产业虽然不是典型的资本密集型产业，但是规模化的数字出版企业和重大数字出版项目对资本的需求量仍然很大。因此，充足的金融资本、开放的融资政策以及畅通的融资渠道是数字出版机构扩大再生产的有力保证。

2009年3月原新闻出版总署出台了《关于进一步推进新闻出版体制改革的指导意见》，把开辟融资渠道问题作为一项重点工作进行了部署。其后，总署在推动跨媒体、跨地区、跨行业、跨所有制的战略重组的同时，积极开辟融资渠道，支持条件成熟的出版传媒企业，特别是跨地区的出版传媒企业上市融资。在国家政策允许的条件下，积极引导新闻出版企业采取内部融资、业内融资、业外融资、发行企业债券、引进外资、上市融资等方式进行融资。在企业资金渠道进一步放开的同时，财政和出版有关部门应根据实际情况出台相应的管理措施，对

数字出版企业的融资行为加以规范和管理。

明晰的产权制度是数字出版产业规范而宽松的融资制度建立的基础。产权表现为人与物之间的归属关系，从更深层次的角度来看，这种人与物之间的归属关系其实体现的是人与人之间的分配关系，产权制度正是用于协调和规范人们之间的行动和如何分配物权的问题，明晰的产权制度是规范分配行为和格局的重要基础。融资制度正是以规范化的分配行为和规则为基础的，因此，明晰的产权制度也是数字出版产业规范的融资制度建立的基础。数字出版企业与其他行业一样，实行的是公司化管理，产权归个人或机构所有，因此，其融资行为完全可以依据自身及行业的实际情况而定，政府仅需制定健全的金融法律法规来实施监管，这就为构建宽松的融资环境奠定了基础。

完善的社会主义市场经济制度是数字出版业形成宽松的融资环境的市场基础。社会主义市场经济制度较为完善，拥有发达健全的资本市场、控制权市场、经理人市场，再加上功能齐全的各类金融机构，使得数字出版业融资渠道多、融资效率高。因此，数字出版机构可以多渠道、高效率地募集资金。例如民营出版商"新经典文化"的"私有云"平台建设项目，项目总投资需要10亿～15亿元，项目刚一建立，就迅速获得国际风险投资巨头红杉资本1.5亿元的投资。北京中文在线数字出版股份有限公司也已经正式挂牌上市，成为"国内数字出版第一股"。

二、产业制度环境

数字出版产业制度是影响数字出版物市场主体构成以及数字出版产品进出口贸易的基本制度规范。数字出版产业制度包含的范围相当广泛，这里主要选取最为关键的制度要素——数字出版的市场准入（market access）制度进行分析。

市场准入作为一项行政许可制度，是市场开放程度的一个重要指标，是政府用以确立入市企业、产品等资质条件的法律法规等制度规范。市场准入的基本含义有二：其一，它是在世界贸易组织（WTO）法律框架下一国市场对外的自由开放，即外国营业主体或交易对象可自由地进入某国国内市场（即 free market access rule）；其二，是指调控或规制市场主体和交易对象进入市场的有关法律规范的总称。与传统出版业相比，数字出版物市场的门槛相对较低。数字出版产业的市场准入大致涉及三个方面的内容：资本准入、产品准入和人才准入。

1. 资本准入

数字出版物市场的资本准入主要是指国家允许外资和业外资本进入数字出版物市场，参与数字出版活动。相较传统出版业而言，我国数字出版资本市场开放程度较高，因此，数字出版企业跨国、跨行业的并购也相对频繁，例如近年来原创文学市场的并购就非常频繁，这都得益于高度开放的数字出版资本市场。当然，相较国外出版业而言，目前我国数字出版产业的资本准入壁垒还是相对较高的。

2. 产品准入

数字出版物市场的产品准入是指境外数字出版物进入国内市场的开放程度，它是影响数字出版物进出口贸易的主要指标。目前，我国不同出版领域，数字出版物市场的产品准入程度也不尽相同。相对而言，大众出版市场和新闻出版市场的产品准入壁垒最高，科技出版与教育出版的产品准入壁垒则相对较低。我国允许科技出版产业自由进入本国市场，对科技出版物进出口企业的资质要求也较低，进出口限制较少，只需要遵守出口国家的税法等相关经济政策和法规即可。因此，数字科技出版企业的"国籍"已经非常模糊。

3. 人才准入

数字出版物市场的人才准入是指对外籍管理和技术人才进入境内数字出版企业任职（尤其是担任重要管理职务）的开放程度，属出版行业劳动用工制度范畴。人力资源是最重要的生产资源之一，尤其是对数字出版行业而言，人才是企业获得优质声誉和带动企业成长的重要基础和保证，在数字出版业的国际化程度越来越高的情况下，推进人才的国际化也成为数字出版机构的普遍发展趋势，这就涉及人才准入的问题，人才准入的门槛越低，对于引进人才越有利。我国数字出版业相对传统出版业而言，人才准入门槛较低，对于外籍人才的进入限制远远低于传统出版行业，因此，数字出版机构的人才国际化程度也较传统出版业更高。但是与欧美国家相比，我国数字出版物市场还是有着一定的人才准入门槛的，更倾向于培养本国的数字出版人才。2014年中华人民共和国教育部为了支持数字出版产业的人才建设，增设了"数字出版"专业，财政部发布的《关于推动新闻出版业数字化转型升级的指导意见》也要求加强数字出版人才队伍建设。

三、企业制度环境

企业制度是指为了实现企业目标最大化而制定与实施的规则，其本身也就是

一种规范,是企业员工在企业生产经营活动中必须共同遵守的规定和准则的总称。数字出版机构的形成和发展,离不开良好的企业制度环境。总体而言,我国数字出版机构在企业制度建设方面还在探索阶段,尚未建立完善的现代产权制度、现代企业组织制度和现代企业管理制度。2016年国家新闻出版广电总局发布了《新闻出版单位数字化转型升级制度保障体系建设规范(征求意见稿)》,在"战略规划"方面,提出"对本单位数字化业务进行顶层设计",为本单位的数字化转型升级及融合发展制定出"时间表""任务书"和"路线图";在"运营管理"方面,要求各新闻出版单位建立《数字出版业务社会效益指标综合评价办法》,倡导成立股份有限公司或有限责任公司。在政府的推动和支持下,未来数字出版的企业制度环境建设有望进一步加强。

第二节 供求环境

数字出版是促进内容的全球化传播以及扩大知识信息交流范围的中心环节,在创新和加强经济增长和社会发展方面起着至关重要的作用;同时,数字出版本身也是一种重要的经济活动,充分的供给和需求是产业存在和发展的基础。因此,供求环境也是数字出版机构一种重要的环境要素。数字出版的供求环境分为供应环境和需求环境,前者为数字出版机构提供重要的出版资源,后者则为数字出版机构的成长和发展提供重要的市场基础。

一、供应环境

总的来说,繁荣的文化环境和丰富的内容资源对于数字出版业的发展和数字出版机构的成长至关重要,它们共同为数字出版机构的成长和发展提供良好的供应环境,然而文化资源的粗放式开发利用以及对文化创意开发与生产的严格审批又制约了数字出版产业内容供应的多元化。

1. 繁荣的文化环境为数字出版资源的供应提供了必要的基础

在"十三五"规划中,我国政府明确提出要推动文化产业跨越式发展、再上新台阶。通过落实完善法规体系、优化产业结构等举措,实现作为国民经济支柱性产业的目标。事实上,近年来我国文化产业极度繁荣,2015年出版图书近40万种,国内最大的原创文学集团每天有上万种网络文学作品更新。2017年

"有序推动文化文物单位文化创意产品开发"写入文化部重点工作,文化部部长雒树刚表示,将加强传统文化资源的数字化和创造性转化,让收藏在禁宫里的文物、陈列在广阔大地上的遗产、书写在古籍里的文字都"活"起来。中国从来不缺历史、不缺故事,这些历史和故事给那些会讲故事的创意人才提供了丰富的创作素材,也为我国数字出版产业的内容供应奠定了基础。

2. 丰富的内容资源是数字出版业蓬勃发展的源泉

出版业属于内容产业,出版业的发展高度依赖于以内容为核心的各种生产要素资源,也就是说,内容资源对出版业的发展具有重要意义。纵观世界出版业,不难发现,大多数在数字出版领域获得成功的企业,如科技出版巨头里德·爱思唯尔(Reed Elsevier)、充分获取原创内容资源的阅文集团、实现期刊资源高度集成和聚合的龙源期刊等均系以内容资源制胜的数字出版企业。内容的创新是出版业发展的不竭之源。谁能够充分占有大量原创内容资源,谁就有数字出版领域的发言权。原盛大文学(2015年被腾讯收购,其后合并成为腾讯旗下阅文集团的一部分)首席版权官周洪立之所以能够代表中国在法兰克福书展 TOC(出版手段演变研讨会)国际讲堂宣讲数字出版,正是因为原盛大文学所创立的基于原创内容资源的数字出版盈利模式所获得的巨大成功。丰富的内容资源和作者资源为数字出版业的发展和繁荣提供了重要保证。

3. 文化资源的粗放式开发利用以及对文化创意开发与生产的严格审批制约了数字出版产业内容供应的多元化

尽管我国文化资源非常丰富,但是对于文化资源的粗放式开发利用也在一定程度上浪费了很多市场潜质极高的文化资源。例如很多地区为了发展经济,打出各种"文化牌",使得"文化"这一概念近于泛滥。而创意上的不足和观念上的缺陷以及先进文化资源加工手段的缺乏不仅使得生产出来的产品附加值较低,而且有可能使其无法进行数字化的二次开发。除此之外,文化部、工信部等部门从1995年开始(甚至更早)制定各种政策,内容涉及文化演艺事业、广告体育赛事和影视内容转播(尤其是互联网转播)、音像和图书出版、网络游戏开发、动漫制作等领域。这些政策一方面声称推进市场化改革,另一方面却不断建立各种行政审批制度,限制了内容资源的数字化和市场化。尤其是各地方政府为鼓励文化产业发展出台了各类文化产业的发展规划和相应鼓励政策,然而各种优惠政策所"扶持"的都不一定是文化产业的原创人或文化创意内容的开发者,更多的是"包装者"。自由创作的市场价值无法得到释放,数字出版内容陷入同质化竞争,这也在一定程度上制约了数字出版内容供应的多元化。

二、需求环境

自20世纪末以来，数字出版领域的投资一直很充分，因此，数字出版产品的需求量也日益扩大，总的来说，数字出版产品的市场需求比较旺盛。但是，数字出版物市场的阅读需求并未充分转化为消费需求，数字出版消费市场的疲软也给数字出版机构的发展带来了一些挑战。

1. 阅读的转向与泛化

历史上，甲骨被竹简替代，结果装订成册的经典著作得以珍藏；随着竹简被纸张取代，大批印刷书籍开始填充家庭书架和图书馆。同样，电子纸张及其衍生物电子图书也宣告了另一划时代的阅读革命的到来。毫无疑问，未来社会的人们会更多地使用"电子纸张"进行阅读，数字阅读势不可当。据中国新闻出版研究院发布的第十四次全国国民阅读调查报告显示，2016年我国成人数字化阅读（网络在线阅读、手机阅读、电子阅读器阅读、Pad阅读等）率已经达到68.2%，较2015年上升了4.2个百分点。美国皮尤研究中心（Pew Research Center）2016年底发布的美国成人阅读调查也揭示了同样的趋势；同时，其还揭示出，因为技术的发展，数字阅读的终端设备还发生了巨大变化，当美国人阅读电子书内容时，其越来越多地使用智能手机和平板电脑等多用途设备，而不是专用的电子阅读器。在这样的形势下，阅读领域再度发生翻天覆地的变化。书写文字转变为实时的、互动的、开放式的文本，以往被动的读者，只要愿意，都可能成为主动的读者，参与故事情节的设计和结局的安排，"我们没有了媒介意识，既看不到文字，也看不到胶片，只感知故事本身的力量"。这使得阅读的形式和功能向一个全新乃至全然陌生的领域拓展，推动了阅读概念的泛化，需要重新定义"阅读"这一概念。阅读，不仅包括传统的独自一人集中注意力沉默地阅读印刷文学文本，还包括全息文本、动画文本、超文本、互动文本等其他无法想象的文本形态的视觉加工处理和再创造。阅读概念的泛化也对传统的阅读推广形成了挑战，阅读推广的内容、目标也相应扩大和调整。

2. 读者付费数字阅读的意愿有所提高，然而仍然需要进一步激发

2014年当当电子书下载册数（含云书架）接近6000万册，占据图书销量的20%，高于上一年的10%，月活跃用户增长400%。2016年国民阅读的当当电子书数量呈爆发式增长，下载量超1亿册，同时用户总量同比增长55%。国民对数字阅读的选择有纸电同阅趋势。64%的读者选择看电子书，50%的纸书阅读者

第一章　数字出版环境

不排斥同时阅读电子书。与纸书不同，电子书用户更钟爱阅读小说、社科和经管励志图书。据网易云阅读发布的《2014年移动阅读报告》，高付费用户占网上付费阅读总付费用户的 8.9%，贡献了 70% 的收入来源。掌阅公司靠正版内容就已经可以实现盈亏平衡，因为"用户的付费意愿在大大增加，愿意付费的用户所增加的比例远超过行业整体的发展速度"，而且年龄越大的人越愿意为移动阅读产品付费。不过，数字阅读市场发展的最大瓶颈仍是盗版内容的存在以及用户付费习惯尚未完全养成。迄今，移动阅读的网民中总体付费阅读的比例仍然相对较低。"网上那么多免费阅读的书还看不过来呢，花钱买电子书？暂时不考虑。"仍然是很多读者的真实想法。

第三节　竞争环境

数字出版业的形成和发展离不开充足的供应和需求，同时，也离不开大量参与其中的数字出版机构。这些数字出版机构为了获取较高的利润或影响力，展开了激烈的竞争。数字出版机构的竞争是在一定的竞争环境下进行的，竞争环境的优劣是判断数字出版业吸引力大小的重要条件，对数字出版业的繁荣以及数字出版机构的成长也具有较大影响。迈克尔·波特在《竞争优势》中将产业竞争力量分为五种，如图 1-2 所示。

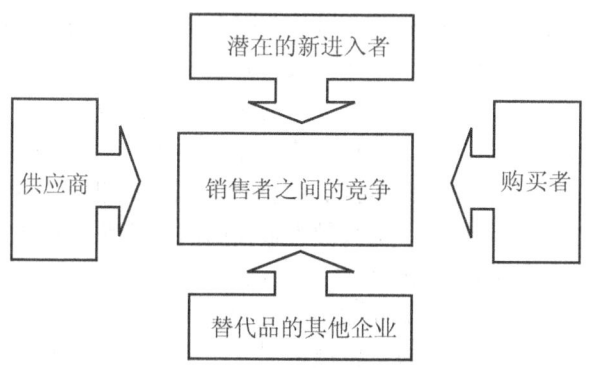

图 1-2　波特"五力"模型

因为前面已经从宏观上分析过数字出版产业的供求环境，因此，这里基于"五力"竞争模型，主要分析数字出版产业行业内的竞争环境，包括替代威胁、进入威胁以及行业内的竞争。

数字出版概论

一、替代威胁

数字出版产业的替代威胁指的是产品或服务在功能和作用上相似与互换可以吸引社会阅读力资源的产业。在产品市场,对数字出版影响最大的是传统的印刷出版。除此之外,还有数字图书馆也与数字出版机构具有一定的替代关系。

1. 传统出版业对于数字出版业的替代威胁

在产品市场,从最广泛的角度来看,所有的出版业彼此就内容产品的提供展开竞争。虽说各类出版业在内容产品提供方面具有相似之处,实际上,传统出版和数字出版的产品却各自满足了截然不同的需要,传统出版代表着内容的源泉,数字出版提供了服务渠道和发行渠道,因此,受众也就以截然不同的方式使用,也就是说,各类出版业不可能百分之百互换。事实证明,在将来很长一段时间里,传统出版物和数字出版物将会并存,不会发生二者相互替代的现象。因此,近年来,不论国内的阅读调查还是国外的阅读调查,都呈现出这样的趋势:在数字阅读率上升的同时,印刷产品的阅读率并未按照过去预料的那样下降,而是也在缓慢上升。既有读者先购买印刷版的图书,再购买电子图书,也有读者先购买电子书再购买纸质书。图书馆在采购期刊的时候,通常都会同时采购数字期刊数据库和印刷本期刊,前者供读者查阅,后者虽然查阅没有那么方便,但是可以作为文献资料供图书馆收藏。在广告市场,传统出版对于数字出版的可替代性也比较有限。这是因为数字出版业和传统出版业服务的受众类型极不相似。不同出版物的受众,在产品使用的类型、地理区域的差别、人口因素的细分以及消费心理偏好上均有差异。这些因素对于广告客户选择哪一种出版物有很大的影响,正是这些造成了不同出版物在广告市场中各有专长。不同出版物对家庭的深入程度、阅读力集中程度以及人们使用的方式、习惯都左右着广告客户对出版物的选择。不仅如此,传统出版业还是数字出版最为重要的内容资源来源之一。因此,二者的替代效应并不如预期的那么显著。

2. 数字图书馆对于数字出版业的替代威胁

数字出版机构是通过出售数字资源盈利,而图书馆则是通过提供数字资源而履行社会职能。读者如果获得了数字图书馆的会员资格,其就无须另外去数字出版机构购买同样的数字出版产品。因此,很多数字出版机构是不愿意将这些处于垄断地位的资源分享给图书馆的,比如企鹅(Penguin)、西蒙与舒斯特(Simon & Schuster)和麦克米伦出版公司(Macmillan Publishers Limited)这几个数字出版

第一章　数字出版环境

机构就拒绝向图书馆提供电子书资源。除此之外，数字图书馆和数字出版机构提供的内容其实是大同小异的，这也使得数字图书馆对数字出版机构具有一定的替代效应。不过数字出版机构和数字图书馆之间还是处于产业链上游和下游的关系，其本质上的关系并未改变。从总体上来看，图书馆还是数字资源的消费者和使用者，数字出版机构依然还在为数字图书馆提供一定的数字资源。因此，两者完全可以在竞争的基础上展开一系列的合作，从而实现共赢。

二、进入和退出壁垒

进入威胁的大小取决于进入壁垒，而进入壁垒主要包括政府准入政策、规模壁垒、退出壁垒等方面。数字出版物市场是一个开放竞争的市场，如果单从非经济因素考虑，数字出版机构的设立所需的资本不是太多，其市场进入壁垒较低；但是，如果列入经济因素综合考虑，数字出版物市场具有较高的进入壁垒。这主要是由以下几个因素造成的：出版业有较强的特殊性，其进入壁垒仍然相对较高；数字出版业存在规模经济效应，规模就成了数字出版业一种重要的进入壁垒；网络技术的发展进一步强化了数字出版业的规模经济效应，提高了数字出版物市场的进入壁垒。

1. 进入壁垒

（1）政策壁垒。

与一般工商业相比，出版业有较强的特殊性，目前仍然保留着较强的计划经济与行业垄断色彩，市场化程度低，进入的政策性壁垒较高，社会资本无法轻易进入。目前，全国有出版社500多家，拿到数字出版权的只有50余家，四大电子书出版商也没有拿到数字出版权。但是，随着数字出版产业化进程的加快，出版业逐步向社会开放，可以预见的是，政策准入壁垒的降低将呈渐进的趋势，但是这种政策壁垒仍将存在。

（2）数字出版业存在规模经济效应，规模也是数字出版业一种重要的进入壁垒。

内容产品的成本结构是第一件产品具有较高的成本，随后的复本或者边际成本则递减，在这种情况下，如果一个或几个内容生产企业将产量提高到一定程度，就可以在整个产业的总产量中占据重要的比例，形成一定的规模经济优势，阻止其他企业进入这一领域。数字出版业是内容产业的一个组成部分，也存在规模经济现象，一种新的数字出版产品，例如学术期刊的主要成本是第一本期刊的

成本，新的人力资源、判断、评审、编辑、副本编辑和打印文章的成本与发行的复制品的数量没有关系。因为期刊需要很多年的时间才能成熟，要获取可以保本的最小发行量就非常必要了。数字出版可以极大地改变这种情况，但是进入结构成本仍然非常高，因此我们不用为这个行业只有如此少的新进入者而感到惊奇。亚马逊占据了美国电子出版市场50%以上的市场份额；阅文集团占据了中国原创文学市场80%以上的市场份额；万方、清华同方、重庆维普在中国科技期刊数据库市场三分天下。

（3）云计算、大数据和人工智能技术的发展，进一步强化了数字出版业的规模经济效应，提高了数字出版物市场的进入壁垒。

随着云计算、大数据和人工智能等高新技术的发展，数字出版业的进入壁垒将会进一步提高，这是因为应用这些技术是数字出版业必然的发展趋势，可是这些技术在出版业的应用无不需要庞大的资金支持。简单地说，在新技术下，数字出版机构将会进一步享受到经济规模的优势，因为数字出版产品向新技术应用的转移可能会导致新数字出版机构的建立更加困难，而且大型数字出版机构还将从小型数字出版机构那里夺取市场份额。例如近年来，在新技术的应用下，斯普林格（Springer）、爱思唯尔等国际大型学术出版机构的利润得到了进一步增长，更多的小型学/协会出版机构生存越来越困难，它们要么放弃出版业务，要么不得不与欧美大型学术出版机构合作。

2. 退出壁垒

数字出版产业的退出壁垒很高，因为数字出版产业的产品和设备的专用性很强，一旦投入很难转作他用。数字出版产业的进入和退出壁垒虽然很高，但是业内机构也并非可以高枕无忧，因为随着数字出版产业市场化程度的提高，政策准入壁垒会逐渐降低，因此产业内机构的竞争将十分激烈。

三、数字出版行业内的竞争

数字出版行业内的竞争指的是数字出版的参与者之间的竞争。与传统出版的产业链比较，数字出版的产业链有电信行业、系统集成商、应用开发商、软件开发商、网上银行、数字阅读设备提供商等，产业链的分工更加细致、关系更趋复杂、联系更加紧密。上游内容提供商（出版社）、中游技术支持商（数字内容加工平台）和下游内容销售商（图书馆和网络书店）构成数字出版的三大参与主体，这三个链条内的数字出版企业均为争夺数字出版物市场展开了激烈的竞争。

第一章　数字出版环境

在数字出版产业链上游，我国大部分出版社对数字出版采取观望的态度，一部分出版社向技术提供商出让数字版权，极少部分开始开展数字出版业务，自主出版电子书等数字产品，但都离信息服务商相去甚远。在数字出版产业链中游，技术支持商作为支持数字出版商和网络传播商的专业力量，其与上游数字出版机构缺乏沟通与合作，形成了技术提供商"身兼数职"的局面，其不仅要担当数据制作商和技术开发商的角色，还要参与数字作品的内容整合以及销售等环节。对于下游的数字出版销售来说，除了数字图书馆这一独特市场，关乎数字发行的B2B始终没有做起来。综上可以看到，因为数字出版的市场运作是其致命弱项，产业链的构建存在问题，因此数字出版行业内竞争混乱。数字出版作为一个产业，目前仅仅是在产品内容与种类上形成了规模，还远未形成经济规模。在产业链上游，数字出版商对数字出版期待过高，传统印刷出版单位态度相对漠然；在产业链的中游，几家大的数字媒体提供商的数据整理存在很大的相似性，开发浪费较大；在产业链的下游，电子图书、数字期刊等的营销过于依赖机构消费者，尚未完全形成市场化。

第四节　技术环境

出版业虽然不是纯技术驱动型行业，但是不容否认，相关技术的进步对促进出版业的发展和产业提升功不可没。回顾出版业的发展历史可以看到，造纸术的发明为出版业的形成提供了重要的物质基础；印刷术，尤其是古登堡的活字印刷术的出现为出版产业的形成奠定了基础。对于现代出版业而言，以计算机技术和网络技术为基础的数字出版技术更是推动出版业发生重大变革，其不仅改进了出版产品的媒介形态，而且改变了出版产品的发行方式，推动了出版业的数字化和国际化发展。目前，数字出版技术是对现代出版业影响最为深远的技术。

一、数字出版技术变迁

（1）技术推动出版业从单一载体传播到互联网时代的多媒体融合。

发端于20世纪中叶的第三次科技革命，比以往任何一次科技革命都来得更加深刻、广泛，它对社会生产力的发展及人类社会的进步起着至关重要的推动作用。在这种背景下，只有以最先进的技术手段武装起来的传媒才能在激烈的竞争

中取胜。进入21世纪以来，新闻出版、广播电影电视等传统大众传媒借助于数字化传媒技术和网络平台，实现了传媒产业的大汇流，从单一载体传播到互联网时代的多媒体融合，使性质各不相同的信息纳入同一平台，包括文字图表、照片、声音、动画、影像、数据等，同时也使传统出版和影视业获取了参与新一轮市场竞争的技术支撑。

（2）编辑自动化技术促进编辑工作效率的提高，编辑一体化技术为出版社提供强大的技术保障。

在这股科技浪潮中，中国出版技术也经历了一个跨越式的发展过程。在编辑环节，计算机技术在编辑出版中的广泛应用以及光纤通信技术的发展，改变了传统编辑的工艺流程。采编系统普遍应用数字化技术，对编辑过程中的各种信息进行加工、记录、再现，编辑的手工操作模式已变成计算机控制的信息处理。这种编辑模式，是一个系统的、整体的、通过符号编码进行操作的暗箱处理模式。编辑可通过计算机对作者提供的稿本进行审读，并利用计算机各种数据库提供的资料对稿件进行定性评估，确定稿件的文化、商业和学术价值，避免以往编辑由于专业的局限和视野的狭窄而带来的主观随意性。编辑可以根据自己的意图，在计算机屏幕上完成版式加工。异地组稿、校稿等事宜不必再用传统的书信邮件或出差开会等方式交流和传导，可方便快捷地在网络上完成。这种高度自动化的手段可以大大提高编辑的工作效率，使编辑得以从以往繁重的事务性劳动中解放出来，集中精力和时间进行创造性劳动。

在采编环节，除了编辑自动化技术以外，编辑一体化技术的使用也极大地促进了出版生产率的提高，该技术有助于出版社缩短出版周期，降低成本，提高出版物质量。采编一体化方案实现了印刷传媒信息的采集、编排、发送，一直到最后的输出统一管理；进而，从幕后的人事行政管理到第一线的采写、编排再到发行服务，也纳入全面的网络管理系统。基于网络综合处理系统的全面应用，进一步推动了印刷媒体的全数字化出版和跨媒体出版。

（3）高新印刷技术普遍应用，不仅极大地提高了印刷工作效率，简化了印刷工作流程，而且推动了新型出版形式——按需印刷的出现和发展。

在印刷领域，激光照排、卫星传版、直接输出、整页彩色版面、直接制版等先进技术不断在出版印刷中得到应用。从现代高速印刷机械的普遍使用，到印刷数字化工作流程的引入，再到数字化直接印刷技术的开发，印刷工作流程不断简化，日益便捷。数字印刷可根据客户需要，打破传统印刷对数量、距离和内容的限制，真正实现按需印刷，它是对传统印刷技术的一种弥补，其本身也是现代化信息处理与传输技术。数字式印刷与网络技术的这种融合派生出一种崭新的出版模式——按需出版，在该模式下，出版物的生产制作和销售涉及的所有要素，都由网络连接成一个整体，所有工作都通过网络按数字方式进行，只有在最终与顾客见面时才转换成顾客所需要的出版物。这种出版模式没有时间和空间的限制，可以提供最完善的出版服务。与国外相比，中国的数字印刷业还处于起步阶段，推广速度还相对缓慢。

（4）新型出版介质制作技术的发展推动数字出版承担起跨媒体出版的重任。

近年来，随着各种数字存储技术由磁性存储技术发展到包括磁性存储技术、光盘存储技术和固态存储技术的多种存储技术，新型出版介质技术也从 ZIP 软盘、JAZ 软盘、MO 磁光盘、MD 磁光盘和 MP3、CD-R 光盘、DVD-R 光盘、蓝光（Blu-ray）发展到基于云存储技术的网络硬盘等。由于数字出版物不需要纸介质作为信息载体，其存贮载体设备还可以重复使用，因此数字出版使"无纸化"成为一种现实和趋势，不仅能节约大量纸张，减少资源消耗，还能推动数字出版承担起跨媒体出版的重任。

二、数字出版技术发展

进入 21 世纪后，数字技术的发展更加迅猛，并进入了全新的应用阶段。数字技术的渗透使得传统纸介质出版物编印发流程和出版企业经营管理均可在数字平台上进行，对于出版传播的发展具有划时代的意义。然而，数字技术对于出版更具有决定意义的影响在于出版产品的数字化，即促使了真正意义上的数字出版形态的产生，从而使人类出版完全跨入数字化时代。数字出版形态是随着数字技术的发展而逐步产生和发展的，先后出现了电子出版、网络出版等典型形态，近年来，则又出现了手机出版等更多的新型数字出版形态。

1. 数字出版技术的新发展

进入 21 世纪以来，我国数字出版技术获得新发展，主要表现在以下四个方面：在互联网领域，第二代互联网技术正在进入应用与普及阶段，网格与分布式计算技术得以成熟与发展，P2P（Pear to Pear）技术得到了迅速应用，云计算技术迅速发展，这些技术的发展给网络信息传播本身带来了巨大变化。在移动通信领域，4G 技术、移动互联网技术和智能手机的发展和应用，使移动电子产品的多媒体应用出现爆炸式增长，手机、平板电脑已经成为年轻一代阅读小说、听音

乐、玩游戏、看电视最重要的工具。随着宽带进入家庭，家庭数字系统由概念逐步走向现实，这一系统将整合现在各自独立的电脑、电视、游戏机等家庭数码与电子产品，实现无缝连接，这将极大提高家庭信息数字化的应用水平。技术进步极大地改变了阅读的文本和工具。自2007年以来，可用于显示文本的数字设备数量成倍增加。电子书、电子阅读器、手机阅读产品、电子纸层出不穷，全新的生产方法几乎不消耗有形的原材料，掌握数字化的生产设备的复合型人力资源越来越丰富，并开辟出全新的消费市场——数字阅读市场。2007年11月，亚马逊第一代电子书阅读器Kindle一经上市，两天之内一销而空。2010年4月，苹果平板电脑（iPad）上市，进一步扩大了读者获取数字文本的选择面。2011年4月1日，亚马逊宣布其电子书销量超过印刷书销量，二者的销售比例为105∶100，如今，这个比例还在继续扩大。尽管"无纸化社会"未能如兰卡斯特教授预言的在21世纪初就到来，但是确实已经越来越逼近了。多国的阅读调查都显示，数字阅读率快速上升，很多读者的阅读主要借助于电脑屏幕进行。几乎没有人怀疑，在不远的将来，数字阅读终将取代印刷阅读，成为阅读的主要形式和选择。

2. 我国加强数字出版技术研发和标准建设

我国政府非常重视数字出版技术的研发。原新闻出版总署发布的《国家新闻出版总署办公厅关于认定新闻出版行业高新技术企业有关问题的通知》就指出，"2009年初至2013年底国家将对在文化产业支撑技术等领域内，需要重点扶持的高新技术企业，按减15%的税率征收企业所得税，文化企业开发新技术、新产品、新工艺发生的研究开发费用，允许按国家税法规定，在计算应纳税所得额时加计扣除"。除此之外，近年来，我国数字出版技术标准也逐步出台，并得到国际认可。例如基于我国国家标准研制的《国际标准关联标识符（ISLI）》国际标准填补了国际信息内容标识符体系建设的空白。尽管如此，我国数字出版机构在数字出版技术研发和标准建设方面仍然任重而道远，我国数字出版产业的技术标准（元数据标准、编码标准、作品格式标准）、网络出版标准及出版物流标准等仍然存在不少盲区。目前在互联网领域，中文标准严重缺失，4000项国际标准中只有3项由我国制定。

三、数字技术发展给数字出版机构带来的机遇和挑战

数字内容使用的日益增加使得内容的传播发生了重大改变，其既给数字出版

第一章　数字出版环境

产业和机构的发展带来了重要的发展机遇,也让其面临着一些挑战。

1. 数字技术发展带来的发展机遇

(1) 数字出版技术简化了出版产品的生产流程,提高了数字出版机构的生产效率。

与印刷形式的出版产品相比,数字出版产品省略了印刷环节,而且在数字环境下,即使是传统出版产品的生产工作也得到了简化。很多数字出版机构都会在其网站上提供作者软件,例如 Authority 3.0,供作者免费使用。这些作者软件一方面为作者提供便利,帮助他们制作出符合出版要求的内容,另一方面又节省了编辑成本,提高了编辑效率。网络技术和多媒体技术还为学术研究成果的呈现提供了很好的工具,例如当文章中有实验、数据和涉及计算机程序等材料时,计算机视觉技术为其呈现提供了良好的技术基础。除此之外,网络技术还缩短了出版产品的生产周期,提高了数字出版机构的生产效率。

(2) 数字技术改变了出版产品的成本结构,提高了数字出版机构的经济效益。

出版产品的成本结构是:第一件出版产品具有较高的成本,随后的再生产或者边际成本则较低。尽管如此,当内容以印刷版的形式出版时,生产和发行仍然是出版产品的重要成本。网络存取和传播则改变了出版产品的成本结构,将同样的内容通过网络提供可以显著降低这些生产商的成本,因为没有物理生产和发行活动,而且也没有存货,但是这样的话,生产商需要在技术基础设施上投入新的成本。从长远看,网络发行将会增加第一件产品的成本,将边际生产成本降低到近乎零,而且将发行成本转化为固定成本。当边际成本为零,发行成本转化为固定成本的时候,生产和发行量的增加不会带来企业成本的增加,而是会给企业带来巨大的经济效益。

(3) 信息通信技术扩大了出版产品的传播范围,推动了数字出版机构的国际化发展。

出版产品是信息的载体,其主要功能是传播信息,促进信息交流,因此,其传播范围应该尽可能广泛。信息通信技术打破了信息交流的国家和地区边界,通过亚马逊网上书店,我们可以和其他国家的读者同步购买和阅读各种主题的电子图书,这也推动了数字出版机构的国际化发展。

2. 数字技术发展带来的挑战

(1) 因特网(Internet)和其他信息技术改变了出版产品的生产和传播模式,

对出版机构在出版系统中的职能和地位提出了新的挑战。

因特网和其他信息技术使得传统学术出版机构的大量工作丧失了重要意义，作者和学术团体委托给传统出版机构从事的诸如文本格式化、打印文本等工作，现在可以由作者自己毫不费力地完成。而且，在网络背景下，出版机构的重要职能之一——扩大作品传播范围的功能也开始弱化，作者和发行平台可以通过网络快速、大规模地直接向终端用户传递内容产品，这就为作者和网络书店越过出版商主宰出版业创造了可能。近年来，亚马逊和各大出版商爆发了多次纠纷，最终结果大多以出版商的妥协告终，就是出版机构在产业链中的职能和地位遭到挑战的表现。

（2）数字技术改变了出版产品的形态，对数字出版机构的数字权利管理提出了新的挑战。

版权是传统出版机构和数字出版机构的利润来源，在印刷时代，出版机构主要通过销售其享有版权的印刷本内容产品获利。在数字时代，出版产品的形态发生了变化，在这种情况下，数字化出版产品的版权维护也就成了出版机构亟待解决的问题。数字权利管理（digital rights management，DRM）可以简单地定义为用数字技术利用和管理作品的固有权利。如果没有一种方法既能够确保文本免于被盗版和不经授权地修改从而保证作者的权利，又能够保证出版机构从读者处获取收入的能力，就没有人会在互联网上出版或发布数字出版产品，因此，可以说，DRM是商业数字出版的核心。尽管围绕着DRM，出版业已经开辟了很多新的控制内容存取的技术和新的基于版权的商业模式，但是目前仍未找到一种完善的数字权利管理技术和方案。

本 章 小 结

数字出版环境是指数字出版机构在生存和发展过程中所必需的，独立于数字出版机构之外的，影响和制约数字出版机构企业行为的各种因素和力量的集合。本章基于迈克尔·波特的价值链理论，将数字出版企业置于整个内容传播系统中，以主要相关利益群体在内容传播中的价值和承担的职能出发，分别分析了数字出版机构的环境：制度环境、供求环境、竞争环境和技术环境。

第一章　数字出版环境

□ 思考与练习题

1. 关于产业和企业环境分析的经典理论有哪些？
2. 什么是数字出版环境？如何用价值链理论分析数字出版环境？
3. 什么是制度环境？我国数字出版业面临着怎样的制度环境？
4. 请分析，我国数字出版业面临着怎样的供求环境？
5. 请分析，我国数字出版业面临着怎样的竞争环境？
6. 请分析，我国数字出版业面临着怎样的技术环境？

第二章　数字出版的概念、形态与特征

> **教学目标与教学重难点**

目标：了解数字出版的概念；了解数字出版物的概念和包含的范围；了解数字出版与电子出版、网络出版、互联网出版概念的异同；掌握数字出版物产品形态及其特点。

重难点：能够准确判断数字出版物的范围；全面了解数字出版物的所有产品形态并预测未来可能出现的数字出版物的产品形态；能够从不同的角度分析数字出版的特征。

数字出版自出现以来，一直处于快速发展阶段。技术不断进步、理念不断创新、投入不断加大、受众面不断扩大，使得新的数字出版形态不断涌现。数字出版的特征也在发展过程中越来越突显出来。

第一节　数字出版的概念

从1946年世界上出现第一台电子计算机起，研究人员就开始了计算机用于文献信息处理的可行性和实验性开发。但是直到1961年，美国化学文摘服务社用计算机来编制《化学题录》，才由此产生了数字出版物的雏形。《化学题录》电子版是世界上最早的电子出版物，奠定了美国数字出版的早期基础。其后，1966年，法律数据公司律商联讯LexisNexis创办；1971年，重要的医学信息参考服务系统Medline正式发布；20世纪80年代早期，更是出现了几种科技期刊的全文在线版本（例如《内科医学年刊》和《新英格兰医学期刊》等），这些数字出版物的出现都远远早于万维网的问世。尽管如此，因为数字出版的形态一直在不断变化当中，因此，目前尚没有关于数字出版和数字出版物的公认的定义。

第二章 数字出版的概念、形态与特征

那么，到底什么是数字出版呢？在对数字出版做出定义之前，先来看看它的相关概念。

一、出版

出版一词，英文为"Publish"，《大英百科全书》对其的解释除了出版图书以外，还有向公众传播、公之于众以及让某人的作品为公众所接受这三层含义。而要实现这三层含义，便利的大规模复制是基本条件，因此出版可以说是有文字以后随着出版印刷术的发明而发展起来的。

很多人都对出版做出过定义。

1971年修订的《世界版权公约》第六条给出版所下的定义是："可供阅读或者通过视觉可以感知的作品，以有形的形式加以复制，并把复制品向公众传播的行为。"

《辞海》对其的解释是："把著作编印成图书报刊的工作。"

罗紫初梳理了各国学者对出版所下的定义，并指出："所谓出版，就是将经过加工提炼的知识信息产品，通过某种生产方式大量复制在一定的物质载体上，并进行广泛传播的过程。"

尽管各位学者对出版的定义略有不同，但是总的来说，关于出版的概念都包含了这样几个方面：首先要有作品，这是出版的原材料。其次，要有编辑加工环节，这是将个人作品转变为公众可以接受的作品的一个重要环节。编辑加工之后，还要有便利的复制技术，这是作品公之于众的基础条件。当然，最后就是作品的公之于众，也就是发行或者说是传播环节了。

二、数字出版

数字出版这一提法于2005年开始流行，后逐渐为大家所接受，中国出版科学研究所也自2005年起每年出版中国数字出版产业年度报告。但究竟如何准确界定其所包含的范畴仍存在争议，《中国大百科全书》《辞海》等权威工具书也尚未收录和编写相应的条目，加之整个传媒业产业融合的趋势日渐明显，新闻出版界、信息产业界、文化娱乐界以及政府部门、立法机构分别从不同的角度做出了解释，不同领域的研究者都在试图给数字出版下定义。这就造成了对数字出版理解的多元局面。

原新闻出版总署在《关于加快我国数字出版产业发展的若干意见》中对数字出版的定义是:"数字出版是指利用数字技术进行内容编辑加工,并通过网络传播数字内容产品的一种新型出版方式。"总署的定义主要指出了数字出版的两个主要方面:用数字技术进行内容编辑以及网络传播。

业界也有很多人对数字出版做出过定义。例如书生公司董事长王东临认为:"数字出版本身来说,是一个较宽泛的概念,统指采用数字技术(而非传统的纸张和采用模拟技术的音像)出版和发行的行为。在中国的出版业务分类中,电子出版物和互联网出版都属于数字出版的范畴。"王东临的解释则较为宽泛,他强调数字技术的基础作用,将电子出版和网络出版都囊括在数字出版的范畴。

国内外很多学者都曾经对数字出版的概念进行过研究。例如澳大利亚学者提出了一个数字出版的定义:"数字出版是依靠互联网并以之为传播渠道的出版形式。其生产的数字信息内容建立在全球平台之上,通过建立数字化数据库达到在未来重复使用的目的。"澳大利亚学者非常重视互联网在数字出版上的基础作用,认为数字出版产品的生产、复制和传播都离不开全球化的互联网技术和平台。

周海英认为真正的数字出版是依托传统的资源,用数字化这样一个工具进行立体化传播的方式。数字出版有两层含义:一是指最终产品还是纸介质的印刷物,但制作过程已经完全计算机化、网络化、自动化,其各个环节均使用数字化的设备和器材。二是指最终产品是以磁盘、光盘、网络为传播形态和其他各种电子传播形态的完全意义上的数字出版。周海英的定义强调了制作过程的数字化。他认为只要制作过程采用了数字化技术,即使最终形态是纸介质的印刷物,也同样属于数字出版。

徐丽芳认为,所谓数字出版,就是指从编辑加工、制作生产到发行传播过程中的所有信息都以二进制代码的形式存储于光、磁、电等介质中,必须借助计算机或类似设备来使用和传递信息的出版。她还特别强调指出在出版实践中,数字出版习惯上也指利用数字技术从事图书、期刊和报纸等印刷模拟出版物的制作和生产。但是从严格意义上讲,对于采用数字技术来完成出版过程中某些环节的做法,称其为出版的数字化也许更为科学。徐丽芳的定义强调了数字技术在数字出版中的基础性作用,并对数字出版的最终产品形态进行了限制:需要依赖数字设备阅读和传递信息的出版产品。

谢新洲和徐丽芳的定义可以说是异曲同工。其认为,"所谓数字出版,是指在整个出版过程中,从编辑、制作到发行,所有信息都以统一的二进制代码的数字化形式存储于光、磁等介质中,信息的处理与传递必须借助计算机或类似设备

第二章 数字出版的概念、形态与特征

来进行的一种出版形式。"尽管提法略有不同,但是和徐丽芳一样,他同样强调数字出版的数字技术属性。

张立梳理了大量数字出版相关的概念,在对数字出版相关概念进行辨析后,其指出:"广义上说,只要是用二进制这种技术手段对出版的任何环节进行的操作,都是数字出版的一部分。它包括原创作品的数字化、编辑加工的数字化、印刷复制的数字化、发行销售的数字化和阅读消费的数字化。"他认为,数字出版在这里强调的不只是介质,还包括出版流程。长期以来,人们习惯于以出版物的形式来划分传统出版和数字出版的区别,其实这是一种认识上的误区。因为纸质出版同样可能是数字出版的一部分,即不论终端阅读介质是什么,只要记录在介质上的内容是数字化的,并且记录的方式是数字化的,这种出版活动就一定是数字出版。相反,当我们把模拟的内容以模拟的方式记录在磁带上,这种出版活动也不能叫数字出版。张立指出,在今天,纯粹意义上的传统出版已不复存在,即使是纸质出版物,其出版流程也都离不开数字技术的应用。随着数字技术的进一步发展,未来将不再有传统出版与数字出版的划分。张立对数字出版的定义重点强调了出版流程的数字化而非最终产品的数字化。

综合以上专家、学者对数字出版概念的认识,数字出版大致可以分为三大类。第一类是注重通过网络载体属性来概括数字出版,其实只是将数字出版等同于网络出版或互联网出版,例如原新闻出版总署和澳大利亚学者对数字出版所做的定义就强调了这一点。第二类是侧重通过数字技术手段属性和最终产品形态来解释数字出版,例如徐丽芳、谢新洲、王东临都强调了这一点。第三类主要强调出版流程的数字化是数字出版的重要基础,张立、周海英都是这种观点的拥护者。

三、数字出版的三大要素

各专家、学者和机构对数字出版概念认识的不统一,在某种程度上是由其专业领域以及研究对象和目标的不同造成的,很难说谁的观点更为准确和严谨。这里首先综合出版的定义以及各位专家学者对数字出版的定义,总结出数字出版的几个要素。

1. 数字出版是利用数字技术手段将已有的内容产品编辑加工为适合大众消费的内容商品的社会文化活动

对原始信息进行开发是创作而不是出版行为。数字出版归根结底仍然是一项

出版活动。与出版一样，其劳动对象同样是已有的内容产品，而不是原始信息。作者创作了内容产品后，还需要数字出版机构利用数字技术手段，按照符合大众消费的标准对其进行编辑加工。

2. 数字出版是运用数字技术手段对编辑加工好的内容产品进行大量生产、复制和销售的经济文化活动

正如张立所言，只要是用二进制这种技术手段对出版的任何环节进行的操作，都是数字出版的一部分。数字出版与传统出版的最大不同就是它将数字技术嵌入出版的各个环节当中，利用数字技术可以低成本、快速、便利地对编辑加工好的内容产品进行大量生产、复制、销售和传播。它既是一项文化活动，也是一项经济活动。它可以在传播文化的过程中更好地实现内容产品的商业价值。

3. 数字出版是将内容产品向最大范围的受众进行以阅读为取向的传播活动

和传统出版一样，数字出版同样是一个将内容产品"公之于众"的传播行为。传播行为的范围较为宽泛，在这里，我们特别强调其是一种以阅读为取向，而不是以视、听、玩为取向的传播活动。

综合上述三个特征，可对数字出版概念做如下表述：所谓数字出版，就是将内容产品利用数字技术手段进行编辑加工、生产、复制和销售，向最大范围的受众进行以阅读为取向的广泛传播的社会、文化和经济活动，其最终产品可以是依赖数字技术手段生产的纸介质的印刷物，也可以是以数字化方式呈现的内容产品。按照这一规定，按需印刷、定制出版都属于数字出版的范畴，而不以传播为目的的私人网络日志、私人博客以及不属于出版领域的数字电视、手机音乐、网络游戏等都排除在数字出版范畴之外。

第二节　数字出版相关概念辨析

电子出版、网络出版、互联网出版、移动出版与数字出版的概念经常混用。但是实际上，这四个概念还是有很大区别的，因此本节主要对这四个名词的概念进行解析。

一、电子出版

电子出版对应的英文单词是 Electronic Publishing，简称为 E-Publishing。"电

第二章 数字出版的概念、形态与特征

子出版"的概念根据考证最先见之于1978年4月,厄夸特在卢森堡举办的"科技社会下的出版未来"研讨会上首次提出了"Electronic Publishing"的概念,当时主要指把电子计算机技术用于出版物的印前编辑工作,还不是指出版全过程的数字化,概念等同于电子排版系统。

电子出版最初是指电子出版物的生产,电子出版物最初的载体是磁带,后来陆续使用软盘、光盘、磁盘为载体或通过计算机网络发行。由于电子出版概念出现得最早,以致后来的所有跟计算机有关的出版活动都被人们广泛地称为电子出版,包括代替铅排的激光照排系统和互联网出版等。

国内外关于电子出版的概念还是基本趋于统一的,都非常强调其数字技术属性,对于其最终介质形态也有明确规定,将最终形态为纸介质的出版活动排除在外。例如《大英百科全书》对电子出版的定义是"在计算机网络或磁盘上出版,以计算机可读的形式生产文献,并通过网络或其他载体等发行"。微软的电子百科全书《因卡塔》则认为,"电子出版是出版以计算机网络来分销的信息或者以计算机来使用的信息"。黄凯卿对电子出版的概念也进行了深刻的描述,其指出:"电子出版是个广泛的概念,它不仅指利用多媒体技术、计算机技术进行的出版活动,也指利用互联网等新型工具进行的出版活动。电子出版是指以数字代码方式将图、文、声、像等信息编辑加工后存储在磁、光、电介质上,通过计算机或其他具有类似功能的设备读取使用,并可复制(或下载)发行的大众传播媒体。电子出版既包括图书、期刊、报纸等出版物在生产过程中的计算机编辑排版,也指采用电子技术手段从事出版物生产制作,并且最终产品也是电子(数字)形式出版物的出版活动,还包括以电子(数字)形式出版和传播信息的其他任何活动,如文本、超文本、可视图文(video text)、电子邮件、电视、广播等的制作、传递、浏览、阅读、下载、联网打印等。很明显,网络出版也是电子出版的一种方式。"黄凯卿这一关于电子出版的定义显然较为宽泛,不仅包括采用电子技术手段从事出版物生产制作,并且最终产品也是电子(数字)形式出版物的出版活动,还包括以电子(数字)形式出版和传播信息的其他任何活动,也包括在生产过程中采用计算机编辑排版制作传统图书、期刊、报纸等出版物的出版活动。他的这一电子出版概念,包括数字出版以及互联网出版。

2008年3月17日,原新闻出版总署以署长令的形式正式公布《电子出版物出版管理规定》(下称《规定》),该《规定》所称电子出版物,是指以数字代码方式,将有知识性、思想性内容的信息编辑加工后存储在固定物理形态的磁、光、电等介质上,通过电子阅读、显示、播放设备读取使用的大众传播媒体,包

括只读光盘（CD-ROM、DVD-ROM等）、一次写入光盘（CD-R、DVD-R等）、可擦写光盘（CD-RW、DVD-RW等）、软磁盘、硬磁盘、集成电路卡等，以及其认定的其他媒体形态。这一概念则主要对电子出版所采用的技术手段以及最终产品形态做出了规定，将互联网出版排除在电子出版以外。

本书主要采用原新闻出版总署关于电子出版概念的认识，认为电子出版就是以数字代码方式将知识信息编辑加工后存储在固定物理形态的磁、光、电等介质上，并通过电子技术设备和手段复制、显示和传播以阅读为取向的知识信息产品的活动。这一概念没有把"电子出版"概念泛化，混同于"网络出版"和"桌面出版"，既有助于行政管理，也有助于企业自身的定位。

二、网络出版

网络出版对应的英文单词是Network Publishing。网络出版的概念是在1994年引入的，因为"网络"的概念极为宽泛，只要能形成一种网状系统的组织，都可以称之为"网络"，因此，和数字出版一样，迄今为止尚没有一个统一的、权威的、能够被人们公认的概念。目前对"网络出版"的不同表述有：网络出版、网页出版（web publishing）、泛网络出版（network publishing）、在线出版（online publishing）、联机出版、多媒体出版等。这几种称谓的内涵有共同所指，即都是指通过网络进行的数字出版活动，只是侧重点不同。关于网络出版的概念也是众说纷纭。

有人认为网络出版是传统出版流程的延续。例如沈彬就认为"网络出版尽管在表现形式上不同于传统出版，但在出版的内涵上并没有发生实质性的变化""完整的网络出版流程包括获取原始素材、制作数字内容和传播数字内容，并通过有偿提供数字内容的复制品来获取利益"。

也有学者认为网络出版是电子出版的特殊形式。例如匡文波就认为"网络出版物亦是电子出版物的一种类型，与之对应的是封装型电子出版物，两者的主要区别在于前者是通过计算机网络出版发行的，即其创作、交稿、审稿、编辑、出版、发行等都可在计算机网络中进行；而后者是通过书刊等渠道发行的"。

还有很多学者对网络出版的主体进行了限定。例如张志刚就认为网络出版是指"具备固定域名和合法资格的出版机构，将作品依据互联网定期或不定期地向大众传播的过程。这里的网络出版包括发行"。此观点把概念又进一步延伸为网络出版的主体是"具备合法资格的出版机构"，将网上发行囊括在内，而互联网原创、博客出版这些新兴出版形式则被摒除在外。

随着数字和网络技术的不断发展,又产生了手机出版。很多学者认为手机出版也是网络出版的一种形式,对网络出版是这样界定的:"以数字化为技术手段,通过互联网、移动电话、交互式电话在内的所有电子信息渠道进行图、文、声等的一种传播流程,称为网络出版。"这里已经把网络出版延伸到手机出版领域了。

值得指出的是,网络出版还处在理论和实践的探索之中,对网络出版概念存在不同的理解应是网络出版发展中必须经历的过程。综合上述网络出版的各种定义,我们认为网络出版是数字出版的一种形式,其特指依靠网络并以之为传播渠道的一种出版形式。

三、互联网出版

与网络出版相比,关于互联网出版的定义则较为明确。原新闻出版总署和工信部在2002年共同颁布了《互联网出版管理暂行规定》。在《互联网出版管理暂行规定》中明确指出,"本规定所称互联网出版,是指互联网信息服务提供者将自己创作或他人创作的作品经过选择和编辑加工,登载在互联网上或者通过互联网发送到用户端,供公众浏览、阅读、使用或者下载的在线传播行为",其还特别强调"本规定所称互联网出版机构,是指经新闻出版行政部门和电信管理机构批准,从事互联网出版业务的互联网信息服务提供者。"

《互联网出版管理暂行规定》中关于互联网出版的概念可以说是一个狭义的概念。从狭义上讲,互联网出版是指出版单位通过互联网向大众传播信息的过程,即出版主体限定为传统出版单位。事实上,从广义上讲,编辑加工好的知识信息产品通过互联网向大众传播的过程都可以叫互联网出版。在广义的概念下,博客、播客、印客都是互联网出版行为。

那么因特网出版是否等同于互联网出版呢?很多人都将这两个概念等同起来,事实上二者是有区别的。因特网出版强调了因特网作为出版媒体的主流特性,而互联网出版则还包括那些不在因特网中的电子邮件服务器和数据库服务(例如UUCP或BINet网络,没有采用TCP/IP协议),但通过一些网络设备的信息转换处理,最终也可以为网络用户所获取。可见,互联网出版的外延更为广泛。

四、移动出版

移动出版是随着包括平板电脑、手机、电子书阅读器等移动数字阅读设备的发展而产生的一个新兴的出版概念。在 iPad、Kindle 这些平板电脑和电子阅读器获得巨大的市场占有率之前，移动出版曾经被称为手机出版。

关于移动出版的概念，目前同样没有一个统一、明确的表述。刘鲁川、孙凯认为"移动出版是指内容提供商通过手机、iPad 等手持终端向受众（用户）提供的阅读服务，其形态既有手机报、e-Book、电子杂志等传统出版物的衍生产品，也包括影视、音乐、有声读物等数字化产品。"这一定义着重强调了阅读终端，较为宽泛。朱音则认为移动出版是将图书、报纸、杂志等内容资源进行数字化加工，运用数字版权保护技术（DRM），通过互联网、无线网以及存储设备进行传播，用户在移动设备上通过阅读软件实现阅读或听书等功能，实现随时随地阅读。

因为笔者一直强调出版的阅读导向，因此更倾向于朱音的观点，认为移动出版是将内容信息产品通过数字化技术手段编辑加工，通过移动网络进行传播，使用户在移动设备上通过阅读软件实现阅读功能的出版活动。

第三节 数字出版的形态

数字出版的形态要揭示的主要是数字出版物的类别。按照不同的分类标准，数字出版物可以归入不同的类别。按照载体的不同，数字出版物可分为只读光盘（CD-ROM、DVD-ROM 等）、一次写入光盘（CD-R、DVD-R 等）、可擦写光盘（CD-RW、DVD-RW 等）、软磁盘、硬磁盘、集成电路卡、网络出版物以及利用数字技术生产和复制的印刷出版物等。按照媒体信息类型来分，数字出版物可以分为文本型、图像型和多媒体型等。但是本节并不打算根据严格的分类标准来划分数字出版物的类型并分别加以考察，而只是对实际生活中应用较为广泛的各种数字出版和数字出版物形式进行简单梳理和介绍，以下主要介绍几种数字出版形态。

第二章 数字出版的概念、形态与特征

一、数据库

"数据库"一词最早出自美国，20世纪50年代美国就有利用电子计算机进行数据存储和检索的军事机构，这个机构被称为"数据基地"，也就是所谓的数据库。数据库是发展历史最悠久的一种数字出版产品，其最早产生于20世纪50年代末60年代初。1959年，美国匹兹堡大学卫生法律中心建立了世界上第一个全文检索系统——法律情报检索系统。当前，作为技术和作为出版形式的数据库，影响已经渗透于各种其他形态的数字出版之中。1966年，国际上著名的联机检索服务系统DIALOG建立，并于1972年投入商业运营。当时这些联机数据库开展了最早的各自独立的网络出版服务，直到1991年，这些联机检索服务市场才基本为光盘出版物取代，同时，给予web的数据库服务悄然出现，时至今日已经形成相当规模的数据库生产和服务产业。

当前，世界各国的数据库产业已经发展成为涉及科技、经济、医药卫生、法律和文化教育等各个领域的行业。下面介绍几种较为典型的以数字出版形式出现的数据库。

书目数据库：书目数据库是主要用于存储目录、题录和文摘等书目线索的数据库。书目数据库早在20世纪60年代就出现了，例如《化学题录》《科学文摘》等都是书目数据库的杰出代表。目前，最成功的书目数据库是美国OCLC的WorldCat联合目录数据库。WorldCat数据库是OCLC的一个由1万多成员馆参加的联合目录数据库，是世界上有关书目信息最大和最丰富的数据库，目前拥有7000多万条图书和其他资料的书目数据，覆盖400多种语言，以英语为主。WorldCat数据库涉及各学科领域，数据每天都在更新，且增长速度快。2004年初，OCLC启动了Open WorldCat计划，将WorldCat的书目数据陆续加入Google和Yahoo两大搜索引擎中。非OCLC成员馆的编目员只要登录WorldCat的首页，就可以检索到书目数据，不能下载但能浏览。我国代表性的联合编目数据库有三种：一是以北京大学图书馆为核心的中国高等教育文献保障系统即CALIS系统（简称CALIS），是高校图书馆的全国性的联机编目中心；二是以国家图书馆为主的全国图书馆联合编目中心（以下简称国图）；三是大书商、发行商以购书配编目数据的方式向各图书馆提供书目数据即联采统编（以下简称统编）。这些书目数据库都提供题名、责任者、主题、分类号、ISBN号、丛编等常用检索点。

全文数据库：全文数据库是指将一个完整信息源的全部内容转化为计算机可

以识别、处理的信息单元而形成的数据集合。自1973年美国米德公司建成世界上第一个面向公众查询的大型全文数据库Lexis至今，全文数据库已经成为全球文献数据库的重要发展方向。目前国外较有影响力的全文数据库包括美国EBSCO公司综合数据库产品Academic Search Elite、荷兰著名商业出版公司的Elsevier Science以及著名的科技出版集团德国施普林格（Springer-Verlag）推出的科学、技术和医学（Science, Technology & Medicine, STM）方面的在线信息资源建设的网络全文库SpringerLINK等。我国也有一些使用面较广、影响力较大的全文数据库，包括国内三大主要中文期刊全文数据库维普科技期刊、中国知网学术总库、万方数据库资源系统等。

引文数据库：引文数据库是将各种参考文献的内容按照一定规则记录下来，集成为一个规范的数据集，通过建立著者、关键词、机构、文献名称等检索点，满足作者论著、专题文献、期刊、专著文献、机构论著以及个人、机构发表论文被引等情况的检索。一般认为，正式的引文分析始于20世纪50年代初美国科学情报社制作出的高质量的引文数据库SCI（科学引文索引）。1961年第一期《科学引文索引》问世，从1997年开始SCI又发行了Web版数据库Science Citation Index Expanded（SCI-E），被认为是世界范围内最权威的科学技术文献的索引工具。我国于20世纪80年代才引入了SCI，并于1995年开始正式面向用户提供检索服务，出版了我国历史上第一本《科学引文索引》（简称CSCI），1997年我国第一张引文检索光盘（简称CSCD）问世。目前，除CSCD外，我国建成的专业引文数据库和有引文索引功能的综合性数据库很多，主要有《中国科技论文与引文数据库》（简称CSTPC）、《中文社会科学引文索引》（简称CSSCI）等。

事实数值型数据库：事实数值型数据库即以把大量的事实、规则、概念、数值、运算公式、规划等组成的知识存储起来进行管理的数据库。事实数值型数据库包括人口数据库，名录数据库，自然资源数据库，社会调查数据库，金融、证券系统数据库等，总之是以特定的事实或数字回答用户的查询。其优势在于它提供的不是原始文献的出处，而是可以直接加以利用的原始事实性信息。近年来，事实型数据库这种知识、经验、规则和事实的集合越来越受到重视，很多机构都建立了这种数据库，例如电子情报所建成的"中国集成电路数据库"、国防科技信息中心的"国防工业经济信息数据库"以及原化工部的"化工产品数据库"等。

多媒体数据库：多媒体数据是指多种媒体，如数字、字符、文本、图形、图像、声音和视频等的有机集成。其中数字、字符等是格式化数据，文本、图形、

第二章 数字出版的概念、形态与特征

图像、声音、视频等是非格式化数据。多媒体数据库的概念自 1983 年由 D. Tsiehritzis 和 S. Christodoulakis 等人提出,至今已经历了 30 多年的发展,而且已有一些原型和实际产品诞生。由于可以统一存储和管理声音、图形、图像及文本,多媒体数据库能够表达的信息范围大大扩展,但同时也导致了许多问题。这是一种有潜力但是尚未发展成熟的数据库类型。

二、电子图书

电子图书英文为 electronic book,在网上人们习惯称之为 e-Book,是以互联网为流通发行渠道,以电子文本为阅读内容,以网上支付为交换、购买手段,以数字阅读设备为阅读终端的一种出版物形式。电子图书尚缺乏统一的标准格式,目前流行的电子图书格式包括 PDF、CEB、HTML 等。

电子图书经历了由封装型向网络型的发展过程。20 世纪 90 年代中晚期以前,以软磁盘和光盘为载体的电子图书占据了主流地位。但是时至今日,电子图书的主流已转化为通过互联网免费或者付费传送,读者可以利用电脑、阅读器、Pad 甚至手机等多种开放式阅读终端阅读的数字出版物。

从内容上来看,电子图书的产生有几种途径。第一种是商业公司、图书情报单位或者学术研究机构扫描现有的纸版图书生成电子图书,例如斯普林格公司生产的 SpringerLink 电子图书、世界两大著名 IT 出版商 O Reilly & Associates, Inc. 和 The Pearson Technology Group 开发的 Safari Tech Books Online、由 IEEE 与 John Wiley & Sons 公司合作推出的电子书数据库 IEEE-Wiley eBooks Library、国内最大的中文电子图书资源库超星电子图书、北京大学方正公司开发的数字图书系统方正 Apabi 数字图书馆、北京书生数字技术有限公司于 2000 年创办的"书生之家数字图书馆"等。第二种是个人爱好者把现有纸版图书经过扫描、识别或录入后,生成电子图书供爱好者共享。这种做法最早可以追溯到 1971 年 7 月由迈克·哈特(Michael Hart)发起的古登堡计划(Project Gutenberg)。目前该计划可以通过互联网向公众免费提供一万多种已进入公共领域的经典书籍。还有如日本的"青空文库",也将古典名作与超过著作权保护期的 3000 余种作品在网上向读者无偿开放。国内的 E 书时空、北极星书库等也属于这类。第三种是版权所有者或合法版权获得者利用出版过程中制版使用的电子文本制成电子图书,以商品或纸版图书附属品的形式发放。一般认为国内第一本网下出版和网上收费下载同时进行的图书是人民出版社于 1999 年 10 月 18 日推出的《中国经济发展五十年大事

记》。现在我国已有一百多家出版社开始了电子图书与纸质新书同步出版的尝试，而由日本讲谈社、新潮社、读卖新闻集团等14家知名新闻出版机构与索尼公司联手组成的电子图书服务"Publishing Link"甚至计划将一些畅销小说先于纸质书籍发行。最后一种是与纸质图书几乎完全脱离关系的电子图书。例如阅文集团就是以原创电子图书为其主要产品，全国70%左右的网络原创文学作品都是利用阅文集团的平台创作、发布和销售。美国畅销小说作家斯蒂芬·金的作品《骑弹飞行》也仅在网上出版，不发行印刷版本。

三、数字期刊

数字期刊可以定义为通过数字技术生产、复制、传播和发行的杂志、快报、通信等。数字期刊可以说是数字出版和电子传播的先锋。这是因为STM期刊出版以及大多数学术出版的特性是创作者并不指望直接从出版活动中获得经济收益，而是通过出版，获得声望或者晋升。对于阅读者而言，其也不打算为获取出版物直接付费，他们往往通过自己所在机构的图书馆订阅实现阅读。STM期刊的作者和读者的共同愿望是加快研究文献出版和传播的速度，而对于出版者而言，这同样是他们的追求，同时，降低生产和复制成本也成为他们的重要目标。压力促成变革，20世纪90年代，世界著名的期刊出版商纷纷苦苦地寻觅解决办法，并最终在20世纪末逐渐完成了从纯印刷出版到印刷—数字混合出版，再到今天的纯数字出版的过渡。

数字期刊的分类方法有很多种。例如按照期刊内容，可以分为电子杂志和专业数字期刊。"悦读网"就是大型电子杂志阅读平台，"读览天下"也是中国最大的正版电子杂志平台。而前面提到的重庆维普期刊等则是重要的专业数字期刊数据库。按照出版形式数字期刊又可分为混合型数字期刊，即同时出版印刷版和电子版的数字期刊，例如大众消费类杂志《瑞丽》、专业期刊《出版发行研究》等。还有一种是纯数字期刊，即仅发布数字版本，而不发布印刷版本的数字期刊，例如徐静蕾创办的电子杂志《开啦》等。

四、数字报

这里用的是"数字报"而不是"数字报纸"的概念，因为笔者认为"数字报纸"的提法本身就是有问题的，其后的"纸"显然规定其最终介质的纸质形态。数字报是指将新闻稿件和图片资料以数字形式存储并提供给读者使用的一种数字出版形态。它在保持报纸原有版式的基础上,同时又融合了新型网络媒体,具有了网上看新闻的方便和快捷的优点,增添了更多的阅读趣味。

数字报的发展最早可以追溯到1977年加拿大《多伦多环球邮报》首次通过Info Globe提供报纸文本的自由检索。1987年,美国加利福尼亚州的《圣何塞信使报》为读者提供电子版。尽管早期《人民日报》等都发行过光盘版,但是目前数字报纸的主流已经是网络报。美国主流报纸几乎都发布了网络版,有些报纸甚至宣布取消印刷版的发行,只发布网络版本。国外的许多网络报纸都充分利用互联网的多媒体和互动功能来提供更多的增值服务,而我国目前大多数网络报都处于初级阶段,也就是说网络版只是纸质母报的翻版。预计未来,完全脱离传统纸媒体的纯网络报或新闻信息综合网站将成为新闻媒体数字化的主流和发展方向。

五、按需印刷出版物

按需印刷(print on demand,POD)是先进的数字、技术和原色(toner-based)印刷技术相结合的新型印刷工艺,其操作过程是将图书内容数码化后,用电子文件在专门的激光打印机上高速印制书页,并完成折页、配页、装订等工序。按需印刷是一种随着印刷设备的小型化和人性化而产生的新的印刷模式,其所需硬件包括数字印刷设备和网络技术平台。按需印刷实现了1册即可起印的神话,与传统印刷在印制成本上相比,印量只要在1500册以内,数字印刷都有价格优势,特别适用于一些定向较窄、专业性强、可变性强、批量较小的印刷品。

事实上早在10多年前,美国的出版公司就开始试着推广按需印刷服务。目前,这种方式在美国、英国、日本、德国、加拿大等国得到了应用。美国最大的图书批发商英特拉姆公司于1997年创立了一家闪电印刷公司,亚马逊网上书店则与该公司合作共同推出按需印刷服务。1999年,日本140余家出版社和书店联合组成"电子屋",合资建立了数码印刷服务中心。除上述国家之外,法国、意大利、西班牙、以色列等国也已在发展或正在积极筹划发展按需出版系统。在中国,知识产权出版社是较早实行按需印刷服务的出版社之一。这些由出版社或书店开展的按需印刷服务对于保存一些即将绝版的书籍、满足高度细分化的图书市场需求、延长图书的生命周期等方面无疑有着重要意义。

六、自助出版物

自助出版是指在没有第三方出版商参与的情况下，由作者或资源组织者利用各种资源，在法定出版体制内遵循市场效益的原则，自行投资出版图书。在自助出版模式中，作者控制整个图书出版过程，包括图书装帧设计、价格制定、发行渠道、市场营销等工作，这些工作或由作者单独完成，或者部分外包给专业服务公司。根据载体划分，自助出版分为实体书自助出版和电子书自助出版。其中电子书自助出版是主流，其发展空间更为宽广。

"露露网"（www.lulu.com）是自助出版服务方面最具盛名的网站之一。"露露网"是总部分别设在莫里斯韦尔和北卡罗来纳州的一家网上出版和分销机构，它的主要服务对象是个人出版作者、艺术家和音乐家，主要通过网络为这些个人出版者提供个性化的按需出版服务。"露露网"还设置了"露露博客"，其博客用户在网站可以享受印书免费的政策；"露露社区论坛"主要为用户建立一个交流的平台，用来满足用户的建议；"露露研习班"主要是向新手介绍编辑经验，从成为"露露网"的博客用户到在"露露网"营销博友刚出版的内容的方法和技巧，都有全面的介绍；"露露电视"供用户将自己的录像带剪辑、上传和分享，并可以看到收看率；"露露电台"是一个免费的音频节目，其节目来源主要是对露露作者和其工作人员的访谈。该网站还设置了布鲁克图书奖，并邀请5位专业评委每年评选出15部获奖作品，其出版种类包括日历、图书、相册、CD、DVD，博友出版自己的第一本作品时不需要支付费用，因为该网站还是一个在线购物网站，只有当其他用户喜欢作者的个性印刷品并下订单购买的时候，"露露网"才会进行印刷销售，并向作者支付佣金。"露露网"还宣称，可帮助作者在亚马逊等网上零售书店销售自己的作品。这种非传统的、平民化的新型出版发行模式受到了一些美国民众的追捧。连世界著名的传统出版公司企鹅出版集团都建立了一个免费的作者社区网站，取名"图书国"（book country），让那些正做着作家梦但无出版社理睬的人在这里建个户头搭个窝，把自己的稿子亮出来，由其他会员点评，互相交流。每个会员都必须阅读和评论他人的稿子。

我国也曾经涌现过大量的自助出版网站，例如"印客网"（www.inker.com）就参照了"露露网"的模式，从2005年底开始开展自助出版服务。但是因为国情及出版业的制度法规不同，这些网站陆续取消了这一业务。尽管自助出版发展前景仍不明朗，但它在美国已经成为传统出版发行渠道之外的"第二条道路"。

针对这种情况,传统出版行业应该借鉴其经验,在保证尊重我国相关出版法规的同时,提高自己现有的业务水平,推出满足特殊需要的自助出版服务。

七、开放存取出版物

近20年来,经过大量兼并收购逐渐取得市场垄断地位的学术出版商持续提高期刊价格以攫取高额利润,加上图书馆经费缩减使得始于20世纪70年代的"学术期刊危机"(Serial Crisis)愈演愈烈,图书馆没有足够的财力购买和为读者提供科学研究所需的文献信息,从而影响了进一步的科学研究和教学活动。互联网的普及使得原本高昂的印刷与发行成本降至极低,并在理论上极大地提高了科学文献可能的传播范围和传播速度。在这样的背景下,专业学会、大学、图书馆、基金和其他人热情地拥抱开放存取这一新模式。

2002年2月14日发布的《布达佩斯开放存取倡议》提出了迄今为止仍被广泛接受的关于"开放存取"的定义,即开放存取是指论文可以在公共网络(public internet)中免费获取,它允许所有用户不受经济、法律和技术限制阅读、下载、复制、传播、打印、搜索或超链接论文全文,允许自动搜索软件遍历全文并为其编制索引,允许将其作为软件的输入数据,允许有关它的任何其他合法用途,除非登录、使用互联网本身有障碍。有关论文复制和传播的唯一限制,亦即版权在该领域的唯一作用,就是承认作者的署名权、作者对作品完整性的控制权以及作品被正确地引用。

布达佩斯开放存取先导计划(Budapest Open Access Initiative,BOAI)提出了实现开放存取的两条途径,即自行典藏(self-archiving)和开放存取期刊(pen-access journals)。尽管BOAI指出这并非实现开放存取的仅有途径,并且鼓励人们积极探索从现有科学信息交流体系向开放存取系统转移的其他方式和方法,但是实际上,当前无论是开放存取实现途径的理论探讨还是实践活动似乎都未超出这两者的范畴。例如芬兰学者Bo-Christer Björk将开放存取总结为实施同行评审的电子期刊、主题仓储(subject-specific repositories)、机构仓储(institutional repositories)以及作者的个人主页。但根据BOAI对自行典藏的描述,后三者恰好列举了迄今为止出现过的自行典藏形式,因此无非是进一步细化了自行典藏的类别。目前,除了这几种形式,还有一些科技出版集团开始开发开放存取图书的业务。

第四节 数字出版的特征

在数字出版的特征方面,《关于加快发展我国数字出版产业发展的若干意见》中也有所提及,认为数字出版具有内容生产数字化、产品形态数字化、传播渠道网络化、管理过程数字化以及作品使用和消费数字化的特征。具体而言,其主要特征表现如下。

一、基于生产流程的数字出版特征分析

1. 内容生产数字化

内容生产数字化是指数字出版物借助二进制代码等数字化手段,将出版内容存储于相应的介质中。数字出版物的使用者可以借助数字化的内容生成机制,获取自身需要的数字化出版产品,数字出版内容生成过程的数字化使得内容个性化定制成为可能,从而增强了数字内容的吸引力,也丰富了数字出版的内容。

2. 产品形态数字化

产品形态数字化是指数字出版物最终主要依赖数字技术进行呈现。数字出版的最大优势在于其产品形态的数字化以及由此带来的产品传播、使用的便捷。从目前来看,尽管按需印刷也是一种数字出版产品形态,但是总体而言,其所占的市场份额比较小,数字出版物主要以电子图书、数字报纸、数字期刊、网络原创文学、网络教育出版物、数据库出版物、有声书、移动出版产品等形态出现,这些多样化的出版物形式本质上都是数字化产品的不同表现形态。

3. 传播渠道网络化

传播渠道网络化,顾名思义指的是数字出版物的传播依托于网络。传播渠道网络化是数字出版一个突出的特点,与传统出版相比,网络传播渠道具有更为丰富的传播途径、更为完善的实现方式、更为快捷的传播速度、更为广阔的传播范围、更为优质的内容体验。

4. 管理过程数字化

管理过程数字化指的是数字出版物的版权管理以及编辑发行营销管理需要借助较为先进的数字化技术实现,尤其是数字化的出版内容需要获得数字版权管理(DRM)系统的支持,使得数字出版业的黄金——版权得到有效保护才能保证数

字出版产业的持续发展。

5. 作品使用和消费数字化

作品使用和消费数字化指的是数字出版产品的读取、显示和阅读往往需借助特殊的终端来实现。在数字出版时代，作品内容以数字形态表现，这种形态与传统的纸质印刷不同，不能被使用者直接读取而必须借助数字化的转化手段。这种数字化手段需要借助数字化终端，使用数字化解决方案和数字化格式标准来实现。

二、基于数字出版要素的数字出版特征分析

隅人、保华在《数字出版的使命与特征》一文中，从数字出版生产要素的角度总结了数字出版的特征。

1. 数字出版时代内容创作者的特征

在数字出版时代，作者可以比较容易地获得信息，也可以很容易地通过微博、博客发表自己的看法。与此同时，网络提供的信息容易出现情感化、片面化倾向。提供可靠的信息参考源对作者大有帮助，这就进一步突显出编辑选择的重要性。当然，因为内容创作者以及内容产品海量增长，因此编辑选择的难度也加大了，选择的权重加强了。

2. 数字出版时代内容提供者的特征

随着以"云计算""云存储"为代表的信息存储技术的发展，数据的重要性日趋加强，有人提出数据即服务。对于数字出版来说，内容即服务。读者可以随时随地通过任意设备获取自己需要的内容，内容可按需获取，并可实现碎片化、单元化、动态化。这对内容提供者有强大的计算能力和投送能力的要求，内容资源汇聚得越多，内容提供者的影响力就越强。由于数字网络的特征，使得内容提供服务发生马太效应，最终内容提供业务会集中到少数供应商手里。出版行业规模壁垒将会进一步加强，亚马逊等内容聚合平台在产业链中的地位将会进一步提高。

3. 数字出版时代内容出版者的特征

出版的核心在于选择，在数字出版环境下，选择仍然非常重要。编辑作为出版的核心角色，面对更大的机遇和挑战。然而，这个时候的选择不是筛选，留下编辑认为有文化和商业价值的图书，而是一种向前过滤。编辑需要学会吸引读者的技巧和方法，将挑选出来的内容产品尽可能地放在搜索引擎、内容平台比较靠

前的位置。因此，编辑需要给待出版的内容贴上合适的标签。选择出版的内容，选择内容间的相关性，选择内容间的关联方式，选择针对不同的受众呈现的内容，选择针对不同的渠道呈现的形态。这些对于编辑的要求大大提升，编辑不仅要进行内容产品选择、加工，而且要学会网络营销技巧，引导受众阅读。

4. 数字出版时代内容呈现终端的特征

个人电脑、笔记本电脑、电子书阅读器、平板电脑、智能手机甚至网络电视都逐渐成为阅读终端。终端的分散化和类型的多样化，导致内容制作的复杂化和成本的高昂，内容仍然是出版最为重要的生产要素之一，然而内容的呈现方式也很重要。终端应用的交互和呈现能力，使得内容加工的难度和重要性也大大提高，因为这决定了用户的使用体验。

5. 数字出版时代读者阅读的特征

在数字出版时代，读者的阅读也产生了极大的变化。碎片化阅读、多维度立体阅读、基于搜索的阅读、体验式阅读等多种阅读形式的发展使得出版逐渐由生产者主权向消费者主权转化。阅读特征的变化，决定了出版者和内容提供者的服务必须个性化，当然还要便捷化、精准化、丰富化。

除了以上特征，在经济上，数字出版具有双边市场的特征，除了出版者与内容提供者之间的交易，还存在产品出版者和产品消费者之间的交易。出版者能够在平台上展示多少产品，并将其提供给消费者以获取利益，取决于其与内容提供者之间的交易量。数字出版被包含在文化产业之中，同时又与传媒产业、信息产业有部分重叠，其范围日益扩大，边界也日益模糊。除了经济上的特殊性外，数字出版还呈现出科技文化融合的特征，技术与内容融合、平台与服务融合、读者与用户融合、生产与消费融合。随着数字技术的进一步发展和数字出版形态的日益丰富，未来还有待进一步拓展对于数字出版特征的认识。

本 章 小 结

本章先探讨了数字出版的概念，总结了数字出版的几大要素。其后，主要对电子出版、网络出版、互联网出版这三个经常与数字出版相混淆的概念进行了辨析。最后，分析了数字出版的各种形态，并从不同的维度分析了数字出版的特征。

第二章　数字出版的概念、形态与特征

□ 思考与练习题

1. 什么是数字出版？数字出版包含哪几大要素？
2. 什么是数字出版物？私人加密的博客是数字出版物吗？
3. 目前有哪些主要的数字出版物形态？各种不同的数字出版物形态有哪些特征？
4. 数字出版有哪些特征？
5. 结合目前数字出版物的具体形态，预测未来数字出版物形态创新的方向。

第三章　数字出版发展历程

> **教学目标与教学重难点**

　　目标：了解国内外数字出版的发展历史和发展现状；了解国内外数字出版企业数字化转型路径的异同。

　　重难点：预测未来国内外数字出版产业的发展趋势。

　　出版业在人类文明的发展历程中，一直是不可或缺的一员。回顾出版业的发展历史不难发现，出版业的每一次变革几乎都与以下两个要素有关：出版介质——决定以什么载体记录出版内容并进行阅读；出版工艺——决定以什么样的方式制作成出版物。伴随着出版介质从甲骨文到简策书，从简策书到纸质书籍，从纸质书籍到磁带、唱片、光盘，再到互联网、手机、电子纸；出版工艺从写刻到手抄拓印，从手抄拓印到雕版、活字、铅字印刷，从铅字印刷到激光照排、磁盘、光盘记录，再到今天的网络出版、手机出版、数码印刷，人类从传统出版时代进化到数字出版时代。

第一节　数字出版发展历史

一、国外数字出版发展历史

　　数字出版产业始于西方发达国家。其中，欧美国家是世界上数字出版产业起步最早的，从早期的电子期刊到电子书、电子数据库、电子报纸、网络出版物等等，这些新的出版物和出版形式大多数都发源于欧美国家。因此，要追寻数字出版的发展历程，首先要对国外数字出版发展历史进行梳理。

国外数字出版的发展主要分为以下阶段：

1. 萌芽时期（20 世纪 50 年代—70 年代）

数字出版的萌芽，最早可以追溯到 1951 年美国麻省理工学院的 P. R. Bagley 对利用计算机检索代码做文摘进行的可行性研究。这一路的研究和尝试促成了"电子出版物雏形"的诞生，如前面所提到的 1959 年美国匹兹堡大学卫生法律中心建立的全文法律信息检索系统，1961 年美国化学文摘服务社用计算机编制的《化学题录》等。《化学题录》电子版是世界上最早的电子出版物，奠定了美国数字出版的早期基础。其后，1966 年，法律数据公司律商联讯 LexisNexis 创办，1971 年，重要的医学信息参考服务系统 Medline 正式发布。在萌芽时期，数字出版物多以计算机印制印刷型（为辅）和电子与印刷型同时存在（并行）这两种形式为主。

在数字出版的萌芽时期，古登堡计划的出现对促进数字出版的发展产生了巨大影响。古登堡计划最初是在 1971 年 7 月由伊利诺大学英文教授迈克·哈特发起的。迈克·哈特首先将《美国独立宣言》全文录入计算机，并试着传送给 ARPANet 网络上的每一个人，这就是古登堡计划的第一份电子文件。之后，其又陆续将美国的一些法律文件一一传上网，提供给网上工作者自行下载。迈克·哈特将此行动命名为古登堡计划，一方面以此来纪念通过推广使用活字印刷术推动了印刷机革命的约翰内斯·古登堡，另一方面，也表明这一计划与古登堡活字印刷的发明一样，对人类的知识传播有革命性的意义。古登堡计划是世界上第一个数字图书馆，所有书籍的输入都是由志愿者来完成的，并将这些书籍文本化。加入古登堡计划中的大部分电子书籍都依照美国的版权法律，在公有领域发布。每本电子书中包括了法律措辞，只要使用了古登堡工程的商标，对书籍本身设限极少（例如修改后再发布，或者商业用途）。但如果没有使用商标，公有领域的书籍就可以不受限地再利用。古登堡计划也发布了一些受版权保护的书籍，根据版权所有者的说明，就有进一步的限制。最初的书籍都是英文的，到 2018 年已经有超过 25 种语言的书籍，主要包括英语、荷兰语、法语、意大利语和葡萄牙语。与其他数字图书馆的项目不同，古登堡计划不会在其出版物上声明新的版权，从而鼓励自由再加工、再发布。截至 2018 年 3 月 5 日，古登堡计划共免费提供 56 000 多种电子图书，Kindle 电子书商店提供大部分古登堡计划图书的免费下载服务。

在这一时期，由于计算机技术的迅速发展，数据存储容量的扩大和磁盘机的应用，为建立大型的文献数据库创造了条件。例如前面提到过的美国 OCLC 的

WorldCat联合目录数据库的前身OCLC Online Union Catalog就是在1971年建立的。OCLC、美国国会图书馆（LC）的机读目录著录标准和北美四个公用设施（North American Utilities，包括OCLC、RLIN、WLN和ULTAS）等成为OPAC（Online Public Access Catalog，联机公共检索目录）产生的基础。早期的OPAC是一个磁介质书目数据库。OPAC创立于20世纪70年代。当时，一些美国大学和公共图书馆在研究基金的资助下，开始研制联机编目系统。项目采用非营利性模式，主要为图书馆工作人员服务。首批采用OPAC的图书馆是加拿大的Guelph大学图书馆（1976）和Waterloo大学图书馆（1977）。早期OPAC延续传统图书馆卡片目录构建思路，提供与卡片目录相同的记录内容、记录格式及检索点。发展至今，OPAC经历了从中心化、分布式到定制化系统三代产品的发展演化过程，OPAC所提供的信息已经从电子目录扩展到统计资料、图像、音像和全文信息，服务对象也从单一的图书馆读者扩展到各类网络用户，形成面向所有用户的分散式信息管理系统。除了这两个重要的大型数据库外，美国的DIALOG系统、ORBIT系统（书目情报分析联机检索系统）、BRS系统（存贮和信息检索系统）以及欧洲的ESA-IRS系统（欧洲航天局信息检索系统）等都是在此时期开始研制并逐步发展起来的，并且均在其国内或组织范围内得到实际应用。

这一时期，关于数字出版的尝试主要集中在科技出版方面，尝试的主体也以图书情报机构为主，多为非盈利性质。

2. 初步发展期（20世纪80年代—90年代初）

20世纪80年代到90年代初，国外数字出版获得了初步发展。首先是在20世纪80年代早期，出现了几种科技期刊的全文在线版本（例如《内科医学年刊》和《新英格兰医学期刊》等），这些数字出版物的出现都远远早于万维网的问世。1982年创立于美国得克萨斯州的《沃斯堡明星电讯报》诞生，是世界上第一家网络报。1991年9月由美国科学促进会（AAAS）和OCLC共同开发了世界上第一份联网杂志——《最新临床实践联机杂志》。1991年8月，物理学家保罗·金斯帕（Paul Ginsparg）在美国洛斯阿拉莫斯（Los Alamos）国家实验室建立了arXiv电子印本仓储（arXiv e-print archiving），目的在于促进科研成果的交流与共享，帮助科研人员追踪本学科最新研究进展，避免重复研究。这是世界上第一个电子印本仓储，也是世界上第一个开放存取项目，其为全球的物理学家和数学家提供了重要的研究信息平台。在这一时期，图书情报机构不再是数字出版的主角，商业出版机构也纷纷加入进来，与其平分秋色。例如1991年，爱思唯尔出版公司与几家主要大学合作进行了名为"大学认证项目"（the university licensing program，TULIP）的实验，这是一个合作研究项目，旨在测试用户桌面的期刊网络发行和使用系统。斯普林格出版社与贝尔实验室和旧金山大学也在1992年发起了名为"Red Sage Project"的研究项目，旨在长期合作，以了解和研究科学、技术和医学信息在电子、网络发行环境下的技术、法律、商业、经济和社会问题。当然，在这个时期，尽管商业出版机构也陆续加入数字出版大潮中，但并未真正认识到数字出版已经成为未来出版业发展的必然趋势，还将电子出版视为一个不得已而为之的沉重负担。

3. *快速发展期（20世纪90年代中期—21世纪初）*

随着因特网的迅速发展，网络型数字出版物开始逐步增加。首先，仍然是科技期刊业率先向数字出版转移。国外大型科技出版集团纷纷调整战略，不再将电子期刊视为印刷期刊的附庸，而是以电子期刊为主要产品，印刷期刊为附带销售商品。甚至很多期刊开始取消印刷版，只发行电子版本。尽管围绕电子版权出现了大量的争端，图书业也纷纷开始了数字出版革命。20世纪90年代中晚期以前，以软磁盘和光盘为载体的电子图书占据了主流地位。创始于1992年的莫比斯国际多媒体光盘大奖赛从一个侧面见证了该类型电子图书由兴盛而逐渐回落的发展历程。20世纪最后几年，电子图书与火箭书等新名词联系在一起，提起e-Book，大家想到的是外观像书一样的手持式阅读器。在这一时期，专门的电子书手持式阅读器也如雨后春笋在国外纷纷涌现，如1998年出现的软书（softbook）和火箭书（Rocket-Book），1999年出现的玻璃书（Glassbook）、2000年出现的微软阅读器（MSReader）等。报业虽然反应稍微慢一些，但是，进入20世纪90年代中期以后，从小型的地区性周刊到大型的日报，都在试图通过大型商业性质的机构进行联机或通过因特网提供电子报刊服务。北卡罗来纳洲的《罗利新闻与观察家报》1994年实现计算机联网。美国有数百家报社推出了电子版报纸，包括《纽约日报》（1994年6月）、《洛杉矶时报》、《华盛顿邮报》等著名大报。

二、我国数字出版发展历史

我国的数字出版起步相对较晚，其发展历史可以分为两个阶段：

1. *初步发展阶段（20世纪80年代初—90年代中期）*

尽管1981年国家医药管理局科技情报所就成功开发我国第一个中文在线数据库——中国药学文献数据库，这也可以认为是我国第一个数字出版产品，但是，早期我国数字出版的发展仍然是以封装型电子出版物为主。20世纪80年代

中期，一些拥有计算机技术和设备的单位自发开展数字出版业务。其中，大学出版社由于对科技发展的敏感性和强烈的技术创新意识，对我国数字出版特别是早期电子出版的探索发挥了重要作用。其中，最早开展电子出版业务的是华东地区和华北地区，如1986年，上海交通大学出版社出版了《计量经济分析软件包》；1988年，清华大学出版社、北京大学出版社也出版了一批教学软件。接着，武汉的华中理工大学出版社和武汉大学出版社、成都的成都科技大学出版社也开展了电子出版业务。1991年以后，我国电子出版物品种开始猛增，且内容分布更加广泛。

我国的电子期刊是从20世纪90年代初起步的。中文封装型文摘版电子期刊的代表《中文科技期刊CD-ROM光盘库》于1992年在国内率先发行，之后逐步开发出全文型电子杂志。如《大恒电脑光盘杂志》（1995年7月）、《中国学术期刊》（1996年1月）等。同时，一些期刊社还推出网络型电子期刊。如在中国大陆出现的第一份网络型电子期刊《神州学人》创刊于1995年1月，由中国国家教育委员会主办，通过中国教育与研究网（CERNET）向全球发行，主要是为出国留学人员服务。

我国报业的数字化起步于20世纪90年代中期。1993年12月6日，地方报纸《杭州日报·下午版》通过该市的联机服务网络——展望咨询网传送电子版。1994年5月，《中国日报》开通了电子版，成为我国第一家全国性电子报纸，当时还没有接入互联网，但国内外的读者拨通长途电话，便可以在计算机屏幕上读到报纸内容。1995年7月，由美国报业传播机构总社创刊出版，以美国新闻、国际新闻、中国大陆新闻及台湾地区新闻为主要内容的《环球电子日报》被认为是因特网上第一份中文电子报。1995年10月，中国首家汉语双语、全国性电子日报《中国贸易报·电子版》（文摘型）创刊，同时在图文电视、因特网及E-mail上发行。《计算机世界》《国际电子刊》分别于1995年11月和1996年8月推出电子版报纸并接入因特网提供在线服务。

20世纪90年代中期，数字出版相关法律法规也开始出台。1994年12月原新闻出版总署向各省、自治区、直辖市新闻出版局下发了《关于加强电子出版物管理的通知》（新出音〔1994〕1048号），于1995年初对全国电子出版单位清查、登记、申办情况做了大量的调查研究。

2. 快速发展阶段（20世纪90年代中期—21世纪初）

20世纪90年代中期以后，我国数字出版产业进入快速发展阶段。这一阶段数字出版的发展以网络出版为主流。其中，电子图书的快速发展离不开原创文学网站的兴起和发展。国内的原创文学网站大致是在 1997 年后出现的，网易等公司提供的免费空间，为初期书站的发展提供了物质基础。其后，1998 年，"文学城""黄金书屋""书路"等文学网站纷纷创办。在 21 世纪初，原创文学网站初步洗牌，很多著名的原创文学网站例如"幻剑书盟"等都是在此时建立。除了原创电子图书，很多出版社也纷纷将自己的印刷出版物制作成网络版，并通过网络发行。例如，1999 年 10 月《中国经济发展五十年大事记》制作了网络版，首创国内具有正式版权的网络电子图书，并在"人民时空"网站第一次成功地通过互联网进行售卖。网上书店也是在这一时期兴起。1996 年，杭州新华书店创办我国第一家网上书店，其后，当当网、卓越网等著名网上书店纷纷成立。

我国网络期刊的快速发展也始于 20 世纪 90 年代后期。其中，中国期刊网 1999 年 6 月开通，包含数千种核心和专业特色期刊的上千万条引文文献和几百万条题录摘要信息，是一个完全实用化的、与光盘局域网构成一体的信息服务系统。网络报的发展相对较晚，很多传统报纸都是在 20 世纪 90 年代后期至 21 世纪初期发布网络版。其中国内的网络型电子报大致有四种模式：一是在因特网上有独立的域名，其网络版内容是纸质媒体的翻版或者差别不大，如《羊城晚报》《南方日报》《科技日报》等；二是在因特网上有独立的网站，但其内容远远多于纸质报纸，这种模式是目前的主流，如国内信息量最大、更新速度最快的网络报纸《人民日报》；三是建立跨地区行业的综合信息平台；四是多家媒体组成一个信息网络，如网络上的"福建新闻中心"就包含《福建工商报》《东南电视台》等多家媒体。

第二节　数字出版发展现状

一、国外数字出版发展现状

1. 国际大型出版集团积极推进数字出版进程

欧美国家的出版集团无一例外地均高度重视数字技术的运用，对网络化生存保持高度的敏感，通过各种方式积极地推进数字出版的进程。

首先，尽管这些出版集团仍然保持着传统出版业务，但是他们利用网络营销手段积极推动传统出版的发展，实现纸质图书市场的扩容。例如企鹅集团、

里德·爱思唯尔集团、培生教育集团（Pearson）等均一改对谷歌图书扫描项目的抵触态度（2004年，当谷歌图书扫描项目启动时，谷歌和斯坦福、哈佛、牛津以及密歇根大学4家大学图书馆以及纽约公共图书馆签署了合作协议，并预计将花费6年时间对1000万册图书进行扫描以及编目。但是项目启动后不久，麦格劳·希尔（McGraw-Hill）、威利等出版集团就将谷歌告上法庭，要求法庭发布限制令，禁止谷歌继续扫描受到版权保护的图书；同时，代表作家利益的美国作家协会也对谷歌公司提出了诉讼。他们认为，谷歌公司在未经版权持有者允许的情况下，对他们出版的图书内容进行扫描并将其中部分内容免费提供给网友，严重侵犯了作者和出版商的利益。2008年10月，作者和出版商就版权问题共同起诉谷歌的两起官司已经和解。如今，已有2万多家出版商与谷歌签约，允许谷歌扫描他们所出版的图书全文），纷纷加入谷歌图书搜索计划，借助该计划提高其传统图书的销量。事实证明，这一发展战略是切实有效的，里德·爱思唯尔集团2009—2013年的年度财务报表都提到，加入这一搜索计划使其学术图书销量增长了20%以上。

其次，这些出版集团积极推进传统出版产品向数字出版产品的转移。例如哈珀·柯林斯出版集团（Harper Collins General Books Group）是全球最早进行数字化转型的大众图书出版公司，他们2005年就启动了创建图书数字仓库的工作。在美国"自助出版"热潮涌现的时候，企鹅集团也迅速增加了自助出版业务。教育出版集团的先锋培生集团更是早早推进教育出版的数字化转型，其不是简单地把纸质图书的内容做成电子版，而是将重点放在内容优化方面，将传统的内容与先进的技术相结合，来进行数据库管理和课程设计。科技出版集团是将传统出版产品向数字出版产品转移的先行者。少数大型科技出版集团已经完成了从传统出版机构向信息服务提供商的转型，汤姆森集团就是由传统科技出版机构向信息提供商转移的成功案例。汤森路透公司（Thomson Reuters Corporation）于20世纪末就制定了积极应用信息技术为金融、法律、教育、医疗、科技等领域的研究人员和从业人员提供综合信息、服务和解决方案的发展战略。经过几年的发展，电子产品在其收益中的比例不断增长，2001年电子产品的收益占总收益的69%，2007年已经增长到82%，其商业子部门汤姆森科技信息集团以电子解决方案为主要产品。

最后，这些出版集团还无一例外地建立了自己的大型图书数据库和网络销售平台，并利用亚马逊、KOBO、巴诺等著名数字图书销售平台销售电子书籍。

第三章 数字出版发展历程

2. 合作型数字出版产业链初步形成

和我国一样,国外数字出版在发展之初同样遭遇过内容提供商和技术提供商对数字出版主导权的争夺。其后,内容提供商开始放弃或减少在终端阅读设备和数字出版平台这方面的投入,牢牢地抓住内容这一核心资源;技术提供商则逐渐放弃对内容资源的争夺,转而集中精力开发数字出版平台和终端阅读设备,二者一改剑拔弩张的纯竞争关系,转而加强合作,初步形成了合作型数字出版产业链,共同促进数字出版产业的繁荣。例如前面提到过的国外出版机构从一开始反对谷歌图书扫描项目,转而积极加入这一项目中,利用谷歌的搜索平台促进传统图书销量,并与谷歌共享广告收益。苹果也是通过与内容提供商建立合作型数字出版产业链而获得巨大成功的典型案例。为了吸引更多内容提供商的进入,苹果采用开放的苹果商店来平衡与内容提供商的关系,一方面,可以为内容提供商销售其内容商品提供新的平台,另一方面,苹果通过销售以及共享收益的第三方内容提供商的内容产品也扩大了其主要产品 iPhone、iPad 的销量。

3. 缔造了新型数字出版商业模式

尽管大量的数字出版项目仍然处于亏损状态,随着数字内容的不断丰富和传播平台的开发,除了由传统出版商主导定价和分成的代理制销售模式、微支付模式、按需印刷模式外,许多新商业模式正在探索形成中,并取得了巨大成功。谷歌和苹果的收益分享商业模式就是其中的杰出代表。以苹果为例,与传统大多数移动运营商采用的"围墙花园模式"(walled garden model,即运营商在一定程度开放的基础上仍对合作伙伴封闭部分流程,以此保证其主导地位)不同,为了吸引更多内容提供商的进入,苹果采用开放的苹果商店来平衡与内容提供商的关系。实践证明,基于收益分享协议的开放的苹果商店模式使苹果在短时间内迅速获得巨大成功。除了技术提供商以外,欧美的内容提供商也在售卖内容的基础上开始进行商业模式变革。例如欧美的科技出版集团纷纷采取"捆绑销售"和"批量交易"相结合的方式降低数字期刊出版成本,最大限度地攫取消费者剩余,增加收益。还有很多内容提供商一改通过向消费者售卖产品获得收益的商业模式,转而向作者收费,例如"自助出版"和"开放存取"就是这种新型商业模式的典型代表。数字图书发行平台亚马逊也积极建立新型商业模式。2007 年底亚马逊电子阅读器 Kindle 的横空出世,改变了数字出版的市场格局,重新制定了数字出版基本商业模式和运营规则,即"终端+内容"的模式。亚马逊直接向出版商采购数字图书,自行定价,供读者付费下载。为了吸引更多读者购买电子书,亚马逊不惜赔本销售,将电子书价格定为 9.99 美元(美国一般纸质图书

价格在 26 美元左右）。亚马逊将传统出版行业的期刊订阅模式移植到数字出版中，推出电子书订阅服务，每年只需付年费 79 美元，即可享有免运费等服务，用户还可以进入亚马逊的线上图书馆，每月免费阅读一定数量的著作。

4. 逐步向服务行业转型

欧美国家让图书从油墨味十足的工业制造产品，悄悄实现向服务行业的转变。今天美国的出版商不再只关注产品内容，他们更加关注读者的需求，他们时刻考虑如何更有效地为读者服务。美国在教育出版、科技出版、旅游图书出版等领域，将出版与服务、培训、资讯相结合，在线教育、在线服务风起云涌。如美国培生教育集团，为了做新、做强、做大教育出版，他们收购了一个远程教育的电子大学网站，利用网络增强学习效果的评估、学习兴趣的跟踪和学习进程的把握，使其教育的功能更加强大。据统计，2007 年培生营业收入约 80 亿美元，其中 11 亿来自数字产品和服务。他们在满足读者需求的同时，赚取着巨大的商业利益。

5. 数字出版法律法规逐步健全

数字出版法律法规的完善是数字出版产业良性发展的必要保证。欧美发达国家都非常重视数字出版法律法规的建设，从 20 世纪 70 年代就开始了数字出版法律法规的制定，发展到现在，其数字出版法律法规逐步健全。例如美国数字出版法律制度就经历了很长时间的发展演变，最终形成了如今较为系统完善的数字出版法律体系。美国的数字出版法律最早可以追溯到美国众议院关于《1976 年版权法》的说明，在这个"表演和展览的设备或程序"，"包括所有种类的放大声音、形象的设备，所有种类的传输器械，所有类型的电子传送系统，以及其他所有的现在尚未使用甚至尚未发明的技术和系统"。其后，20 世纪 90 年代，美国开始为网络版权的适用提供依据，从《1995 年知识产权与国家信息基础设施》白皮书、《1997 年在线版权责任限制法》、《澄清数字化版权与技术教育法》、《1998 年千禧年数字版权法》（DMCA）到《2009 年数字消费者知情权法》等法案的发展，最终形成了较为系统完善的数字出版法律体系。从 21 世纪初开始，日本也通过修订旧的出版相关的法律以适应数字出版的发展需要，已经制定了一些新的数字出版相关法律，例如《IT 基本法》《知识产权基本法》《文化艺术振兴基本法》等，逐步完善其数字出版相关法律法规。

二、我国数字出版发展现状

我国数字出版产业经过 30 多年的发展，规模不断扩大，产业链日益完善，

第三章 数字出版发展历程

数字出版形式也逐步多样化。当前，我国数字出版的发展主要呈现出以下特点。

1. 传统出版机构加快数字化转型步伐

与 20 世纪末很多传统出版机构因为数字出版"叫好不叫座"的现状而对其持观望态度不同，21 世纪以来，我国的传统出版机构意识到数字出版已经成为出版业的未来发展趋势，而纷纷加快了数字化转型的步伐。例如高等教育出版社就提出了"向数字化内容服务业转型"的战略构想，定位于"内容服务商"而非简单的"内容提供商"。2007 年 4 月 18 日，高等教育出版社内容管理平台上线；2007 年 8 月，综合旗下几十个网站的高教社网站集成服务平台上线；2007 年底，集合多种媒体资源的个性化"网动图书"也正式推出。山东出版集团 2003 年开始涉足数字出版和网络出版，安徽出版集团也开始从教育入手，开通了网络教育平台，并且推出其相关内容的手机彩信。陕西出版集团则与国家图书馆签订协议，建立"中国版本图书馆——文化教育音像出版物数据库"，并将其打造成为国内权威性和完整性最高的数据库。

2. 数字内容传播渠道不断拓展，由网络传播走向多层次立体化渠道并存

近年来，随着我国"三网融合"进程的加快，数字出版在传统渠道互联网与移动网络的基础上，进一步拓展了数字卫星与有线电视两大网络，使数字出版传播渠道由传统的网络传播走向多层次立体化并存。2011 年 8 月 2 日，由中国卫星通信集团公司等三家大型国有企业共同出资组建的"直播星数字信息技术有限公司"，更名为"航天数字传媒有限公司"。该公司在上游数字出版物内容的标准化编码与加密、中游卫星广播传输与网络回传信息处理、下游终端用户版权认证应用及运营服务三方面进行技术升级，渠道客户由三方面构成：一是为城市家庭提供高品质音、视频内容传输服务，作为既有渠道的有益补充；二是为渠道资源匮乏的偏远乡村提供传输服务，目前以农家书屋配套建设为主；三是为企业用户提供专属定制化的局域网，最终建成一个覆盖全国城市和乡村，具有自主知识产权创新技术的数字出版物传播新渠道。目前在全国 5 个区域，发展了 6000 多个家庭用户，在农家书屋完成 3000 多个试点签约，发展了 10 000 多个企业用户。此外，湖北新闻出版局力推利用有线电视网推广农村电视阅读，当地的长江出版集团将图书内容进行数字化处理，使用相对普及的有限电视网络，探索出一条数字内容传播的新渠道。

3. 技术提供商是数字出版的主体，内容提供商处于从属地位

从 21 世纪初开始，我国内容提供商与技术提供商就围绕着数字出版主导权展开了激烈的争夺，但是，至目前为止，内容提供商仍然处于弱势地位，技术提

供商则显然更为强势。

作为产业链上游的内容提供商似乎应该如在印刷出版时代一样,在产业链中占据主导地位。然而,事实刚好相反,内容提供商在近年的数字出版实践过程中逐渐失去话语权。和欧美的内容提供商不同,中国内容提供商比较分散,尽管从2000年3月29日中国第一家出版集团——辽宁出版集团(现更名为北方联合出版传媒)成立以来,目前我国已经成立了33家出版集团,在一定程度上实现了出版资源的整合和规模化发展,但是这些出版集团基本上势均力敌,没有一个可以与京东、当当、方正等技术提供商相抗衡。目前,我国的内容提供商多是将其内容产品电子版授权第三方进行数字化创作、营销和销售,内容提供商仅仅承担版权输出的环节,通过提取销售分成,获得数字出版收益,而缺席数字出版产品的制作、定价、营销环节,在这种模式下,其在数字出版产业链中将逐渐失去竞争力,沦为环节之一参与者,由技术提供商牢牢把握着数字出版的主导权。

4. 数字出版泡沫破灭,开始呈现良性发展态势

随着国内外出版行业数字化转型步伐的加快以及资本市场对数字出版产业未来的乐观预见,很多企业都加入数字出版大潮中来,希望从中分得一杯羹。其中,大多数企业缺乏内容产业的发展基础和经验,这就造成了我国数字出版物市场的虚假繁荣,产生了不小的泡沫。其中,在原创文学领域,随着网络阅读的盛行,在2003—2007年间,出现了数百家原创文学网站和读书频道,最终,大多数因为缺乏收益来源而悄然关闭。盛大通过对国内重要原创文学网站的收购,成立了盛大文学,将我国原创文学资源进行了整合,逐渐戳破了这个领域的泡沫,其后,腾讯花高价收购了盛大文学,进一步增强了原创文学领域的产业集中度。除了原创文学领域外,电子阅读器市场也产生过巨大的泡沫。伴随着亚马逊电子阅读器Kindle的成功,2008—2012年,在我国,无论是设备商、内容商还是运营商,都打算进军电子阅读器市场,以求分得一杯羹。其中,2008年才进入电子书阅读器市场,被誉为国内亚马逊Kindle的汉王甚至于2010年成功在中小板上市。然而,上市不久,汉王就因为其连连亏损而遭受股市重创,2011年,汉王不得不将其旗下产品全面降价。然而,降低市场价格谋求的是喘息的机会,但是内地电子书企业依旧停留在卖硬件的阶段,没有走内容为王的市场路线,因而,措施见效也并不明显。到了2012年12月7日,汉王科技不得不出售其业务,以1.16亿元出售全资子公司汉王智通给数字政通获得增加损益约8000万元。我国的电子书阅读市场从2010年的方兴未艾到2011年的迅速收缩,尽管如今的内地电子书市场就犹如"美人迟暮",但是泡沫被戳破后,我国电子书阅读市场也开始走向良性发展的道路。我国的科技期刊数据库市场在经历了同质化竞

争后,重庆维普、万方和中国知网这几家期刊数据库公司也都在积极与一些科技期刊出版商签订独家出版协议,实行产品差异化发展战略,走向良性发展道路。

5. 数字出版产业链仍不完善,尚缺乏成功的商业模式

数字内容产品提供商、数字内容服务提供商、终端设备提供商及读者构成了数字出版产业链的主体。我国数字出版业尚没有形成完整的数字出版产业链条。对于内容产品提供商而言,数字出版的内容资源与载体在某种程度上说是分离的,其通过转让或者租借内容资源,就可以获得一定的利润,还可以避免开发数字出版产品的成本,因此内容提供商缺乏发展数字出版的内在动力,未能真正发挥其位于产业链上端的主导性地位。而对于数字内容服务提供商和终端设备提供商而言,企业之间未能进行合理分工,终端设备提供商和网络运营商纷纷建立自己的数字出版网络平台,甚至将触角伸到内容领域(例如中国移动、中国联通都开发了手机报),试图通吃,未能专注于自己的优势领域。同时,由于数字作品的版权不能得到有效保护,著作权人的权益得不到保障,网络传播商没有取得有版权的数字作品的合法传播权,再加上广大网民缺乏良好的版权保护意识以及正确的数字消费观等,导致我国数字出版产业链仍不完善,无法进行正常的产业循环,数字出版业难以得到健康发展。

除了产业链尚不完善外,缺乏成功的商业模式也是制约我国数字出版产业发展的重要问题之一。对应于不同的出版物和不同读者,国外分别产生了不同的数字出版商业模式,例如科技出版领域的 B2B（Business to Business）数字图书馆模式和 POD（按需生产或印刷）模式,大众出版领域的收益分享的商业模式,教育出版的在线数字学习模式等。我国目前的数字出版商业模式还在探索之中,连国外最成熟的模式,在我国也没有企业做到成功与持续发展。

6. 数字出版法律法规逐步建立,但仍不够完善

版权保护是数字出版产业发展的关键所在。我国目前数字版权保护法律环境混乱。目前数字版权在我国主要还是依据《著作权法》《信息网络传播权保护条例》进行保护,没有专门立法。这些法律虽然为了适应数字出版的发展进行了修订,但是很多规定只是原则性的,对具体保护方式等未进行规定,条款内容简单,缺乏可操作性。例如我国数字授权模式单一,无法满足海量授权的需求。数字出版准入许可制度还未建立,数字出版物权利管理信息立法缺失,传统著作权集体管理制度无法与数字出版准确衔接,以及由于数字出版法律法规分别由不同的管理部门制定,而导致了解释混乱、多头管理的情况。因此,尽管近年来我国数字出版法律法规逐步建立,但是仍然很不完善,无法满足数字出版发展的需求。

第三节 国内外出版集团数字化转型路径比较

自 2000 年我国第一家出版集团——辽宁出版集团成立后，截至 2014 年，我国已经成立了 33 家出版集团。这些出版集团借助规模、资源和政策的优势，已经成为我国出版企业数字化转型的先行军，其中浙江出版联合集团有限公司、时代出版传媒股份有限公司、海峡出版发行集团、中南出版传媒集团股份有限公司、新华文轩出版传媒股份有限公司等 5 家出版集团更是在 2013 年被国家新闻出版广电总局列为首批数字出版转型示范单位。当前，我国出版集团数字化转型已经进入关键时期，而国外出版集团数字化转型更是先我们一步，已经进入成果巩固的阶段。国内外出版集团数字化转型路径既有相似之处，也有很多区别，本节拟对二者的数字化转型道路进行比较，并探讨我国出版集团如何利用自身的优势和特点，建立适合自己的数字化转型道路。

一、国内外出版集团数字化转型的相似之处

国内外出版集团的数字化转型道路有很多相似之处，都以大型数字内容资源库的建设为起点，都为推进数字化转型建立了专门的数字出版公司或部门。与此同时，国内外出版集团还都在积极探索新型数字化营销方式。

1. 从已有内容的数字化做起，建立大型数字内容资源库

已有内容的数字化是数字化转型最为基础的工作，因此，国内外出版集团的数字化转型几乎都是从已有内容的数字化开始的。国外的爱思唯尔、斯普林格等专业出版集团和培生、麦格劳·希尔等教育出版集团都从 20 世纪 90 年代就开始了已有内容的数字化，并在 21 世纪初即完成这一工作，建立了庞大的集成化的数字内容资源库，为企业的数字化转型奠定了基础。数字化转型步伐最慢的大众出版集团，也从 2005 年哈珀·柯林斯建立自己的数字化仓库开始，陆续建立数字内容资源库。我国出版集团成立时间较晚，其数字化转型的历史也相对较短，然而，因为集团建立正值数字出版大潮席卷出版业之际，因此，几乎从集团建立伊始就开始了数字化转型的尝试。其数字化转型也是从对已有内容的数字化开始，例如中国出版集团从组建之初就积极开展内容数字化的建设工程，对集团丰富的语料资源、文献资源、出版资源进行全方位的整合，目前已经建立了 10 多

个知名数据库;中国科技出版传媒集团也从科技出版内容资源的数字化开始,努力实施专业化出版集团的数字化转型,全面建设各个大型专业出版数据库。

2. 成立专门的数字出版公司或部门

为了更好地推进企业的数字化转型,国内外出版集团都成立了专门的数字出版公司或部门。例如兰登书屋(Random House)2000年成立了名为兰登风险投资(Random House Ventures LLC)的全资子公司,主要对那些有利于重塑传统出版概念、服务以及关系的在线和技术公司进行投资。该公司先后实施了收购新兴在线出版网站 Xlibris 49% 的股份、从手机内容供应商 VOCEL 获得少数股权、投资有声图书并确立其在有声图书市场的优势地位等帮助兰登书屋更好地实行其数字化转型战略的措施。培生集团早在1999年就成立了世界上最大的技术出版公司——培生技术集团,推进培生集团从传统的教材内容提供商向内容服务和个性化解决方案提供商的转变。我国的33家出版集团也无一例外地建立了数字出版相关部门或企业,例如中国出版集团组建了中版集团数字传媒有限公司,负责统筹集团的内容资源数字化和集成、数字化交易与服务平台建设与维护、新媒体产品开发与应用等数字化项目和业务;中南出版传媒集团股份有限公司成立了新技术新媒体部,负责该集团新媒体业务的经营。

3. 积极探索新型数字化营销方式

在数字化转型的过程中,国内外出版集团还非常注重对于新型的数字化营销方式的探索。例如近年来,随着社会化媒体的蓬勃发展和社会化阅读的兴起,国内外出版集团纷纷实行了基于社会化媒体的营销方式。2007年8月,哈珀·柯林斯正式推出"内部浏览(Browse Inside)"网站,该网站将数字化阅读、图书销售平台以及社交网络平台相结合,允许用户在线浏览图书的几页内容,同时也向我的空间(MySpace)、脸书(Facebook)等社交网站以及亚马逊等图书销售平台提供其数字仓库中的图书内容。爱思唯尔2013年收购了开发免费的跨平台文献管理软件和在线学术社交网络平台的门德里公司(Mendeley),向用户提供基于社交网络的学术成果分享和合作服务,可追踪论文引用记录等。我国出版集团也大多都建立了自己的微博和微信账户,很多出版集团还积极探索"二维码+微视频"这种将社交媒体、视频与实体图书结合的营销方式,例如江苏凤凰出版传媒股份有限公司推出了《解题高手(微视频版)》,通过二维码将微视频与纸质图书相结合,使用者只需通过移动终端扫描图书中的二维码,即可免费观看与之相应的名师微视频讲解,开创了"移动学习"新模式。

二、国内外出版集团数字化转型的区别

国内外出版集团的数字化转型道路既有很多相似之处,同时又有很多区别,因为二者建立的模式不同,其数字化转型动力、经营业务和经营模式也有较大区别。

1. 数字化转型动力不同:行政驱动 VS 市场驱动

我国出版集团主要是依靠行政手段结合在一起,是一种集团化的物理形式,而非集团的实质主体。国外出版业则早在 20 世纪 50 年代就开始了利用并购、融资、重组等资本运作方式壮大企业规模的历程,在 20 世纪 80 年代达到高潮,并陆续成立了多家出版集团,实现了出版企业的规模化经营,时至今日,国外出版集团仍然在不断地通过并购、出售非核心业务等市场手段提高集团的竞争力。二者成立的基因不同,因此,在向数字化转型的过程中,其发展动力也有明显区别。我国出版集团的数字化转型主要由行政驱动,政府为推动数字出版的发展,制定了《关于加快我国数字出版产业发展的若干意见》《关于发展电子书产业的意见》《关于推动新闻出版业数字化转型升级的指导意见》等多项涉及传统出版业向数字出版转型的政策,并为传统出版企业的数字化转型提供资金支持,资助金额少则几百万,多则上千万甚至上亿元。而国外的出版集团则完全是在市场的推动下成立和运作,其数字化转型也完全是被市场驱动,较少受到政策的影响,也几乎未获得政府的任何资金资助,面临着更大的盈利压力,因此可以看到其在数字化转型过程中更注重商业模式的探索。

2. 数字化经营业务不同:多元化 VS 专业化

国内外出版集团数字化经营业务也有较大区别,我国出版集团所开拓的数字出版业务呈现多元化的发展态势,国外出版集团的数字出版业务的专业化程度越来越高,呈现出专业化的发展态势。如前所述,我国出版集团是由政府主导组建,其组建方式包括以省级出版社为主体,通过行政力牵引组建;以一个出版社为主体,在主管部门的系统内组建以及在国务院的部委系统内组建这三种方式。通过这三种方式组建的出版集团中,除了中国科技出版集团和中国教育出版集团外,其他出版集团均将涉及大众出版的文艺/文学出版社、少儿出版社,涉及教育出版的教育出版社、人民出版社和涉及专业出版的科技出版社等囊括其中,出书范围非常广,这也就导致在数字化转型中,其经营业务也呈现出多元化特征。

例如浙江出版联合集团的数字化经营业务既包括"同步学"教育平台,也包括隶属于大众出版的与日本 NTT 签约开展的手机漫画业务,还包括隶属于专业出版的"浙江文化资源数据库"项目,这就使得集团的数字化业务过于分散,难以形成集约化的经营优势。国外出版集团则在 20 世纪末就开始了专业化的集团发展道路,其数字化经营业务也同样呈现出专业化的经营特征。例如 2009 年 12 月 1 日,麦格劳·希尔出售了其曾经最引以为傲的产品《商业周刊》,专注探索研发侧重于内容的深度制作和提高附加值教育解决方案的在线教育交流平台。与之相反,为了更好地实现从出版商向专业信息服务和解决方案提供商的转变,汤姆森公司(The Thomson Corporation)于 2007 年 7 月 5 日以 77.5 亿美元出售了其一直运行良好的教育出版公司与书籍网络资讯公司,转而与路透集团(Reuters Group PLC)合并,成立汤森路透公司。

3. 数字化经营模式不同:全产业链经营 VS 专注于产业链某一环节的延伸和拓展

国内外出版集团在数字化经营模式方面也有较大区别,其中,我国出版集团因为数字出版定位不清,没有明确的目标,多是以项目的形式介入数字出版,上马的短期项目非常多,缺乏长期规划,因此,其经营模式显得较为随意,多采取全产业链经营模式,既涉足数字内容生产和集成,还建立有专门的数字内容销售和阅读平台,有些甚至还同时开发了数字阅读终端设备。例如重庆出版集团不但建设有大型数字资源数据库,同时还建立了原创文学网站"天健原创"和网上书城,2011 年,其还推出了电子阅读器"读点经典电纸书",业务范围覆盖产业链的各个环节。重庆出版集团并不是特例,调查显示,我国 33 家出版集团中,逾半的出版集团都采取全产业链经营的模式。国外出版集团则多专注于产业链某一环节的延伸和拓展,其中大多数出版集团都专注于内容的深度开发与加工,例如企鹅兰登书屋(Penguin Random House)就采取"立体化"出版策略,首先开启在版图书数字化工作,在此基础上又将这些内容进一步加工,开发有声图书。2010 年,兰登书屋还成立了新的知识产权创造与发展集团(IP Creation and Development Group),该集团主要负责与集团外的媒体公司合作推出能够被视频游戏、社交网络、手机平台等共享的原创故事内容。培生教育依托传统内容资源优势,将海量信息资源数字化,建立起方便读者随时取用的在线信息资源库,并增加附加值服务。

三、推进我国出版集团数字化转型的建议

综合国内外出版集团数字化转型的异同、得失以及我国出版集团自身的特点，笔者提出以下建议，以进一步推进我国出版集团的数字化转型。

1. 借助政策的优势，逐渐开展以市场为导向的数字化转型

我国出版集团因为成立时间相对较晚，且是在行政力量的推动下组建，因此，与国外出版集团相比，其市场化程度相对较低。然而，近年来，在国家新闻出版广电总局的推动下，中央财政下拨的文化产业发展专项资金每年都投入巨资支持传统出版企业的数字化转型，同时文化部、科技部、工信委等中央部局和各级地方政府也对传统出版企业的新技术改造和数字出版项目的开展提供优惠政策和资金支持，为我国出版集团的数字化转型提供了巨大的政策和资金支持。我国出版集团在数字化转型的初级阶段，要善于借助政策的优势，以政府支持的项目为切入点，缓解集团数字化转型的资金压力，并通过数字出版项目建设带动集团整体的数字化转型。然而，出版集团的数字化转型是否成功最终并不是由完成了多少数字出版项目来衡量，政府政策也不能为我国出版集团参与国际竞争、获取国际数字出版产业的优势地位保驾护航，它只能是"引水"，最终能否引出甘甜的"井水"则还是取决于出版集团是否能适应市场的发展和变化，在完成其文化功能的基础上，应对激烈的市场竞争，获取应有的市场价值。因此，我国出版集团的数字化转型既要借助政策的优势，又不能一味依赖政策的优势，要结合自身的特点和资源优势，逐渐推进以市场为导向的数字化转型。

2. 以内容为核心，实现以专业化为基础的"立体化"发展模式

出版集团最核心的竞争力还是内容资源，然而，在数字技术的影响下，分散的内容资源无法形成足以与亚马逊、当当网等大型电商平台相抗衡的竞争优势，因此，我国出版集团应当以内容为核心，聚集专业化的数字内容资源，形成集约化的内容资源优势，向"立体化"方向发展。纵观国外出版集团的数字化转型历史可以发现，其也经历过数字化业务范围较广的发展阶段。然而，这种发展道路不利于集中资源建立核心竞争力，因此，这些出版集团在明确自己的数字化转型目标后，纷纷抛弃那些非核心资源，转而对其专业化的内容资源进行深度加工，充分借助媒介融合和产业融合的力量，形成"立体化"的发展模式。我国一些出版集团也开始了对这种发展模式的探索，例如长江传媒 2013 年集合其少

儿出版资源，组建了"长江少年儿童出版集团"，业务囊括少儿类文化创意、数字出版、图书出版、教育培训和动漫开发，为少儿出版资源的"立体化"开发奠定基础，并在我国少儿出版市场形成了资源集聚效应。

3. 加强产业内合作，建立尽可能覆盖全行业信息的数字出版平台

从亚马逊、当当网、京东商城以及中国移动阅读基地等数字出版平台在数字内容定价和传播中日趋强势的地位，可以看到出版企业建立自己的数字出版平台的必要性和迫切性。如前所述，我国出版集团大多都意识到了这个问题，并正在建设或已经建成了出版集团自己的数字出版平台，例如中国出版集团的"大佳网"等。然而，仅凭一个出版集团的内容资源是无法将读者从亚马逊等大型数字出版平台吸引过来的，国外的多个出版集团也曾经分别建立过自己的电子书销售平台，然而最终因为流量和销售额过少而先后取消了这一业务。事实上，我国出版集团建立的这些平台也面临着这样的问题。因此，建议我国出版集团改变在平台建设上"单打独斗"的状态，加强产业内合作，将各个出版企业的信息资源整合成一个海量的数据资源库，建立尽可能覆盖全行业信息的数字出版平台。这样一方面可以帮助出版集团在与电商平台的合作和竞争中获得更多的优势和话语权；另一方面，"大数据"时代已经到来，而海量内容数据资源库和海量读者行为数据资源库是出版业应用大数据的基础，出版集团只有联合建立一个尽可能整合全行业内容资源、覆盖全行业信息的平台，增加与读者直接接触的机会，才能获取更加全面的海量数据，抓住"大数据"给出版业数字化转型带来的发展机遇，而不是被这一技术浪潮所抛弃。

本 章 小 结

本章主要分析国内外数字出版发展历史和现状，对国内外出版集团数字化转型路径进行了比较，最后对推进我国出版集团数字化转型提出了建议。

□ 思考与练习题

1. 国外数字出版业可以分为哪几个发展阶段？
2. 我国数字出版业可以分为哪几个发展阶段？
3. 我国数字出版业与国外数字出版业的发展呈现出哪些不同的特点？
4. 比较国内外出版集团数字化转型路径的异同。
5. 预测 5 年后国内外数字出版业的发展趋势。

第四章　数字出版技术

> **教学目标与教学重难点**

目标：了解目前主要的数字出版技术；掌握几种主要的数字内容组织技术、数字内容编排技术和数字内容发布技术的相关原理概念；了解国际国内数字出版技术相关标准；能够将这些技术概念运用到出版实践中。

重难点：理解元数据基础概念以及几种主要的标记语言，掌握简单基础的元数据语义编码；熟悉ONIX for Books和学习对象元数据两种数字内容描述标准以及ePub电子书格式标准。

数字出版技术指的是传统出版单位在数字出版转型过程中使用的技术以及新型数字媒体发展中应用的技术的总和。数字出版技术得益于一系列计算机技术的发展创新，如硬件技术、软件技术以及网络技术的升级拓宽。数字出版技术的发展颠覆了传统出版行业的工作流程，将编辑从繁杂的人工劳动中解放出来。

本章主要从数字内容组织技术、数字内容编排技术、数字内容出版技术以及技术标准等方面介绍数字出版领域的相关技术。

第一节　数字内容组织技术

不论是传统出版还是数字化出版，内容的揭示和利用的核心一直以来都是内容组织技术，目前数字出版领域的内容组织关键技术有标记语言、标识符和元数据等。

一、标记语言

标记语言指的是一种用来描述文件相关信息,包括组成部分、格式特征、内容结构等的一种电脑文字编码。标记语言不同于编程语言,它没有逻辑和行为能力,其关键在于识别,与文本内容信息进行区分,主要分为程序性标记语言和描述性标记语言,分别用来识别文本信息的外在格式和内容结构。目前典型的描述性标记语言有SGML和XML,HTML是程序性标记语言和描述性标记语言两者的结合。

1. SGML

SGML全称为Standard Generalized Markup Language,即标准通用标记语言,是1986年国际标准化组织发布的一个国际标准,是一种"元语言",后来出现的XML和HTML均是在SGML的基础上延伸转变而来的。

SGML的出现解决了之前文本数据转换过程中数据丢失、无法被提取保存的问题。SGML包括SGML声明(SGML declaration)、文件类型定义(document type definition)和文件实例(document instance)三部分。SGML具有稳定性强、应用性广、完整度高的优点,不仅广泛运用在出版行业,在国防、通信等高科技领域也发挥了巨大作用。

2. HTML

HTML全称Hyper Text Markup Language,是一种超文本标记语言,主要用于规定网页的显示与浏览。最新版本为HTML 5.0,一般称HTML语言编写的超文本文件为HTML文件,并通过一定的浏览器显示出来,非常适合web网页的开发工作。

超文本标记语言包括标题(head)和主体(body)两部分,标题部分即网页框架信息,主体部分即网页里的具体内容。HTML采用超集方式,执行格式化并显示数据,不仅简洁易操作,而且在任何类型的电脑和浏览器都可以通用,是一种功能强大、盛行至今的标记语言。

3. XML

XML全称Extensible Markup Language,是一种可扩展标记语言。由于HTML旨在完整呈现内容信息,因此会出现在新平台呈现同样内容与平台外观不相符的问题,为了避免修改原始内容信息,针对传输和存储数据的XML文件应运而生。

XML文件最大的特点在于其强大的可扩展性,应用至数字出版领域中可实

现"一次内容制作,多次发布"。由于 XML 能够处理任何结构化和非结构化的数据,因此它能够实现文件内容、结构、样式的分离,便于数据在不同平台上的共享、传输与交换。另外,XML 用标引或标引属性的方式来存储数据,当用户检索所需要的数据时,XML 可以帮助其只按照标引或标引的数据进行检索,在一定程度上提高了文本数据的检索效率,达到有效检索的目的。

二、标识符

标识符,顾名思义,就是针对出版内容或者资源数据的识别提供的唯一标识。在传统出版阶段,标识符主要有国际标准书号、国际标准音像制品编码等,而在数字化技术日新月异的今天,连续出版物及单篇文献标识符 SICI、图书及图书内容标识符 BICI、数字对象标识符 DOI 已成为数字出版领域主流标识符,为数字内容资源的提取、传输、存储、读取提供强大的技术支持。

1. 连续出版物及单篇文献标识符

连续出版物及单篇文献标识符(SICI)是主要针对期刊资源设置的唯一识别标识符,它可识别期刊的结构和内部元素,包括三段,分别是:期刊标识段、内容标识段和控制段。它们都是用来描述期刊不同地方的数据元素,如期刊标识段是描述期刊日期的数据元素,内容标识段是用来识别期刊题名代码、位置等的数据元素,控制段是旨在记录管理信息如期刊版本号与校验码等的数据元素。

2. 图书及图书内容标识符

类似 SICI,针对图书,美国国家信息标准协会发布了图书及图书内容标识符,是用来标识图书及图书具体内容的唯一识别符号。同样也分为三段,分别是图书标识段、内容标识段与控制段。

中国标准书号是目前我国出版领域使用的主要图书及图书内容标识符。中国标准书号有 13 位数字结构,采用国际标准书号标准,包括 EAN·UCC 前缀、组区号、出版者号、出版序号和校验码。中国标准书号适用范围很广,不仅可运用于印刷图书小册子、盲文出版物等,而且也适用于录像制品、电子出版物以及混合媒体出版物等。

3. DOI

数字对象标识符(digital object identifier)简称 DOI,在动态互联网环境下,只描述物理位置的传统 URL 标识链接愈来愈不适用于数字资源的读取查看,而具有高协同性和互操作性的 DOI 不仅描述数字资源本身,而且能够适应动态互联网环境下大量分布式异构信息资源。负责开发和管理 DOI 系统的国际数字对象识别号基金会（International DOI Foundation）在 2010 年将 DOI 正式批准为数字化环境下内容识别和管理的通用框架，即信息内容资源的唯一且永久的标识符。

2007 年，中国科学技术信息研究所和北京万方数据股份有限公司联合申请并取得中文领域的 DOI 注册和管理权，通过在中文数字资源中的 DOI 标准服务，向广大用户提供 DOI 注册与解析服务，不仅如此，中文 DOI 还通过建立一个可以共同参与的网络数字资源社区，给各类用户提供 DOI 增值服务。

三、元数据

元数据是用来描述、解释、定位各种类型信息资源的所有相关信息的集合数据，如书名、作者、出版周期、图书销售数据等不同类型的元数据，因此元数据也被称为数据的数据或信息的信息。

元数据可分为描述型元数据、管理型元数据和结构型元数据，它们所执行的功能是不同的。描述型元数据是用以描述诸如题名、作者、主题词等信息资源本质特征的元数据，都柏林核心元数据（Dublin Core Metadata Initiative）就是描述型元数据的代表。都柏林核心元数据是为网络数字信息资源特定的描述型元数据，也是目前比较普遍采用的元数据规范，在图书馆与数字出版领域适用广泛。管理型元数据是用来管理和维护诸如版本信息、使用权限等的信息资源数据。结构型元数据是针对信息资源对象组合方式以及系统间相互协调发挥作用的方式的信息数据。

在数字出版领域，元数据的重要性不言而喻。只有准确编辑并标记好每一个信息资源的所有相关信息，如书名、关键词、主题简介等，用户才能在网络中高效精准地搜索、提取、存储所需要的信息资源，出版商也能从中获取直接销售效益，同时也有利于数字资源内容的版权保护工作。

第二节　数字内容编排技术

数字技术高度融入是数字出版领域表现在出版内容生产加工过程的数字化转型。威廉·E. 卡斯多夫（William E. Kasdorf）曾说道："数字生产方式必须被引入生产流程中以确保内容从生产到分销都以数字化的方式处理。它必须在满足传

统出版要求的同时满足发行该内容的纸质和数字版本的要求。"对数字内容进行版式设计与内容编辑是整个数字出版物生产过程的核心，目前涉及的技术主要为桌面出版技术（Desktop Publishing，DTP）和多媒体技术。

一、版式设计与编辑技术

对数字内容的版式设计与编排目前主要采用桌面排版技术。该技术利用计算机系统进行文字编辑、图形图像制作、版面内容编辑等，在此过程中不仅需要用到色彩管理技术、光栅图像处理器技术、计算机直接制版技术等，还需要利用排版软件将文本和图形图像等要素按特定需求结合在一起，最终呈现完整的形态供读者阅读。按照不同的使用方式，排版软件主要利用批处理排版技术和交互式排版技术。

1. 批处理排版技术

批处理排版技术采用专门的命令语言输入内容编排和版面设计的要求。不同于交互式排版，批处理排版在软件运行过程中无法看到结果页面，因此，批处理排版技术多适用于小说或者工具书等内容较长但版式简单明了、易操作的出版物。

2. 交互式排版技术

交互式排版技术最大的优点是"所见即所得"，编辑人员可以直接在屏幕上进行文字编辑修改、图形图像制作以及版式设计等工作，并随时输出想要的结果，可以实现低门槛的自由排版设计。

二、多媒体技术

在信息技术高速发展的今天，信息呈现形式已不再是单一的文本阅读，图像、音视频、动画等的综合交互式多媒体在信息资源出版领域越来越常见。在出版领域，多媒体技术是指利用计算机和相关的软硬件设备工具对文本、图像、声音和动画等多种形式媒体进行数字化采集、获取、处理加工和存储传输的综合技术。

1. 文本技术

作为早期最基础的媒体类型，文本文件由字符组成，目前主流的文本文件格式有TXT格式、DOC格式和RTF格式。

常见的电子书大多采用 TXT 格式，它是一种纯文字信息文件，存储量小且简单，用户通常在计算机中的记事本程序中使用此文本技术。在这三种格式中，DOC 最为常见，应用范围最广，其是基于微软公司针对办公开发的文字处理软件 Microsoft Word 而建立的一种文本格式。该格式用于各类文档的写作、存储与传输，并可实现跨平台传输、云储存。RTF 格式是富文本格式（Rich Text Format），其最大优点是兼容性较好，可以在旧版程序中读取新版格式，并能够灵活实现格式转换。

2. 图像技术

图像和图形是内容传播中最直观的媒体类型，常见的图像文件格式有 JPEG 格式、GIF 格式、BMP 格式和 TIFF 格式等。其中，JPEG 格式和 GIF 格式都是独立于平台的图像格式，GIF 格式有存储静止图像和存储动画两种版本，JPEG 格式包括标准 JPEG、渐进式 JPEG 和 JPEG 2000 三种呈现方式，其中 JPEG 2000 是新一代图像压缩标准，可实现有损压缩和无损压缩，提高图像传输质量。BMP 格式文件是位图图像文件，由位图文件头数据结构、位图信息数据结构、调色板和位图数据四部分组成。TIFF 格式是一种比较灵活的图像格式，可以压缩也可以不压缩，支持多种色彩模式和多平台。

3. 音、视频技术

作为另外两种直观的常见媒体类型，音视频技术在数字出版领域的作用愈来愈重要。不论是有声读物还是各类视频，都占据了很大一部分数字出版物市场，现今主要的音频格式有 MIDI 格式和 MP3 格式，视频格式有 MP4 格式、AVI 格式和 MOV 格式等。

MIDI 格式主要针对音乐文件，无论是简单还是专业的音乐制作都适用。MIDI 格式具有较强的伸缩性，它传输一些特定的数字音乐指令，比如以多大音量演奏哪个音符，被广泛应用于各大平台和浏览器；MP3 格式是音频文件中最为常见的格式，其全称是动态影像专家压缩标准音频层面 3（Moving Picture Experts Group Audio LayerⅢ），具有高压缩率，且不会在大程度上减损音质，已成为网络上接受度和认可度最高的音频文件格式。

MP4 格式是目前视频文件格式的国际标准。MP4 格式既可以存储音频，也可以存储视频，具有很强的多媒体交互性，可实现高清晰视频、音频图像的合成应用。AVI 格式是一种音频视频交错格式，其是由微软公司开发的一种数字音视频格式，符合 RIFF 文件规范，可以实现语音与影像的同步播放。AVI 文件由文件头、数据块和索引块三部分构成。AVI 格式采取有损压缩方式，多应用在电视和

电影的影像存储中。MOV 格式是由苹果公司发布的 QuickTime 影片格式，有压缩和不压缩两种方式，可以用于保存音频视频文件，目前不仅适用于 Mac OS 系统，同样也适用于 Windows 等主流操作系统。

4. 动画技术

数字动画制作技术主要指计算机上各式矢量动画编辑软件，目前运用最多、最具代表的是 Macromedia 公司发布的 Flash 软件。它是基于矢量的图形系统，不仅体积小，而且可以承载音频、动画、视频等多媒体，且画面质量不会受损。利用 Flash 可以设计创作出审美独特的网页导航界面和外观。由于 Flash 集音频、视频、声音和图像动画为一体，不仅可以创建原始内容，而且可以从其他应用程序中相互传输。

通常所说的帧（Frame）是 Flash 动画制作中的基础单元，按照使用方式不同，有逐帧动画和渐变动画之分。逐帧动画制作过程复杂，需要逐个分解动作，而渐变动画只是针对图像与图像之间的转换。

使用动画技术可以将文本、声音、图像等多种要素结合起来，能够让用户多感官浸入数字出版物中，多方位深度了解信息内容资源。因此，动画技术成为拓宽数字出版发展空间的重要技术。

第三节　数字内容出版技术

数字内容出版是将数字信息技术高度融入传统出版流程，即将文本、图像、声音、视频等内容数字化的过程。实现这一过程的数字内容出版技术主要有数据库出版技术，主要涉及检索技术以及数据文本挖掘技术，当然，数字内容出版的同时，也不应忽视数字版权管理的问题，这不仅是对数字内容的保护，更是知识版权意识建立的重要体现。

一、数据库出版技术

数据库出版技术是实现电子信息资源出版的关键技术，数据库将互联网上分散、繁杂的信息数据整合聚集起来，通过全文检索技术、中文分词技术、文本挖掘技术和内容组织技术等能够高效精准地获取用户所需的信息数据资源。

1. 全文检索技术

全文检索技术是一种面向全部文本信息的检索技术，它以计算机存储设备为载体，通过建立全文检索系统，计算机索引能够精准定位扫描文本中每一个字词句，常用的搜索引擎便是全文检索技术中最重要的一种应用，全文搜索引擎搜索的结果是原始文献数据。

全文检索技术既可以检索数字集合等结构化数据，也可以检索文本、声音图像等非结构化数据。全文检索技术的实现依靠全文数据库的建立，全文数据库也是全文检索系统的重要组成部分，是一种海量信息数据库，用户能够通过全文搜索引擎精准匹配到自己所需的电子信息资源。

2. 中文分词技术

中文分词是指词与词之间的独立，文本挖掘是在中文分词的基础上进行的。中文分词技术是自然语言处理技术的一种，通过中文分词技术，计算机可以同人类一样理解文本的词义与语义。

中文分词技术与中文搜索引擎的发展密切相关，分词技术直接影响搜索引擎的精准度和速度，目前有三种主要的中文分词方法，分别是单汉字分词、双汉字分词和词典分词。中文分词技术的应用比较广泛，除了搜索引擎，还有语音合成、机器翻译、自动校对分类等。

3. 文本挖掘技术

文本挖掘技术是数据挖掘技术中的一种新兴技术，在海量的互联网信息数据中，不是所有信息都是有意义和被需要的，这就需要文本挖掘技术将有意义的信息数据挖掘出来。文本挖掘技术可以实现自动分词分类聚类、信息抽取、文本相似性检索等功能，其应用范围也很广，例如舆情监控、电子邮件归类整合和企业决策等，企业往往利用文本挖掘技术搜集与自身相关的商业情报，或是对企业历史商业信息文档进行归类整合，进行相应的战略决策。

4. 内容组织技术

数字内容组织技术主要有前文所讲的标记语言、标识符和元数据，其中标记语言主要用于识别和描述信息资源的结构与特征，有标准通用标记语言 SGML、超文本标记语言 HTML 和可扩展标记语言 XML；标识符主要用以识别数字内容，有连续出版物及单篇文献标识符 SICI、图书及图书内容标识符 BICI 和数字内容识别通用框架——数字对象标识符 DOI；元数据的建立是用来描述信息资源的数据和要素，应用比较广的元数据主要是都柏林核心元数据。

二、数字版权管理技术

数字环境下,技术的进步使得各种电子出版物更易于复制,盗版侵权事件常有发生,因此,数字版权管理(digital rights management,DRM)应运而生,其在数字出版时代的重要性和必要性更是不言而喻。数字版权管理技术利用一系列软硬件技术实现对数字内容的保护、控制与管理,现已成为越来越多的包括电子书、图片、电影音乐、软件等在内的数字内容提供者和著作人所采用的一套技术系统。数字版权管理的手段主要有两种,分别是加密技术和内容访问控制技术。

1. 加密技术

加密技术是实现数字版权管理的重要工具之一,安全密钥是数字内容加密技术的核心。数字版权管理系统中的数字加密中心使用加密算法,对内容分发中心发送的信息内容和数据生成唯一的数字安全符,即安全密钥,其工作流程如图4-1所示。

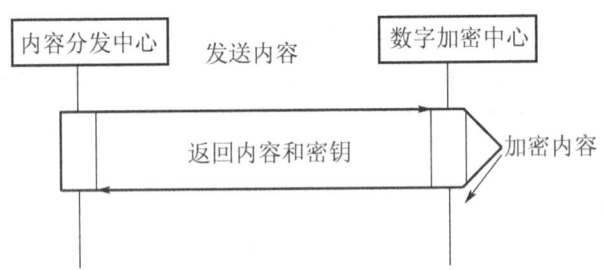

图4-1 数字加密中心工作流程

加密技术主要针对数字内容加密,数字加密中心在完成加密后不会保存加密内容和安全密钥,加密内容和安全密钥储存在内容发布中心。

2. 内容访问控制技术

内容访问控制技术是一种数字内容权限控制技术,它涉及对数字内容的访问授权与版权管理,可以实现对数字信息资源的第一道防线保护,防止非法用户的访问使用和合法用户的越权访问。

内容访问控制包含主体、客体和权限三个要素,主体即网络用户,客体即信息数据资源,权限即用户是否在客体资源访问的授权访问范围内。内容访问控制技术基本模型如图4-2所示。

第四章 数字出版技术

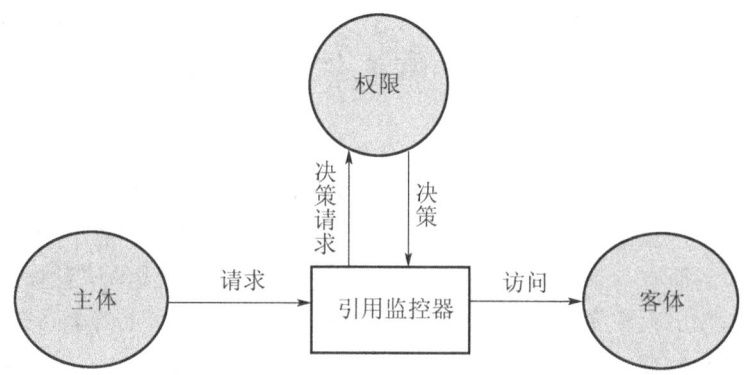

图4-2 内容访问控制技术基本模型

内容访问控制有三种类型，分别是自主访问控制、强制访问控制和基于角色访问控制，从不同层面实现对数字内容资源的有效精准保护与管理，防止重要信息资源的泄露和滥用。

第四节 数字内容技术标准

数字内容技术标准化是指在数字内容描述、组织和发布过程中使用公认的共同且可重复使用的规范性文件标准。数字内容技术标准可分为数字内容描述标准、数字内容组织标准和数字内容发布标准。数字内容技术实行标准化有利于整个数字出版行业水平的提高，是出版产业走向成熟的必然途径。

一、数字内容描述标准

数字内容描述标准目前只有数字内容标记、数字内容标识和元数据类相关标准。数字内容描述标准的设立旨在向广大用户准确传递信息内容资源，是数字出版的基础标准。以下介绍两种主流的数字内容描述标准，分别是ONIX for Books标准和学习对象元数据。

1. ONIX for Books 标准

ONIX for Books（online information exchange for Books）是针对图书及电子图书在线信息交换的内容描述标准，是一种国际标准，在图书、电子书和连续出版

物的供应链和销售链中被广泛运用。ONIX for Books 标准能够对出版物所有信息以及批发商、零售商、网络书店等出版商的发行交易信息进行有效整合，方便图书和连续出版物的宣传与销售。

ONIX for Books 标准最初由美国出版商协会（Association of American Publishers）提出，主要目的是使出版商能够向网络书商提供丰富的产品信息，包括消息头、产品记录、产品描述、产品营销、产品内容、产品出版、相关资料和产品供应的所有一系列详尽信息，它是以电子数据为形式的信息描述与传输，能够满足国际出版贸易和电子图书商业的发展需要，是事实上的国际图书与电子出版物的贸易标准。

2. 学习对象元数据

学习对象即用于教学或培训的实体或技术，学习对象元数据（learning object metadata）是美国电气电子工程师学会学习技术标准委员会制定的描述学习对象元数据的语法和语义标准，也是现今唯一公开认证的描述学习对象的元数据标准，共包含9个类目和77个数据元素。学习对象元数据采取层级性数据元素，共有四级类目数据元素，构成元数据的基本框架。

学习对象元数据具有覆盖面广、通用性强、可扩展等特点，同时，学习对象元数据标准实行语义模型与绑定分离政策，并支持学习对象、元数据和学习者使用多语言，在数字出版教育实践中应用广泛。

二、数字内容组织标准

互联网大量独立分散的数字内容信息使用户应接不暇，由于个性差异，用户对数字内容提出了个性化需求，为了满足这一用户需要，数字内容组织标准应运而生，通过链接、导航、数据交换、索引等技术标准将纷繁复杂的数字信息内容组织整合起来。目前，开放统一资源定位器及信息检索应用服务定义和协议规范两种技术应用较普遍。

1. 开放统一资源定位器

开放统一资源定位器（Open Uniform Resource Locator，Open URL）是一种美国国家标准，旨在对网站的学术信息资源进行整合。Open URL 实行分离信息资源提供者与链接服务的提供者，以实现跨机构、跨数据库的统一检索。

开放统一资源定位器最大的用途是使用户在客户端搜索查询不同的数据库时有统一的网页访问地址，在因特网上所有的数字内容资源都有自己专门的 URL

地址。Open URL 运行时，信息资源提供者可以传输包含标题、期刊 ISN、刊号和页码等的对象元数据到网络服务组件上，通过链接服务器定义用户上下文环境，再进行数据库对比匹配，最终生成契合度最高的目标链接。

2. 信息检索（Z39.50）应用服务定义和协议规范

信息检索（Z39.50）应用服务定义和协议规范是美国图书馆界为解决图书信息资源检索系统间的通信问题而设立的数字内容组织标准，它可以实现网络不同结构类型数据库之间的有效通信，实际举措有建立联合目录和目录公共查询系统、馆际互借系统等，有效地提高了数字资源信息的检索服务。

信息检索（Z39.50）应用服务定义和协议规范发展至今共发行了五个版本，已逐步实现了全球范围内的数字信息资源的检索与共享，且被各国国家图书馆普遍接纳采用。信息检索（Z39.50）应用服务定义和协议规范在开放公共查询目录 OPAC（Online Public Access Catalogue）、图书馆之间或图书馆与出版商之间的集中编目、馆际互借和信息定题服务（SDI）中被广泛应用，是信息检索领域重要的数字内容组织技术。

三、数字内容发布标准

为了方便读者和出版商更容易地获取、存储与管理数字信息资源，数字内容发布标准应运而生，以下介绍涉及数字出版格式的 ePub 格式标准和电子出版通用格式标准（IEC 62448—2009）。

1. ePub 格式标准

ePub（electronic publication）格式标准是一种开放式电子书格式，其基于 XML，可以实现平台系统与文本的兼容，能够适应多种阅读平台和设备，目前已发展至最新版本 ePub 3.0，并成为数字出版领域的主流发布标准。

ePub 3.0 由 Publication 3.0、Content Documents 3.0、Open Container Format 3.0 和 Media Overlays 3.0 四个层次组成，它在以往版本的基础功能上增加了更多多媒体文件，并实现了文本与语音同步功能，增强了语义和社群互动性能，提升了用户的阅读体验。ePub 3.0 格式标准有以下三个特性。

（1）兼容性强。

可支持多种媒体文件格式和技术以及使用 HTML、XML 等多种语言，能够满足用户多媒体电子阅读需求。

（2）跨终端、跨平台应用性较好。

ePub电子书格式标准出现以前，出版市场上有各种各样的电子出版物格式，且互不兼容，而开发商又不能针对每一款设备平台都开发出相应的电子出版物格式，ePub 3.0格式标准能够自动适应调整排版的功能解决了此问题，得到了国内外众多终端厂商、平台设备开发制作商的认可和采纳。用户可以在iPhone、iPad、Kindle等系列主流电子阅读器和软件上获取更优质的阅读体验。

（3）更强的交互性，实现无障碍阅读。

采用ePub 3.0格式标准的电子书能够使用户在电子书上添加下划线之类的标记，文字与语音也能够同步进行，新增的许多语义功能不仅丰富了电子图书的内容，同时也增强了读者间的互动性。

2. 电子出版通用格式标准（IEC 62448—2009）

电子出版通用格式标准是为了方便数据交换而制定的一种国际标准化通用电子出版物格式。2009年，国际电工委员会（International Electrotechnical Commission，IEC）发布的IEC 62448—2009版格式标准成为规范全球多媒体电子出版和电子书的通用格式标准。

IEC 62448—2009在最初的2007版基础上修改并增添了新的内容，它将多媒体电子出版物格式分为三类，分别是内容提交格式（submission format）、通用格式（generic format）和阅读器格式（reader's format），分别服务于编辑人员与作者、编辑人员与出版商、读者之间的电子数据交换。多媒体电子出版物通用格式具有易修改、扩展性强等特性，它涵盖的数据元素和结构体系适应性强，方便管理电子数据。市面上可见的BBeB Xylog和XMDF两种电子书格式就是IEC 62448—2009所认可的电子出版格式标准。

本 章 小 结

数字出版技术是指计算机技术、网络技术、流媒体技术、存储显示技术等高新技术与内容出版相结合，将所有的文本信息资源以统一二进制的形式存储在多媒体介质中。本章分别介绍了数字出版内容组织技术、数字内容编排技术、数字内容出版技术和数字内容技术标准四部分内容，对国内外主流的几种数字出版技术概况做了梳理概括。

第四章 数字出版技术

□ **思考与练习题**

1. 数字出版技术主要涉及哪些方面的技术？
2. 什么是标记语言？请分析 SGML、HTML、XML 三种语言的特点。
3. 什么是元数据？元数据在数字出版领域的应用有哪些？
4. 简要分析几种主要的多媒体技术，它们之间有怎样的联系？
5. 结合案例分析数字内容编排技术的工作流程。
6. 哪些技术可以实现对数字内容的版权管理与保护？

第五章　数字出版物市场

> **教学目标与教学重难点**

目标：了解数字出版物市场的含义和构成要素、概念和包含的范围；了解数字出版物市场细分、确定目标市场和进行市场定位的原因；了解数字出版物资源的含义和构成；了解数字出版物市场需求的含义和特征。

重难点：了解数字出版物市场细分的方法；了解数字出版企业如何选择其目标市场和进行目标市场定位；了解数字出版资源优化配置的方法；能够设计有效的调查问卷了解数字出版物市场需求和行为现状并分析问卷，对未来数字出版物市场的情况进行预测。

数字出版物是商品，商品的经营离不开市场。数字出版物的生产要按市场要求来组织，产品价值要在市场中实现。数字出版物市场非常广阔，数字出版企业如果不能有效细分市场，寻找到适合自己的目标市场，并将自己的市场定位传递出去，则最后只能是事倍功半。数字出版企业要充分利用自己的资源开拓和占领数字出版物市场。同时，数字出版是以满足广大用户的内容需求为出发点的，因此，还需要了解市场需求，并通过市场调查和预测方法去了解现有需求，预测未来需求。

第一节　数字出版物市场的构成及其细分

一、数字出版物市场的构成

如前所述，数字出版物是一种文化商品，既然是商品，其经营就必然离不开市场。可以这样说,数字出版物的生产、传播、销售等各个环节都是基于数字出版物市场运作的。那么到底什么是数字出版物市场?这里参考罗紫初对出版物市场的定义,认为所谓数字出版物市场,就是围绕数字出版商品交换所进行的各种经济关系的总和。

数字出版物市场主要由以下几个要素构成:

1. 数字出版商品

数字出版物市场的基本活动是数字出版商品的交换和传播,所发生的经济联系也是以商品的交换和传播为主要内容。对于数字出版商而言,数字出版商品是其劳动对象,是其与其他劳动者进行劳动价值交换的客体;对于读者而言,数字出版商品具备其所需要的使用价值,是其精神文化需求的承载物。因此,一定量的可供交换的数字出版商品是数字出版物市场存在的物质基础。

2. 数字出版商

数字出版商是数字出版物市场活动的主体,他们通过对数字出版商品进行生产、销售、传播等活动,满足自身的经济利益和经济需要。在传统出版物市场中,出版商主要由出版物生产经营者、出版物批发者和出版物零售者组成。在数字出版环境下,生产、批发和零售的边界被打破,出版商主要由数字内容产品提供商、数字内容服务提供商以及数字阅读终端设备提供商组成,这三类数字出版商将数字出版商品带到数字出版物市场进行交换和传播,并作为数字出版物市场供求关系中的供应方而成为基本的市场要素之一。

3. 阅读需求

在传统出版物市场环境下,读者的阅读需求需要历经出版物零售商—出版物批发商,才能最终为出版物生产经营者所了解,在这个传输过程中,既可能使读者的阅读需求"失真",又存在着"滞后效应"。因此,通常情况下都是先由出版物生产经营者向市场提供一定量的出版物商品后,再由出版物批发商和出版物零售商去寻找既有阅读需求,又具备支付能力的读者。在数字出版物市场环境下,这个过程恰好相反,是先由数字内容提供商寻找到阅读需求后,再根据读者的阅读需求组织数字出版商品的生产,并主动、精准地向那些具备实际消费能力的读者进行推送。在数字出版物市场环境下,有阅读需求才会有数字出版商供应相应的数字出版商品,数字出版物市场供求关系也由此而形成。因此,阅读需求也是形成数字出版物市场的基本条件之一。

二、数字出版物市场细分

市场细分是将某个产品市场上的买者划分成不同子市场的过程，细分市场由在一个市场上有相似需求的顾客所组成，市场细分有助于企业分析机会、集中资源并及时调整营销策略，开拓新市场。企业在实行市场细分的过程中首先要选择一定的细分标准，在此基础上准确而恰当地细分市场，以便准确地选择目标市场，提高经济效益。数字出版物市场的细分标准有很多，总的来说通常采用产品细分和客户细分两种主要市场细分标准。

1. *产品细分策略*

销售市场是一个商品品种不断扩大的海洋，产业和品种不是在综合，而是随时间的向后推移不断地被进一步细分，产品细分是一种重要的细分法则，因为不同的顾客具有不同的需求，顾客的需求有时较为抽象，很难描述，但是却可以通过对产品的不同需求表现出来。产品差异具有较高的可辨识性和稳定性，因此，数字出版物市场普遍以产品差异为标准细分市场，采用产品细分策略。产品细分的策略包括产品形式细分策略和产品内容细分策略。

（1）产品形式细分策略。

产品形式是产品的重要特征之一，不同形式的产品可以满足顾客的不同需求，因此产品形式是数字出版商普遍采用的一种细分标准，通常将数字出版产品分为电子图书、数字期刊、电子杂志、数字报、数据库、在线解决方案等形式。目前，从全球的形势看，大多成功的数字内容提供商都专注于少数几种产品。其中，科技出版集团多专注于数字期刊及其数据库以及在线解决方案的生产，例如国外的斯普林格、美国化学学会等，国内的万方数据、重庆维普等。大众出版集团则要么专注于电子图书及其数据库的生产，例如国外的企鹅出版集团、自助出版商露露，国内的阅文集团、方正Apabi、超星数字图书馆等；要么专注于电子杂志的生产，例如国外的桦榭集团和鲍尔集团，国内的龙源期刊网等。教育出版集团则更专注于电子教材和在线学习方案的生产，例如前面提到过的培生集团收购了"电子大学"这一在线学习平台，高等教育出版集团开发了"大学英语学习系统"。新闻出版集团则基本专注于数字报和数字新闻分发平台的建设，例如广州日报报业集团成立了大洋网，南方日报报业集团成立了南方网。

(2)产品内容细分策略。

内容是数字出版商品最核心的价值,也是数字出版物市场最为重要的细分标准。按照内容,数字出版物市场首先可以分为商业出版(trade publishing)市场,又称为大众出版市场,主要指以大众消费类电子图书和电子杂志为主要商品的市场;专业出版市场,又称为 STM (science, technology & medicine)出版市场,主要指以专业的电子图书、期刊和在线解决方案为主要产品和内容的数字出版物市场;教育出版市场(education),主要指以电子教材、教辅、电子书包、在线学习平台、在线教育解决方案等为主要产品和内容的数字出版物市场;新闻出版市场,主要指以社会新闻为主要内容,以数字报为主要产品形式的数字出版物市场。当然,这四类数字出版物市场又会根据内容和形式进行进一步的市场细分。例如,大众出版市场又分为大众图书出版市场和大众消费类杂志出版市场;大众图书出版市场又可以分为散文、小说、诗歌市场;而小说市场又可以按照内容进行进一步的细分,例如晋江文学原创就分为原创言情和耽美同人两大类,原创言情又进一步分为古言武侠、都市青春、幻想现言、古代穿越、玄幻奇幻、科幻悬疑网游、短篇小说等 7 小类。教育出版市场则通常还可以按课程内容进行分类,例如细分为英语教育出版市场、数学教育出版市场等。专业出版市场的细分最为复杂,因为不同行业的专业人士对出版产品的内容有不同的要求,因此,他们通常都以学科或专业为标准,进行多次细分,将专业出版市场划分为多个不同的细分市场,例如斯普林格就采取三次细分方法,将其产品以学科为标准分为 269 个细分市场,出版 1700 多种同行评审学术期刊,26 000 多种图书和十多万种参考工具满足多个细分市场的需要。

2. 客户细分策略

在如今的营销环境下,企业实施市场细分的动因已不仅仅是要拓展其经营的触角和确定市场突破的方向,还应当强化企业与高价值客户间的互动关系,即建立客户关系。建立客户关系的关键点是了解客户,为了了解客户,企业需要收集信息并按照一定的标准细分客户,为不同类型的客户提供不同的服务。以产品为标准的市场细分模式主要着眼于顾客对产品的不同需求,以客户为标准的市场细分模式则主要着眼于顾客对服务的不同需求,旨在通过优质的、个性化的服务使客户和企业建立忠诚的关系,并吸引新的顾客。数字出版商也普遍以客户为标准进行市场细分,其客户细分的策略包括客户规模细分策略和客户地理区域细分策略。

（1）客户规模细分策略。

客户规模是一种重要的细分变量，直接影响到购买程序、购买类型、购买数量以及对特定营销组合的反应等。数字出版商将客户规模作为一种重要的细分标准，通常将其客户分为个人客户和机构客户，并根据不同的客户规模制定不同的营销策略。

（2）客户地理区域细分策略。

地理因素是一种应用广泛、传统的市场细分标准，其将客户按照所处的不同地理位置分为不同的细分市场。数字出版打破了地域的限制，其业务可以通过互联网覆盖到全球各个地区，各个地区因为经济发展水平、消费习惯、运送成本和金融制度等方面的区别，需要的服务也不尽相同，因此地理因素也是数字出版商重要的客户细分标准之一。他们通常根据地域或者语言两个维度对数字出版物市场进行细分，针对不同的地理区域市场，采取不同的营销策略。

三、数字出版目标市场的选择

企业在进行市场细分之后，接下来就要决定进入哪一个或哪几个细分市场并为之提供服务，即选择目标市场。目标市场就是企业决定要进入的市场。近年来，欧美大型学术出版机构在选择目标市场的过程中越来越关注提高其核心竞争力，通常会选择可以带来丰厚回报的目标市场，专注于具有竞争优势的目标市场，并在此基础上进一步延伸目标市场。

1. 选择可以带来丰厚回报的目标市场

企业进入一个市场的目的是能够在为这个市场提供产品或服务的同时，获得一定的利润，如果市场规模过于狭小或者市场前景黯淡，企业进入后就难以获得发展，因此，企业通常会选择进入市场规模较大或者市场前景较好的细分市场。数字出版机构之所以可以成长起来，也得益于其在进行目标市场选择的时候会充分考虑到目标市场的获利性，选择可以带来丰厚回报的目标市场。例如在科技出版领域，欧美大多数大型学术出版机构都是以学术期刊出版为主，学术图书只是其辅助业务，图书类的出版也是以参考工具书为主，学术专著为辅，这是因为在学术出版领域学术期刊的收益率远远高于学术图书，在学术图书中，参考书的收益也比学术专著的收益更加稳定。

2. 专注于具有竞争优势的目标市场

企业在选择目标市场的过程中，不仅要考虑市场的盈利性，还要考虑企业自身与竞争对手的差异,即企业的竞争优势。以企业的竞争优势为基础确定目标市场,可以在所确定的目标市场中利用企业的核心竞争力为购买者提供新的、竞争对手不能模仿的产品和服务,从而引导消费,培养新的需求,创造新的顾客群体和企业拥有绝对竞争优势的目标市场。20世纪90年代以来,数字出版机构,主要是商业出版机构纷纷继续并购具有竞争优势的业务,抛售非核心业务,专注于具有竞争优势的目标市场,增强自己的核心竞争力,逐步形成自己的品牌优势和专业分工特色。例如2013年,里德·爱思唯尔继续重塑其投资组合,在高速增长的市场和地区购进少量数据、内容和展览企业,与此同时,出售一些无助于企业长期发展或对于企业而言没有显著增长价值的部门。这些举措都是为了增强核心竞争力,力保在其业务覆盖的领域均能够获得全球领导性的地位。泰勒·弗朗西斯(Taylor & Francis Group)尽管近年来将其经营重点转移到STM领域,但是作为全球最有影响力的人文和社会科学出版商,其也并未忽视具有明显竞争优势的人文科学出版业务的发展。在并购了一系列STM出版企业和品牌的同时,2003年7月28日,泰勒·弗朗西斯以1100万英镑的价格收购了Frank Cass & Co.——一个在人文和社会科学领域享有优秀声誉的图书和期刊出版商,并在2004年3月将其整合到Routledge。进入21世纪,培生集团实行归核化战略,把握图书出版产业链演化方向,以教育出版为核心,逐步剥离与产业不相关的资产,保持了公司的持续盈利能力和行业霸主地位,创造教育出版一站式服务,打造"世界领先的教育公司"。

3. 进一步延伸目标市场

目标市场并非一旦确定就永不更改的,企业在发展的过程中要不断根据市场和企业自身的变化调整其目标市场战略。当在目标市场中获得了充分的利润并建立了一定的竞争优势后,企业就可以考虑以其竞争优势为基础进一步延伸目标市场。欧美大型数字科技出版商在发展的过程中不断延伸其目标市场,其目标市场延伸的策略包括从学术出版市场延伸到高等教育出版市场以及从学术出版市场延伸到专业出版市场。

四、定位战略

"定位"这个概念是由艾·里斯(Ai Ries)和杰克·特劳特(Jack Trout)提出的,他们认为:"定位起始于产品……然而,定位并非是对产品本身做什么。定位主要是针对潜在顾客的心理采取行动,即将产品在潜在顾客心目中定一个适

当的位置。"菲利普·科特勒也对定位做出了类似定义，其指出，"定位就是一种对公司的供应品和形象进行设计，从而使其能在目标顾客心目中占有一个独特位置的行动"。简而言之，定位就是为顾客创立一个以市场为重点的价值建议，给目标市场提供购买产品或服务的理由，其目标是让每个目标顾客都能将企业产品或品牌与其他竞争产品相区别，并且认可企业产品或品牌。成功定位的关键是让目标市场可以辨认、认可并接受企业与其竞争对手相比所具有的差异。

数字出版机构的发展壮大离不开成功的市场定位，其定位战略主要包括以下几个方面：以企业竞争优势为核心确定企业定位；通过营销组合策略准确地传播企业定位；根据环境的变化及时调整企业定位。

1. 以竞争优势为核心确定企业定位

企业可能拥有一种或多种潜在的竞争优势，但必须准确地选择其中一种或几种竞争优势作为市场定位的基础，定位成功的标志便是能够得到消费者的认可，帮助企业形成或进一步强化竞争优势。因此，很多数字出版机构采取以竞争优势为核心的定位策略。这种优势包括规模优势。例如，里德·爱思唯尔定位为全球最大的STM出版商；泰勒·弗朗西斯定位为全球最大的社会科学出版集团；企鹅兰登书屋定位为全球最大的大众出版集团。

除了规模优势外，还有基于质量优势定位的方式。例如麦克米伦就以出版高质量的学术和专业、教育、小说和非小说而闻名于世。自然出版集团（Nature Publishing Group，NPG）的出版品种不多，并未快速扩充期刊出版规模，但是却出版了大量高质量的期刊、网络数据库和服务，实行的是质量定位，确保精品原则，其出版的每一种期刊均被著名国际引文索引 SCI（Science Citation Index，科学引文索引）收录，而且影响因子均占据该学科前列。

2. 通过营销组合策略准确地传播企业定位

定位的任务是向目标市场传播企业或品牌的核心观念，因此市场定位确定以后，企业必须采取必要措施将定位信息传递给顾客。营销组合策略既是实现企业营销目标的重要手段，也是传递企业定位的重要方式，数字出版机构普遍采用营销组合策略，包括产品策略、价格策略、渠道策略和促销策略准确地传播企业定位。

3. 根据环境的变化及时调整企业定位

企业的外部环境是不断变化的，因此企业的定位也不可能一成不变，必须根据外部环境的变化进行再定位。数字出版产业的发展受到很多因素的影响，包括经济、技术、制度和供求环境的影响，数字出版机构经常根据环境的变化调整其目标市场，相应的，其企业定位也会进行适当调整。产生这种定位转移的因素有技术和市场的变化。

首先，技术是推动这种转移的主要原因之一。现代信息技术对出版业，尤其是数字出版业影响巨大。随着数字技术的不断发展，很多数字出版商的定位也随之调整，例如培生集团之前定位为教育类图书资源聚合平台，其后随着数字技术的深入使用，调整为教育服务提供商，旨在通过向教师和学生提供材料、技术、评估和服务，帮助世界各地的人们达到更好的生活目标。其次，市场的变化也是促使数字出版机构发生这种战略转移的重要因素。例如在"学术交流危机"的市场环境下，很多大型商业学术出版机构纷纷调整其定位，由传统科技出版商转向专业信息提供商，将发展的重点由学术期刊转向电子信息解决方案。

第二节 数字出版资源

一、数字出版资源的含义

1. 资源

要理解数字出版资源的概念，首先要了解资源的含义。所谓资源，指的是一切可被人类开发和利用的物质、能量和信息的总称，其是自然界和人类社会中广泛存在的具有稀缺性的能够给人类带来财富的财富。

2. 数字资源

理解了资源的含义后，再来看一下与数字出版资源非常容易混淆的一个概念——数字资源。数字资源指的是以数字代码方式将图、文、声、像等信息存储在磁、光、电介质上，通过计算机或具有类似功能的设备阅读使用的资料。其有多种分类标准，按照是否正式出版，可以分为正式出版的数字文献，也包括灰色文献（grey literature），即非正式出版的各种文献资料；按照生产途径和发布范围的不同，可以分为商用资源、网络公开学术资源、特色资源和其他资源；按储存的物理地点的不同，可以分为现实资源和虚拟资源；按信息源的不同，可分为数据库、电子期刊、电子图书、电子报纸、联机馆藏目录和网络资源等。总的来说，数字资源更多是指正式或非正式出版的数字出版产品，而非数字出版产品形成和产生的基础。

3. 出版资源数字化

随着计算机信息技术的飞速发展，出现了数字化方式。张国强、沈菁指出，"借助计算机或其他相应电子设备把各种内容信息按照特定的编码规则转化为二进制数字信号后记录、储存在磁、光、电等介质上，使用时再利用一定的电子设备将经过编码的数字信号进行解码，形成人类感官能够感知的信号。这种将出版资源以二进制数字信号记录、储存的过程，就是'出版资源数字化'"。其类型按其来源包括作者电子原稿、计算机排版文档、页面扫描图像文件、光电扫描识别文档。

4. 数字出版资源

关于数字出版资源的概念，这里借用罗紫初对出版资源的定义：与数字出版产品形成直接相关的各种要素的集合。数字出版资源是相对于出版物的生产过程而言的，是与数字出版产品形成直接而不是间接相关的各种要素的集合。其既包括以物质形态存在的数字出版技术设备、人力、资本等资源，也包括以精神形态存在的知识、文化等内容资源。出版资源数字化的一般结果是形成"数字形态出版资源"。

二、数字出版资源的构成

数字出版资源是各种生产要素的结合，是一个种类繁多、内容丰富的集合体，主要由内容资源、技术资源、人力资源、资本资源这几种主要资源构成。

1. 内容资源

"内容"业已成为当今社会的一个热门词汇，各类信息服务商无一不在关注各自的"内容资源"建设。中国人民大学喻国明教授在分析21世纪初传媒业并购案例时指出，"内容制造商已经成为传媒产业竞争发展的新的制高点。谁能将有竞争力的优势内容资源掌握在自己手里，谁就能获得市场优势地位"。出版业当然也不例外。毫无疑问，内容资源是数字出版业的战略资源，是决定数字出版国际竞争力以及数字出版企业竞争力的基本资源要素。

2. 技术资源

大多数研究成果认为出版技术现代化是现代出版起源的决定因素或标志，出版业是一个高度技术依赖型行业，出版业的每一次重大进步都与出版关联技术的发展密不可分。数字出版与传统出版的本质区别同样也是源于出版技术手段的进步。以数字技术为突破口，通过数字出版技术的创新，同样可以形成具有良好竞争力的数字出版发展模式。因此，技术资源同样也是重要的数字出版资源之一。技术创新是数字出版生产力提高和数字出版模式创新的重要动力，基于技术创新的数字出版模式大致有基于阅读终端技术、数字出版平台技术和数字版权管理技术三种基本实现途径。

3. 人力资源

国家行政学院研究室副主任祁述裕研究员在《中国文化产业国际竞争力报告》中列举了文化产业竞争力三个方面的基本内容，即基础竞争力、环境力、核心竞争力，并将人力资源界定到基础竞争力范畴。从这个意义上讲，人力资源在文化产业竞争力形成的多个方面，如需求方面、智力支持方面等都发挥着极其重要的作用。数字出版人力资源大致包括数字出版经营管理人力资源和作者资源两个方面的内容。目前，我国数字出版经营管理所需的复合型数字出版经营管理人才非常不足，尽管2014年教育部新增了"数字出版"专业，很多学校也申办了这个专业并在积极培养数字出版人才，但是截至目前，并没有哪个学校形成独特的、成熟的数字出版经营管理人才培养模式。作者资源同样是数字出版产业非常重要的人力资源。目前，我国有大量的网络作家，内容创业者的数量也非常多。但是大多数优质的内容创作人才因为版权保护的问题，仍然对数字出版心存疑虑，因此，在作者资源方面，尽管从数量上看已经非常丰富，但是在质量上还需要进一步提升。

4. 资本资源

经济学意义上的资本泛指一切投入再生产过程的有形资本、无形资本、金融资本和人力资本。本处所论及的资本概念仅指一般意义上的金融资本，不涉及其他方面的内容。资本属生产要素范畴。充足的金融资本、开放的融资政策以及畅通的融资渠道是数字出版产业发展与数字出版企业再生产的有效保证。数字出版虽然算不上资本密集型产业，但是，规模化的数字出版公司的运作以及重大数字出版项目的资本需求量仍然很大。近年来，我国已经组建了33家出版集团，西方国家出版集团之间更是频繁发生并购，在很大程度上就是源于对资本资源追求的推动。发达国家的一些数字出版集团尽管资金雄厚，但仍然利用各种途径进行融资。其中，上市融资是发达国家数字出版企业获得资金的主要途径。我国近年来也有不少出版集团通过上市融资，然而融资规模与发达国家数字出版企业相比仍然相对较低。

三、数字出版资源优化配置

数字出版资源优化配置指的是数字出版资源在各项不同的数字出版活动之间,以及数字出版活动的各项不同用途之间进行科学而合理的分配。数字出版资源优化配置的路径包括以下几种。

1. 资产重组

资产重组指的是通过对不同企业之间或同一企业内部的这些经济资源进行符合资产最大增值目的的相互调整与改变,实现对实业资本、金融资本、产权资本和无形资本的重新组合,它是对企业包括物质资源、人力资源、组织资源等的重新配置,是一个全方位、多元化的系统工程。因此,资产重组既涉及企业物质资源的重新安排,也涉及人力资源、技术资源、品牌资源、组织资源的重新调整。既是生产资源的整合,也是市场资源的整合。数字出版企业的资产重组是对数字出版企业之间或对单个企业内部各要素之间进行整合的优化过程,是更有效的企业制度创新,从而提高企业的运作效率和竞争力。资产重组方式包括收购、兼并、联合、托营、租赁、资产转换,这也是西方数字出版企业常见的资源优化配置路径,然而目前我国数字出版企业还较少采用。

2. 集团化

集团化也是数字出版资源整合、提高收益率的有效手段。集团化是媒介运作模式的必然趋势。组建出版集团就是要使我国的出版业从条块分割的行政管理直属部门变成能够直接参与并适合激烈竞争的产业,实现产业化经营、企业化管理,在产业调整中达到对各种资源的优化配置。目前,我国数字出版业的集团化发展趋势主要有三种合作方式,即不同地域范围内同类型媒体的联合经营、相同地域不同类型媒体的联合经营以及媒体与其他非媒体行业的相互参与、渗透经营。随着中国数字出版物市场的日益成熟,产业进程必然要求媒介逐渐打破类型之间、地域之间甚至于行业之间的种种限制,朝有利的方向发展。集团化关键的一点就是如何形成资源的合力,资源整合是集团化的核心内容,衡量一家数字出版集团是否真正成功的标志在于,是否让所有可以利用的资源充分发挥了资源的最大合力优势,否则集团只是一种模式,是一种虚设的架构而缺乏实质性的内容。集团化以后,重点资源可以整合,既可重新强化各个实体在市场的竞争力,又可以使产业规模扩大,以集团的合力寻求整个产业的扩张。

3. 内容资源的高度集成

如前所述，内容资源是最为重要的数字出版资源，因此，数字出版资源优化配置的重点也是内容资源的优化配置。"规模效应"对数字出版有着特殊的意义，无论是学术出版、专业出版、大众出版还是教育出版，内容资源的高度集成都有利于形成"赢者通吃"的局面。对于数字出版企业而言，如果不能集成一定规模的内容资源，往往难以为网络读者关注，并形成自己的品牌。例如尽管我国数以千计的专业学术期刊大多都有自己的网站，但是真正有影响力的却寥寥无几。相反，不拥有版权，但是集成了众多学术期刊的中国知网、重庆维普和龙源期刊网等学术期刊数字出版平台，却能够成为我国学术与专业出版市场的领导者，这都充分说明内容资源的高度集成是数字出版的一种重要实现途径。

第三节 数字出版物市场需求

一、数字出版物市场需求的含义

所谓数字出版物市场需求，是指出版物市场的潜在消费者想在市场上获得自己所需要的数字出版产品且具有现实货币支付能力的愿望和要求。其包括以下三个方面。

1. 数字出版物市场需求是一种具有现实支付能力的商品需求

从形式上看，读者是否需要某书，主要看该书内容是否适合自己需要，也就是要看读者对该书是否具有观念上的需求。然而，这种需求却不能与市场需求画上等号，因为市场需求是一种以交换为条件而获取自己所需商品的要求。针对儿童市场的，要符合其父母的预期，否则，即使儿童有该阅读需要，也无法将其转化为现实支付能力。例如，尽管儿童普遍表现出对数字阅读的巨大兴趣，然而因为数字阅读未能取得父母的信任，这就导致一些商业数字阅读项目和公益数字阅读推广项目效果不佳。

2. 数字出版物市场需求是一种潜在的需求

数字出版物市场需求客观存在，不由数字出版商主观意志决定。但是，这种客观存在没有明显的外在表现，是一种潜在的，需要数字出版商去发现、分析和满足的需求。要使这种潜在的需求转化为显性的数字出版物消费，既要有能使得

这种需求得到满足的客观条件，包括社会的经济发展水平、读者的个人支付能力等，也取决于数字出版商对潜在市场的认知程度、分析能力以及为了开发潜在市场而付出的努力。例如产品内容是否满足读者需要、价格是否合理、购买渠道是否便利、营销沟通是否畅通等。

3. 数字出版物市场需求是一种经常发展变化的需求

形成数字出版物市场需求的各种要素都在经常发生变化，作为市场主体的数字出版商，只有准确判断，甚至预见数字出版物市场需求，并根据市场需求的变化情况及时调整自己的经营行为，才能掌握数字出版物市场经营的主动权。

二、数字出版物需求的特征

1. 需求的多样性

数字出版物市场需求的多样性主要源自于读者的多样性。读者的性别、经济来源、年龄层次、受教育程度、经济状况、职业、地区、民族及生活习惯不同，导致了数字出版物市场需求的多样性。因此，尽管我国数字出版企业每年生产上千万种新的数字出版产品，其中仅文学原创网站的日更新图书品种都有上百万，可是仍然还有大量读者认为找不到自己需要的小说作品。同时，任何一种小说，或多或少都能找到自己的读者，数字出版物市场几乎完全符合"长尾理论"，由于成本和效率的因素，数字出版物市场不必再向传统出版物市场一样，过分迷恋于畅销书的打造和生产，因为几乎任何以前看似需求极低的数字出版产品，只要有卖，都会有需求和消费，这些需求和销量不高的数字出版物所占据的共同市场份额，可以和主流产品的市场份额相当，甚至更大。

2. 需求的层次性

由于读者文化知识水平、职业、生活习惯和经历等方面的区别，形成了读者价值观的差异及精神追求目标的区别。该差异表现在数字出版物市场需求上，就呈现出明显的层次性特征。在我国数字出版物市场上，目前处于最底层的主要是各种娱乐和通俗读物，这些占据了数字出版物市场最大的市场份额。处于第二个层次的主要是各学科专业的一般数字出版产品，例如各大学开放的MOOC、各类网络教育产品和各种光盘教育产品就属于这个层次。处于最高层次的是各类数字科技出版产品，包括专业期刊、数据库、数字解决方案等。数字出版物的这三个层次的需求是一种典型的金字塔式结构，从最底层到最高层，产品蕴含的知识深度逐级提高，市场需求量则逐级下降。

第五章　数字出版物市场

3. 需求的可诱导性

可诱导性指的是消费者需求指向上的一种不稳定特征,对于数字出版物市场而言,即指读者的数字出版物消费行为会受到数字出版商营销行为的影响,并且沿着数字出版企业营销的意图和方向发展变化。例如亚马逊就是通过低价策略提高读者的电子书阅读需求的。当当网、京东图书等网上书店也积极采用低价策略培养读者的正版电子书阅读习惯。目前,社交平台也成为数字出版商激发读者数字阅读需求的重要领地。例如"奥普拉图书俱乐部2.0"成功激发了很多读者对于其推荐图书的阅读热情,促进了该书的销售增长。

4. 需求的伸缩性

市场需求的伸缩性又称市场弹性,指的是市场需求随市场环境因素的影响发生变化。数字出版物市场需求是一种精神需求,不像生理需求那样具有必然性,也不像生理需求那样有一个相对固定的满足量,因此,除了科技出版领域因为主要面对图书馆市场,其需求弹性较小以外,主要面向个人市场的大众数字出版、教育数字出版和新闻数字出版物市场均有较大的需求弹性。其中读者的收入水平、受教育水平,数字出版商的营销方式和力度等因素都会极大影响读者数字出版需求的变化。例如,21世纪初索尼公司生产的电子书阅读器一直未能获得市场成功,很大程度上就与当时全球整体的经济发展水平以及该产品本身的高价策略有关。近年来,随着读者收入水平的提高和产品价格的降低,可用于显示文本的数字设备的销售数量成倍增加,2007年11月,亚马逊第一代电子书阅读器Kindle一经上市,两天之内就一销而空。

5. 需求的时效性

时效性指的是随着时间的变化,数字出版物市场需求也会呈现出相应变化的特征。数字出版物市场有着极强的时效性。不同的时代,数字出版物市场会形成不同的畅销书热潮。近年来,男性文学市场从玄幻到科幻,女性文学市场从穿越文到重生文、从宫斗到宅斗,这些文学热潮都有着较强的时代烙印。时效性是数字出版物市场需求非常重要的特征,它要求数字出版企业紧跟时代步伐,及时把握市场需求变化的规律,预测市场趋势,调整企业的营销战略。

第四节　数字出版物市场调查与预测

数字出版物市场调查指的是运用科学的方法,对数字出版物市场营销资料进

行系统、有目的、有计划的收集、整理、分析和解释的活动，旨在为数字出版企业的经营管理活动提供信息，帮助企业做出正确的战略决策。

一、数字出版物市场调查的内容

数字出版物市场调查的内容非常广泛，包括读者调查、数字出版物市场环境调查、数字出版商品调查等。

1. 读者调查

读者是数字出版物市场最重要的构成部分，因此，数字出版企业需要重视和开展读者调查，了解读者对数字出版商品和服务的需求情况。数字出版物市场读者调查的内容包括读者数量与结构调查、读者阅读需求调查、读者阅读动机与行为调查、读者对数字出版企业的看法和评价调查等。

其中，读者需求调查是读者调查的核心内容。例如为了了解数字时代读者阅读需求的变化，哈珀·柯林斯做了很多实验，对读者的阅读行为和消费行为进行调查分析。实验表明年轻人越来越喜欢用上网浏览的方式进行阅读，美国每个月更是有上百亿个搜索问题在网上得到结果。哈珀·柯林斯意识到在数字时代要想更好地满足读者的阅读体验，就要与搜索引擎建立合作关系，让读者可以在网上搜索到其所需要的图书。因此，哈珀·柯林斯在很多出版集团对谷歌图书搜索（Google book search）项目持观望甚至反对意见的时候，就开始与谷歌、雅虎和亚马逊合作，将图书分割成不同页面，供读者更好地检索和浏览。哈珀·柯林斯为了让读者获得更好的阅读体验，其在图书数据化的过程中，还非常注重扫描的质量，这使得其电子书的浏览效果远远高于亚马逊电子书的浏览效果。在早期，这一做法降低了图书的搜索速度，而随着搜索技术的发展，这一问题不复存在，而对高质量电子书标准的坚持，则给哈珀·柯林斯带来了更多忠诚的电子书读者。

除了读者的阅读需求调查外，读者阅读动机与行为调查也是读者调查的重要内容，尤其是在大数据环境下，利用读者阅读行为，可以发现读者阅读偏好，进而了解读者未来的需求，向读者更精准地营销和推荐其所需要的图书。读者的数量与结构调查是读者调查最基本的内容，其也是细分并选择数字出版目标市场的基础和依据。读者对数字出版企业的看法与评价调查则有助于数字出版企业了解其在读者心目中的位置以及其开展的营销活动是否向读者准确传达了其定位，以便其后进行战略调整。

第五章 数字出版物市场

2. 数字出版物市场环境调查

在市场经济条件下，数字出版企业的经营活动总是受一定的市场环境因素影响和制约的。数字出版物市场环境调查包括外部环境调查、产业竞争环境调查以及企业内部环境调查等。

外部环境调查又称为宏观环境调查，主要调查的是与数字出版物市场经营活动紧密相关的宏观外部环境因素，包括政治法律环境、经济环境、社会文化环境、教育环境、技术环境等。这些因素既会影响数字出版企业也会影响读者对数字出版商品的需求。

竞争环境调查主要是一种产业环境调查，包括对行业壁垒、竞争程度、产业制度、竞争对手的构成状况进行调查等。俗话说"知己知彼，百战不殆"，在激烈的数字出版物市场竞争中，数字出版企业必须深入了解数字出版物市场的竞争状况，才能在竞争中处于有利地位，获取竞争的主动地位。

内部环境调查指的是对数字出版企业内部影响数字出版企业活动的各项因素进行的调查。数字出版企业不仅需要了解外部宏观环境和产业竞争环境，同时也不能忽略对自身的资本、产品、管理、技术、人才等内部优劣势的分析。数字出版企业内部环境调查有利于其资源的合理配置，在企业经营活动中实现效益最大化。

3. 数字出版商品调查

数字出版商品是数字出版物市场存在的物质基础，因此，还要通过各种途径和方法对数字出版企业生产和销售的数字出版产品的有关情况如数字出版商品结构，畅销书主题、内容、作者，数字出版商品定价和生命周期等进行调查。

二、数字出版物市场调查的程序

数字出版物市场调查是一项系统、完整、有计划的科学性很强的工作，包括数字出版物市场经营目标的确定、数字出版物市场调查设计、数字出版物市场调查计划的执行。

1. 确定数字出版物市场经营目标

数字出版物市场经营目标是数字出版物市场调查的基本方向。数字出版企业的所有市场活动均是围绕着市场经营目标进行的，有了调查目标，才能确定调查的内容。

2. 数字出版物市场调查设计

数字出版物市场调查设计是对数字出版物市场调查活动进行的整体规划，一般包括以下内容：确定调查类型、确定所需资料及资料的收集方法、选择调查工作的执行者、确定调查样本、估计调查费用和调查时间规划等。

3. 数字出版物市场调查计划的执行

制定了调查目标，确定了调查计划，还要真正执行调查计划才算完成调查工作。数字出版物市场调查计划的执行包括信息资料的收集、处理、分析与解释以及最终提交调查报告。

三、数字出版物市场预测

数字出版物市场调查的最终目标是能够为数字出版物市场预测提供有效参考。数字出版物市场预测是数字出版企业经营决策和计划的基础，是数字出版企业改善其经营管理水平、提高经济效益的重要手段。

1. 数字出版物市场预测的类型

数字出版物市场预测的种类很多，按照不同的划分标准，其可以分为不同的类型。其中，按照数字出版物市场预测的范围，可以分为宏观数字出版物市场预测和微观数字出版物市场预测，例如全国数字出版物市场需求预测和企业未来数字出版商品销售预测等。按照预测对象，可以分为综合性数字出版物市场预测和单项数字出版物市场预测。按照预测时间范围，可以分为短期、中期和长期预测。按照预测的目的，可以分为计划性预测和非计划性预测。按照预测内容，可以分为数字出版物市场需求预测和未来销售预测等。

2. 数字出版物市场预测的主要内容

数字出版物市场预测主要包括数字出版物市场需求预测和数字出版物销售预测。前者包括数字出版物市场总需求量预测、分类需求量预测、读者状况预测、供求关系预测等。后者则包括行业销售情况预测、数字出版物市场竞争状况预测、数字出版商品生命周期和销售量预测等。

本 章 小 结

本章探讨了数字出版的概念，总结了数字出版的几大要素。其后，主要对电子出版、网络出版、互联网出版这三个经常与数字出版相混淆的概念进行了辨析。最后，分析了数字出版的各种形态，并从不同的维度分析了数字出版的特征。

第五章 数字出版物市场

□ **思考与练习题**

1. 数字出版物市场由哪些要素构成？
2. 数字出版物市场细分的方法有哪些？
3. 数字出版企业如何选择其目标市场和进行市场定位？
4. 什么是数字出版资源？其由哪些部分构成？
5. 如何进行数字出版资源的优化配置？
6. 什么是数字出版物市场需求？数字出版物市场需求有哪些特征？
7. 请在以下调查问卷的基础上确定调查群体，派发、收集调查问卷，分析问卷数据，完成调查报告。

（1）在这一年里，你阅读了几本纸质图书？（　　）
A. 10本以上　　　B. 5～10本　　　C. 2～4本　　　D. 1本
E. 0本

（2）在这一年里，你阅读了几本电子图书？（　　）
A. 10本以上　　　B. 5～10本　　　C. 2～4本　　　D. 1本
E. 0本

（3）在这一年里，你购买了几本纸质图书？（　　）
A. 10本以上　　　B. 5～10本　　　C. 2～4本　　　D. 1本
E. 0本

（4）在这一年里，你购买了几本电子图书？（　　）
A. 10本以上　　　B. 5～10本　　　C. 2～4本　　　D. 1本
E. 0本

（5）在这一年里，你订阅了几种报纸和杂志？（　　）
A. 5种以上　　　B. 2～4种　　　C. 1种　　　D. 0种

（6）在这一年里，你订阅了几种电子报和杂志？（　　）
A. 5种以上　　　B. 2～4种　　　C. 1种　　　D. 0种

（7）你使用过以下哪几种电子阅读终端设备阅读电子出版物？（　　）
A. 电子书阅读器　　B. 个人电脑　　C. 平板电脑　　D. 手机

（8）你最青睐的阅读电子出版物的终端设备是？（　　）
A. 电子书阅读器　　B. 个人电脑　　C. 平板电脑　　D. 手机

（9）电子出版物和传统出版物，哪一种更能满足你的阅读需求？（　　）
A. 电子出版物　　　B. 传统出版物　　　C. 没有什么区别

（10）以下购买模式，你更喜欢哪一种？（　　）
A. 终端设备附带一定数量的内容　　　B. 一定数量的内容附带终端设备
C. 网络平台付费用户

（11）你最看重传统出版物的哪种特点？（　　）
A. 权威的内容　　B. 方便携带　　C. 方便阅读　　D. 收藏

（12）你最看重电子出版物的哪种特点？（　　）
A. 方便存储　　B. 方便查找　　C. 下载便利　　D. 交互式阅读
E. 价格便宜

（13）未来你愿意为以下哪种电子出版物消费？（　　）
A. 电子图书　　B. 电子报　　C. 电子期刊

第六章　数字出版产业价值链及其盈利模式

教学目标与教学重难点

目标：了解"牛鞭效应"的含义及其对出版业造成的危害；了解传统出版产业价值链的含义；了解数字出版产业价值链的含义。

重难点：了解"牛鞭效应"产生的原因以及规避的方法；了解数字出版产业价值链的建设模式；了解基于数字出版产业价值链的数字出版盈利模式。

20世纪90年代以来，出版业越来越商业化，与此同时，新技术的出现，造成了读者的流失，越来越多的读者倾向于阅读网络信息，图书出版市场还在继续衰退。在这种形势下，单个出版企业的成本与竞争空间已日益缩小，企业的竞争已从传统的企业间竞争转向由出版商、图书分销商、图书零售商以及消费者所组成的供应链之间的竞争。出版业产生了"牛鞭效应"，引起了"滞胀现象"。数字化技术的发展为出版业克服这个问题提供了机遇，促进了良性出版产业价值链的建设。基于数字出版产业价值链，也创造出很多新的出版盈利模式。

第一节　传统出版业的"牛鞭效应"

由于传统出版产业供应链各节点企业都有各自独立的目标和归属不同的所有者，每个企业都会追求自身利益的最大化，因此信息在节点企业间传递时，企业容易根据自己的目标和利益使得信息扭曲，需求变异放大，造成供应链整体利益受损。这种需求变异放大的现象就是"牛鞭效应（bullwhip effect）"。

一、"牛鞭效应"的含义及其对传统出版业的危害

1. "牛鞭效应"的含义

牛鞭效应是供应链管理的基本原理之一,是信息流从最终客户端向原始供应商端传递时,无法有效地实现信息的共享,使得信息扭曲并逐级放大,导致需求信息出现越来越大的波动。此信息扭曲的放大作用在图形上很像一根甩起的牛鞭,因此被形象地称为"牛鞭效应"。可以将处于上游的供应方——供应商比作梢部,下游的用户——消费者需求比作根部,一旦根部的消费者需求发生变化,传递到末梢端,出版商的供应就会出现更大的波动。牛鞭效应对供应链管理是不利的,它造成批发、零售商的订单和生产商生产的峰值远远高于实际需求量,进而导致库存积压、占用流动资金,使得整个产业供应链运作效率低下。

2. "牛鞭效应"对传统出版业的危害

进入21世纪以来,传统出版业深受"牛鞭效应"的困扰,其对传统图书出版业造成了很大的危害。"牛鞭效应"的起因是缺乏一种快捷准确的反映读者需求的方式,开始它可能只会对出版供应链的终端——图书零售商造成小扭曲;之后又会导致其他中端的错误信息被放大,进而对图书分销商造成更大的扭曲;最后当这些错误的信息传输到出版供应链的上端——出版商的时候,读者需求信息也许已经完全扭曲了。如果出版商不能及时满足读者需求,就不能将图书成功地销售出去,而缺乏真实的读者信息又很可能导致预计会成为畅销书的作品遭遇失败,这样就会给出版社带来大量的退货。书店也会受到"牛鞭效应"的负面影响,出版社和书店双方如果不能准确地传递信息,可能会导致书店做出很多错误的判断:当书店以为某本书会畅销而订购大量图书的时候,书店可能因为其错误的判断造成库存和运输成本(书店退货时,其运输成本由书店承担)的增加;反之,当书店订货量不够,导致一本热销的图书断货时,书店又可能因此而错过最佳销售时机。读者也同样会受到"牛鞭效应"的负面影响,因为在"牛鞭效应"的影响下,出版商越来越关注减少成本的措施,他们为了获取更多的利润而减少生产那些不能增加出版收益的图书,即使这些图书具有深厚的文化或社会价值,这就导致读者的真实需求不能得到充分满足。"牛鞭效应"是传统出版业退货量上升、库存压力加大、图书价格上升以及规模缩小的重要原因。

第六章　数字出版产业价值链及其盈利模式

二、传统出版业产生"牛鞭效应"的原因

传统出版业之所以会产生"牛鞭效应",主要是由以下因素造成的。

1. 读者需求预测失效

准确的读者需求预测是出版产业供应链运转的基础,其能保证供应链以最快的速度为读者提供最佳的服务。但实际上,由于客观环境的复杂性和认识能力的局限性,读者需求预测本身带有明显的不确定性。读者需求预测失效主要是由以下原因产生的。首先,大多数图书产品是一种全新的产品,这就增加了需求预测的难度。图书和其他消费品,如宝洁公司、卡夫食品有限公司、瑞辉制药有限公司等公司生产的产品有很大区别,这些企业每年生产的商品,大多已经在过去取得了良好的市场反应,完全的新产品较少,而大型出版社每年生产数百种新产品,且新书品种越来越多,在1992年到2002年这10年间,美国新书品种每年增加72%,近年来,美国年出书品种超100万种,中国年出版图书近40万种,这些图书中,这些新产品中,再版书较少,大多数是全新的图书产品,这就使得企业经营者很难基于过去的经验判断市场需求。其次,二手书市场的崛起也是读者需求难以预测的重要原因。目前,在传统图书销售市场,二手书业务蓬勃发展,很多地区都有专门的二手书店,甚至很多著名的网上书店,包括亚马逊网上书店和巴诺网上书店,都将二手书业务作为其发展的一个重点领域,二手书业务的发展导致再版书销量下降,这也使得出版商难以根据过去的销售数据准确预测图书的印数。最后,传统出版业的退货政策也是造成读者需求预测失效的重要原因。例如美国图书出版业从20世纪30年代末40年代初开始实行退货政策,允许书店退还一年内所有没有卖完的书,这个政策持续至今,因为图书分销商承担的退货成本低于销售利润,所以分销商很容易放大图书市场需求,这也造成读者需求预测缺乏准确性。读者需求预测的失效导致需求信号的扭曲,"牛鞭效应"随之产生。

2. 订货需求的放大

在传统的图书出版供应链中,出版商因为不能直接与终端读者联系,总是以其直接下游——分销商的需求资讯作为确定图书供应量的依据,而一旦分销商放大其订货需求,这种信息反映到上端,就会使得出版商的图书供应量远远超出市场的实际需求,"牛鞭效应"随之产生。传统出版业订货需求的放大主要有以下原因。首先,传统出版业的库存风险承担政策是造成订货需求放大的重要原因。

在传统出版业，传统的营销一般是由出版商将图书送交销售商，其库存责任仍然归出版商，待销售完成后再进行结算，但商品需求量却由分销商掌握和调度。这就导致了销售商普遍倾向于加大订货量掌握库存控制权，因而使得订货需求加大。其次，环境变异也是造成订货需求放大的重要原因。由于政策和社会等环境的变化所产生的不确定性，造成了订货需求放大，例如在某些重要节日到来之前，销售商一般会加大订货量，实行高库存的策略，或者某本书成功获得了媒体的评论或者名人的推荐，图书销售商为了在销售中取得主动地位，也会采取持有高库存的策略。不确定性因素越大，库存就越高，但这种高库存所代表的并不是真实的需求。最后，批量订货策略也是造成传统出版业订货需求放大的重要原因。一般情况下，图书销售商不会来一个订单或销售一本书就向其上级供应商订货一次，而是在考虑库存和运输费用的基础上，采取集中托运（freight consolidation）的方式，即在一个销售周期或者汇总到一定数量后再向供应商订货，同时为了减少订货频率，降低成本和规避断货风险，销售商往往会按照最佳经济规模加量订货，人为地提高图书订货量，掌握库存控制权。库存失衡导致需求信息被放大，甚至可能完全背离了终端读者的实际需求。随着订货需求一级级地放大，"牛鞭效应"随之产生。

3. 图书销售市场的短缺博弈也会造成传统出版业的"牛鞭效应"

短缺博弈也是传统出版业产生"牛鞭效应"的重要原因。当图书产品供不应求时，出版商常根据顾客订购的数量按照一定的比例进行限量供应，客户会在订购时夸大实际的需求量；当供不应求的情况得到缓和时，订购量便会突然下降，同时大批客户会取消他们的订单。对潜在的限量供应进行的博弈，会使销售商产生过度反应。这种博弈的结果是出版商无法区分这些增长中有多少是由于市场真实需求而增加的，有多少是零售商害怕限量供应而虚增的，因而不能从销售商的订单中得到有关产品需求情况的真实信息。

4. 缺少信息交流和共享，是图书出版业产生"牛鞭效应"的另一个重要原因

出版商希望他们可以获得更加准确的销售信息，因为这可以帮助他们预测市场需求，开展营销活动，减少总的退货量。在2003年以前，出版商主要依赖分销商的报告，例如美国出版商主要依赖英格拉姆（Ingram）和贝克尔 & 泰勒（Baker & Taylor）以及全国性的连锁书店的相关销售信息以及某些商业媒体的畅销书排行榜。我国出版商主要依赖各地大型图书销售中心、书城、新华书店的销售信息和畅销书排行榜。这些信息都是有用的，但是出版商却只能获得关于他们

自己生产的图书的相关信息，只能对其竞争对手的情况进行猜测，而要取得商业成功，了解相关的竞争对手的情况和整个行业的发展情况也是至关重要的。当然，如果一个出版商对某一本书特别感兴趣或者很关心一本书的销售情况，可以通过其区域销售代表对这本书的销售进行全程跟踪调查，然而，这些销售代表通常只能获取这个地区的少数独立书店的销售信息，而且，要获得真实的信息，销售代表通常要去做实地调查，这就意味着将这些数据反馈到总办事处需要花费大量的时间，而图书是一种生命周期非常短的商品，因此，通过这些也许已经失去了时效性的信息很难获得真正准确的全国性的销售情况。

三、传统出版业应对"牛鞭效应"的措施

为了应对"牛鞭效应"带来的负面影响，传统出版业采取了多种措施。

1. 提高出版企业内部管理效率

一个成功的出版企业始于一个强大的编辑部门。然而，仅仅只有成功的编辑内容还不足以产生一本成功的图书，一本图书的成功很大程度上是依赖于市场、销售系统和公关部门的高度协作能力，因此，在"牛鞭效应"的影响下，出版流程的各个环节必须通力合作，提高企业内部管理效率以获得尽可能多的顾客，提高图书销售量。传统出版企业提高内部管理效率主要有两种方法：数字技术和人员培训。

目前，几乎全球所有传统出版企业都在利用数字技术提高出版企业内部的协作能力和管理效率，大多数出版公司都建立了支撑业务流、生产流，实现了系统的程序化和流程的精细化的技术系统，该系统把出版公司各部门、各类人员整合在一起，简化了内部结构，畅通了生产流，提高了生产效率，降低了生产成本。同时，这种系统还提高了出版公司编辑出版的现代化程度以及整体创新能力和获利能力。

2. 实现信息共享

由于"牛鞭效应"是从下游客户端逐级向上游转嫁风险的结果，因此，解决"牛鞭效应"的根本对策是整合供应链中企业之间的关系，建立企业之间的诚信机制，实现信息共享。信息共享可以帮助扩大出版业的规模，不仅能帮助企业提高销售地位和市场占有率，为整个产业节省大量的成本，更重要的是其可以使得出版供应链更加有效。因此，传统出版业开始效仿其他行业的经验，在销售环节充分利用信息通信技术。例如，现在终端POS机扫描等信息化手段广泛应用

于大型连锁书店、分销商的进销存管理，使得任何出版商都可以通过网络直接查找本版书在经销商、书店的销售、库存情况。除此之外，2001年，尼尔森公司开始介入美国出版行业，为出版行业提供信息共享平台，到2003年已经成功与大量重要的图书零售商和分销商建立了联系，并可以追踪到美国每周图书销售数据。中国的开卷图书也在20世纪初开始收集一些大型书店的图书销售信息，为我国出版行业提供信息共享的平台。

3．进行事后剖析

对于任何一个行业而言，事后剖析都非常重要，因为企业可以通过事后剖析看到自身在哪些方面是成功的，哪些方面犯了错误，而且希望从中吸取经验和教训以在未来的商业决策中得到应用。出版行业因为"牛鞭效应"的影响，退货严重，因此要消除和避免"牛鞭效应"的负面影响，事后剖析就显得尤其重要。事后剖析过程并不局限于计算实际的销售数据，业务经理也会审查一本书的销售全程数据中是否包含了营销和宣传费用，营销和宣传方面的支出对销售全程产生了积极还是消极的影响；销售部门也必须对图书是从仓库中取出来销毁掉还是继续保留做出说明。过去，出版企业的事后剖析工作主要依赖于一些商业出版物，例如重要媒体的书评和畅销书排行榜以及尼尔森、开卷等图书销售数据监测机构的相关销售信息作为事后剖析的重要依据，随着这个行业商业化成分越来越浓，一些大型出版公司还开始建立自己的数据库作为评估其商业价值的重要工具，各个出版社评估的标准不尽相同，但是比以前更为严格。例如理特·布朗出版社（Little Brown）在一本书出版之后，其所有的编辑人员一年要开四次全体会议来审查和评估这本书的利润和损失；企鹅的全体编辑人员每两年召开一次这种会议，同时每六个月要求提交一份非正式报告，报告要求详细说明一本书是如何从书店被撤离的以及其是否有退货。

4．积极开展按需印刷服务

解决"牛鞭效应"的一个重要方式就是实现图书的有效库存，而按需印刷正是实现图书有效库存的重要方式，因此，积极开展按需印刷服务也是消除"牛鞭效应"负面影响的重要措施。按需印刷技术使得出版商可以根据购买需求仅印一本书或者印几百本书，保持较小的存货量，其还可以使得读者获得绝版图书，使得图书保存时间更长，当销售情况不好，但是又确实很有用的书籍没有存货的时候，出版商无须再为选择不再出版这本书籍还是冒险生产并将另外几千本图书长期压在仓库而烦恼。因为文本可以以数字形式保存，当有人要买一本书时，一个服务机构，例如闪电印刷公司，或者主要图书批发商，例如英格拉姆，可以即时印刷一本书。在按需印刷模式下,存货的有效性和可视性提高了库存周转率,并促进销售增长,例如闪电印刷公司的 POD 在 2005 年 5 月到 2005 年 12 月,销售量增长了 110%。按需印刷从以下几个方面对出版企业提供帮助:订购量减少,但是订购次数更加频繁,管理那些销售缓慢的图书的库存并扩大仓储空间,这就可以避免由于"批量订购"带来的"牛鞭效应";同时,按需印刷还可以帮助企业产生新的收益,因为不会错过任何一份订单,不需要存货,这又可以避免由于库存失衡带来的"牛鞭效应";哪里需要图书就在哪里生产,减少国际货运的时间耽搁和成本;一个文档可以有多种应用,包括电子图书、胶印本、彩色本或一次性的数字本。对大多数出版商而言,增加销量、减少退货、提高存货和现金管理效率具有深刻意义,随着通过按需生产而带来的产品和服务有效性的提高,现在包括彩色图书、精装本、胶印本,越来越多的出版商发现在他们传统出版项目中运用按需生产带来了很多好处。

第二节　数字出版产业价值链的构成与结构

数字出版产业是生产、贮存、传播和销售数字出版产品和服务以及为上述活动提供技术支持的产业。数字出版产业价值链由基本价值链、辅助价值链和拓展价值链构成。要构建我国数字出版产业价值链,就要强化以内容为核心的观念,加强不同产业部门和不同地域间的合作;构建良好的政策法律环境并加快培养数字出版专业人才;建立以品牌为核心的数字出版衍生产品开发机制并完善数字版权交易市场。

一、价值链理论

价值链的概念最早是由美国哈佛商学院教授迈克尔·波特在其 1985 年出版的著作《竞争优势》中提出的。波特指出,"每一个企业都是用来进行设计、生产、营销、交货以及对产品起辅助作用的各种活动的集合。所有这些活动都可以用价值链表示"。波特还将价值活动分为基本活动和辅助活动两大类,其中基本活动包括内部物流、生产作业、外部物流、市场和销售、服务;辅助活动则包括采购、技术开发、人力资源管理和企业基础设施。这些独立而又相互依存的活动构成的一个系统就是价值链,如图 6-1 所示。

图 6-1 价值链系统

企业价值链是单个企业通过一系列价值活动而构成的，产业价值链则是围绕服务于某种特定需求或进行特定产品生产所涉及的一系列相互依存的业务流。由此，在本章中，给数字内容产业价值链做出如下定义：围绕数字出版产品生产经营或服务的创造、生产、销售、传播和消费，以及从中获得利润的过程中形成的价值传递的一种链式结构。数字出版产业价值链分析有助于数字出版企业找到自己在产业中的位置以及向产业前端或后端扩展，获得新的价值增值机会，从而提高企业的效率。

二、数字出版产业价值链的结构

数字出版产业价值链主要可以分解为基本价值链、辅助价值链和拓展价值链三个部分。其中，基本价值链是数字出版产品和服务创造、生产、销售、传播、消费的价值生成过程，其主要功能是产生价值增值；辅助价值链是数字出版产业技术支持、人力资源支持、资金支持、政策支持以及其他商业调研机构支持等系统的综合，其功能是提高数字出版产业价值链的运行效率和能力；拓展价值链则是由基本价值链上某环节能力的拓展或数字出版产品附加值深度开发而形成新的功能产品所带来的产业价值链增值能力的拓展部分。

1. 基本价值链——数字出版产业价值链的基础和核心

价值增值是数字出版产业价值链形成和发展的前提和基础，因此，承担着价值增值功能的数字出版产业基本价值链便是数字出版产业价值链的基础和核心。数字出版产业基本价值链主要分为三个层面。

第六章　数字出版产业价值链及其盈利模式

第一层面，数字出版产品提供商，处于数字出版产业价值链的最上游，是整个产业价值链中最核心的环节，包括数字出版产品创造者和数字出版产品应用开发商。数字出版产品创造者包括记者、编辑、作者等，他们是数字出版产业的核心——知识产权的实际创造者，其功能类似于工业生产的研发体系。数字出版产品的商业化开发应用是数字出版企业经济的支撑，也是数字内容产业得以形成和发展的关键所在，而数字出版产品开发应用商就主要承担着这一功能，包括数字电影公司、计算机游戏生产商、数据库制作公司、后期制作公司等。

第二层面，数字出版服务提供商，处于数字出版产业基本价值链的中游，起着承上启下的作用。他们对数字出版产品提供商提供的内容商品进行集成，通过数字出版销售平台卖给终端用户，并通过数字媒体传播数字内容。数字出版服务提供商主要分为两大类：数字出版销售平台和数字媒体。其中，数字媒体包括电信运营商、互联网运营商和移动运营商等，他们如同大型商场的建立者。数字出版销售平台包括门户网站、音乐网站、文学网站、视频点播网站等，类似于租用柜台的售货商，他们从数字出版提供商手里采购数字内容产品，摆放在商场中的柜台上供用户选择。

第三层面，终端设备提供商，处于数字出版产业基本价值链的下游，在数字出版产业基本价值链中的主要分工是生产支持数字出版产品消费的接收终端产品，包括电脑、智能手机、平板电脑、电视、电子书阅读器、MP4等。

2. 辅助价值链——数字出版产业价值链形成和发展的重要保障

尽管辅助价值链并不承担价值增值的任务，但是数字出版产业的形成和发展离不开数字出版产业辅助价值链的完善和发展。数字出版产业辅助价值链主要分为五大系统：技术支持系统、资金支持系统、政策和法律支持系统、人力资源支持系统和商业调研机构支持系统。

技术支持系统：数字出版产业的每项价值活动都包含着技术成分，数字出版产业技术支持系统包括软件开发企业、系统集成企业、工程技术咨询企业等大量技术提供商。

资金支持系统：资金是数字出版产业得以形成的必不可少的条件，同时也是数字出版产业发展的重要保障。其中，对于数字出版产品提供商而言，其主要的资金支持来自于政府财政拨款和相关基金的支持，而对于数字出版服务提供商和终端设备制造商而言，则主要是借助金融市场上市或发行债券等外源融资方式获取资金支持。

政策和法律支持系统：作为一种将信息技术与文化内容融合在一起的新的产

业，数字出版产业的发展离不开政府政策的引导和支持。除了政策的支持之外，数字出版产业价值链的形成和发展还离不开知识产权保护和电子商务交易等相关法律的完善和发展。

人力资源支持系统：任何一个产业价值链的形成和发展都离不开丰富的人才资源，数字出版产业也不例外。数字出版产业发展需要多方面的复合型高级人才，包括优秀创意人才、优秀设计人才、有经验的技术人才、市场和销售人才以及管理人才等。

商业调研机构支持系统：尽管数字出版产业本身依托于强大的网络和数据库，但是相关的产业统计和产业内容专题的调研也是数字出版产业价值链构成的一个重要组成部分。数字出版商业调研机构包括尼尔森、开卷等著名的媒介调查公司。

3．拓展价值链——数字内容产业价值链升级的方向

创造性和知识产权是数字出版产业的核心，围绕着知识产权的商业化开发和应用，不仅会产生数字出版商品，而且还会产生数字出版衍生产品。数字出版衍生产品是指原数字出版产品的延伸，主要包括玩具、文具、服装、生活用品、汽车、邮票、纪念品、主题公园等，范围宽泛，种类繁多。多层次开发数字出版衍生产品是我国实施数字出版物市场整体战略的主要措施之一，也是我国数字出版产业价值链升级的方向。

三、构建我国数字内容产业价值链的建议

1．基本价值链建设建议

（1）深化以内容为核心的观念。

尽管数字出版产业高度依赖技术基础设施，非常容易受到技术变革的影响，但是拥有知识产权的内容始终是数字出版产业的核心。内容提供是数字出版产业基本价值链的顶端，在任何情况下都是控制整个数字出版产业价值链的关键环节。对于数字出版产业而言，其主要增值部分就在其原创性的知识含量中，因此，尽管数字出版服务提供商在数字出版产业价值链的地位也至关重要，但是，要发展我国数字出版产业，仍然要强调以内容为核心的观念，创造有价值的内容。

（2）加强不同产业部门和不同地域间的合作。

尽管在不同的市场上运行，而且很多不同部门的产品也各不相同，但是数字

第六章 数字出版产业价值链及其盈利模式

出版产业不同部门间的合作却非常普遍。例如广播电视网、电信和互联网的融合模糊了过去有线电视业、电信业、计算机业这三种不同数字内容产业的产业边界。另外，数字出版产品提供商和数字内容服务提供商乃至终端设备提供商之间的合作也日趋紧密，例如终端设备提供商苹果公司与多家唱片公司和出版机构的合作等都是不同产业部门合作的典范。另外一个合作点则表现在技能方面。最初，大多数数字出版企业都是从本部门内部招募人才。然而，随着数字出版产业价值链的日趋成熟，人才开始在不同数字出版产业部门间流动。例如国内著名的绘本出版商海豚传媒在招聘员工的时候，不仅会考虑从事出版行业的人员，也会考虑电影和电视产业的从业人员（例如动画师和艺术创作人员）。

以国际市场为目标市场的数字出版企业，其合作伙伴关系可以提供大量的优势，包括通过规模的扩大赢得更大的项目、通过合作获得所需的专业技术以赢得某个合约以及接触合作伙伴顾客关系的机会等。因此，要加快我国数字出版产业的发展，不仅要加强不同产业部门间的合作，还要加强不同地域间的合作。

2. 辅助价值链建设建议

（1）构建良好的政策法律环境。

就全球范围来看，数字出版产业的成长初期都离不开政府的推动、扶持和监管，而我国数字出版产业正是处于成长初期，因此，政府的地位就显得尤为重要。近年来，我国政府也非常重视数字出版产业的发展，已将其列入中国《国民经济和社会发展第十一个五年规划纲要》《信息产业科技发展"十一五"规划和2020年中长期规划纲要》《文化建设"十一五"规划》中。这些政策都极大地推动了我国数字出版产业的发展和数字出版产业价值链的形成，但是，与欧盟、日本、韩国等国家和地区相比，我国政府在数字出版产业方面的政策引导还略显不足。同时，数字出版产业的发展还必须依托完善的法制环境。目前，我国数字出版产业系统内的交易规则还未建立，特别是数字版权交易管理和规范方面的法律法规还不成熟，极大地挫伤了数字出版产品提供商的利益和创作热情。因此，要促进我国数字出版产业的发展，还需要政府制定规范数字出版物市场交易的法律法规。

（2）加快培养数字出版专业人才。

数字出版产业价值链较长，产业环境复杂，需要有大量复合型和多元化人才参与，保障产业的健康、快速发展。目前，人才供给的缺口呈现出逐渐扩大的趋势，这也成为数字出版产业价值链建设的重要障碍之一。澳大利亚交互媒体产业

联合会（Australian Interactive Media Industry Association）在对691个数字出版企业进行充分调查后发现，25%的企业表示很难招聘到需要的人才，50%的企业表示最难得到的资源是优秀创意人才，37%的企业则认为管理人才是其最稀缺的人才资源。这些企业普遍认为大学和职业技术教育学院没能培养出具有良好的技术、创意或商业技能的学生。为了解决这一难题，很多国家正着力进行数字出版人才建设。我国也要借鉴国外的先进经验，一方面，加强对高校和科研机构内数字出版专业人才的培养，另一方面，鼓励社会开办数字出版专业人才培训学校，通过整合社会资源来培训专业人才。

3. 拓展价值链建设建议

（1）建立以品牌为核心的数字内容衍生产品开发机制。

对于数字出版产业而言，衍生产品所创造的价值通常会比出版产品本身多得多。但是，并不是任何一部数字出版产品都可以开发衍生产品，只有那些拥有品牌影响力的数字出版产品才具备开发衍生产品并据此获得超额利润的能力。因此，要拓展数字出版产业价值链，就要建立以品牌为核心的数字出版衍生产品开发机制：在数字出版产品创意、生产、分销和传播阶段就着力树立数字出版产品的品牌；品牌建立后，再通过品牌延伸的方式，包括开发系列产品、品牌授权经营、合作出版等进一步开发品牌价值，拓展价值链；最后，通过品牌保护的方式保护品牌价值，使其成为企业持续的盈利来源。

（2）完善数字版权交易市场。

版权是数字内容产业价值增值的基础，数字出版企业可将其作品版权中的全部或部分经济权利通过版权转让、许可使用等方式，开发出种类繁多的衍生产品，使企业获得额外盈利。数字出版企业要通过版权交易的方式开发数字出版衍生产品，就离不开完善的版权交易市场。近年来，我国已经建立了"全国版权交易共同市场""北京国际版权交易市场"等，推动了我国版权交易的发展。但是，数字版权许可交易市场却还是刚刚起步，尚不完善，这在很大程度上制约了我国数字出版产业拓展价值链的发展。因此，要推动我国数字出版产业拓展价值链的发展，还要完善数字版权交易市场。

第六章　数字出版产业价值链及其盈利模式

第三节　基于数字出版产业价值链的盈利模式

一、基本价值链定位模式

1. 内容销售盈利模式

内容销售盈利模式是指数字出版产品提供商通过一定途径向数字出版产品使用者收取使用费获得盈利的模式。尽管数字出版产业高度依赖于技术基础设施，并需要定期更新以保持竞争性，同时这个产业非常容易受到技术变革的影响，包括平台和标准的变化，但是拥有知识产权的内容始终是数字出版产业的核心。内容提供是数字出版产业基本价值链的顶端，在任何情况下都是控制整个数字出版产业价值链的关键环节。对于数字出版产业而言，其主要增值部分就在其原创性的知识含量中，因此，内容销售盈利模式是数字内容产业最基本的盈利模式之一。内容销售盈利模式有多种方式和途径：单一数字内容产品销售模式，即消费者通过使用某种在线支付系统付费，获许将某种数字内容产品下载到终端阅读设备中的模式，例如当当、卓越的电子书销售即采取这种模式；数据库销售模式，即消费者，主要是机构消费者，包括图书馆、研究机构等，在向数据库出版者支付一定的费用后可在一定时期内使用该数据库全部产品的一种盈利模式；订阅模式，即在一定的时间段内向使用或者阅览内容的用户收费的一种盈利模式；按次收费模式，即按照使用次数收费的一种盈利模式；用量测定模式，即按照使用内容的时间和数量来收费的一种盈利模式；超级分销模式，即内容的买家允许与其他人共享内容，卖主向共享发生的计算机门户或中心收取费用的模式，例如iTunes音乐商店就是这种模式的典型代表。

2. 服务销售盈利模式

除了内容是数字出版产业重要的盈利来源之外，服务也是数字出版产业价值链增值的重要因素。顾名思义，服务销售盈利模式是指数字出版企业通过向消费者提供各种增值服务实现商业价值的盈利模式，其主体既包括数字出版服务提供商，也包括数字出版产品提供商。很多数字出版产品提供商都将自己定义为信息服务提供商，例如汤姆森集团就将自己定位为世界上领先的商业和专业顾客信息服务提供商之一。他们不仅通过内容销售盈利，也充分利用自己掌握的资源优

势,提供信息咨询服务、会展服务以及培训服务等获取盈利。数字出版服务提供商更是将服务作为自己最主要的盈利来源之一,这是因为数字出版产业高度分散,非常依赖于大型数字出版服务提供商,这就使得服务提供商在整个产业价值链中的地位举足轻重,服务增值能力也非常强。例如我国的手机报市场,移动运营商和移动内容提供商的利益分成比例通常为5:5、6:4,甚至更高。

3. 第三方付费盈利模式

第三方付费盈利模式即使用者消费数字出版产品无需向出版产品供应商支付使用费,而是由第三方向出版产品供应商支付费用。第三方付费模式通常是由数字出版产品提供商提供内容产品,数字出版服务提供商提供技术支持平台,二者各自发挥其专业优势并共享收益。Google(谷歌)图书搜索、读秀等就是采取第三方付费盈利模式的典型代表。

4. 终端设备销售盈利模式

对于终端设备提供商而言,终端设备销售便是其最为重要的盈利来源。数字出版产业价值链的成熟不仅需要有高质量的内容、覆盖广泛的分销平台和传播媒体,也需要有便携、符合用户视听习惯和个性化的终端设备。随着技术的发展,电脑、手机、电子书阅读器等数字内容终端设备的功能设计更加完备,苹果公司的iPad、iPhone的热销正是通过终端设备销售盈利的典型。

二、价值链拓展模式

价值链拓展模式是指数字出版企业利用拥有的知识产权,突破原有产业界限,在产业价值链上向其他产业拓展以获得盈利的一种商业模式。

1. 品牌延伸盈利模式

品牌延伸模式是指利用数字出版企业现有的成功品牌开发各种衍生产品,延伸价值链以获得新的盈利来源的模式。数字出版企业也广泛采用品牌延伸战略,通过开发系列产品、品牌授权经营、合作出版以及地域延伸等方式进一步开发品牌价值,拓展价值链。例如迪士尼公司就利用其品牌挖掘电影、电视、音乐、主题公园、玩具、文具、服饰等相关产品的价值,通过品牌的延伸获取巨额利润。

2. 版权交易盈利模式

版权交易盈利模式是指利用作品版权中全部或部分经济权利,通过版权许可或版权转让的方式,获取相应经济收入的一种盈利模式。拥有版权的内容,是数字出版产业价值增值的基础,其能通过版权转让、许可使用等方式开发出种类繁

第六章　数字出版产业价值链及其盈利模式

多的衍生产品，而这些衍生产品所创造的价值通常会比内容产品本身多得多。采取这种盈利模式的主体一般是数字内容产品提供商，因为他们通常也是知识产权的拥有者。然而，随着产业价值链的日趋成熟，服务提供商也明确希望创造知识产权，并据此创造持续的收入来源。原盛大文学就是依靠销售版权盈利的典型。2014年被称为网文IP（international property，知识产权）元年，借着网络文学作品的热度，2014年推出的三款手机游戏"绝世唐门""绝世天府""莽荒纪"等大获成功。近年来，网络文学IP与影视、游戏、动漫、动画的关系更是日益紧密，市场大热的影视剧、动漫、手机游戏等众多娱乐产品大多都是围绕着一个优质的网络文学IP开发的结果。无怪乎2015年初，腾讯愿意开出近50亿的高价收购盛大文学。

三、价值链分拆模式

价值链分拆模式是指数字出版企业通过对自身基础价值链分拆，以建立在某个环节的竞争优势获得收益的一种盈利模式。价值链分拆模式的产生是伴随着数字出版产业分工的进一步细化和产业价值链增值环节的增加而出现的。

1. 业务外包盈利模式

业务外包模式是指数字出版企业通过与其他企业签订契约，将一些传统上由本企业负责的业务外包给专业的独立生产商或服务提供商。澳大利亚交互媒体产业联合会在对691个数字内容企业进行充分调查后发现，数字内容企业普遍都将其非核心业务交给外包商负责。其中，这种情况在数字出版产品提供商中更为普遍，因为大多数作为内容创造者的数字出版企业市场力量相对薄弱，企业更需要将主要精力放在核心业务方面。

2. 集聚协作盈利模式

集聚协作模式是指数字出版企业及相关支持机构通过在一定地域范围内的集中、聚合获取收益的一种盈利模式。数字出版产业具有空间集聚特征，在空间集聚的互动效应下，使得数字出版产业中的创造性得以品牌化，成本也相对较低。目前我国成立的九大数字出版基地就是采取集聚协作模式获得收益的典型代表。

四、价值链整合模式

价值链整合盈利模式是指数字出版企业通过整合企业的各项价值活动，重构

企业价值链，提高企业整体盈利水平的一种盈利模式。价值链整合模式可以使企业获得规模优势，增加经济效益。

1. 横向整合盈利模式

横向整合盈利模式是指数字出版企业利用资源优势，通过资产纽带或契约方式与经营相同或相似业务的竞争企业联合，形成一个统一的经济组织，从而达到降低交易费用及其他成本，提高经济效益的一种盈利模式。大型数字内容企业广泛采用横向整合模式获取额外收益。例如盛大文学连续收购晋江文学原创、幻剑书盟、起点中文网、红袖添香、潇湘书院、小说阅读网等原创文学网站，巩固其网络文学霸主地位，以获取网络文学市场的绝对话语权，并据此获得超额收益。

2. 纵向整合盈利模式

纵向整合盈利模式是指数字出版企业通过资产纽带或契约方式与上游、下游企业联合，形成一个统一的经济组织，从而达到降低交易费用及其他成本，提高经济效益的一种盈利模式。纵向整合模式有利于降低分销成本，并通过对客户的管理和控制的加强获取利润。

3. 网状整合盈利模式

事实上，随着内容的融合、行业边界的模糊，出版业的流程和格局均被打破，数字出版产业价值链上任何单一的整合模式都不能满足数字出版企业未来多元化发展的需求，多层次、多维度的立体网状一体化的整合模式是数字出版产业链未来发展趋势。立体、网状的整合打破了生产环节之间的界限，连接了读者和作者、投资商和广告商。

本 章 小 结

本章从传统出版产业供应链失效造成的"牛鞭效应"开始探究，寻找出版业数字化转型以及数字出版产业价值链建设的推动力。然后讨论了数字出版产业价值链的含义及其建设模式，以及基于数字出版产业价值链的数字出版盈利模式。

□ 思考与练习题

1. 什么是"牛鞭效应"？"牛鞭效应"是如何产生的？其对传统出版业造成了怎样的危害？
2. 数字出版产业价值链的结构是怎样的？
3. 数字出版产业价值链的建设模式有哪些？
4. 基于数字出版产业价值链的数字出版盈利模式有哪些？

第七章　数字出版产品策划与开发

> **教学目标与教学重难点**

目标：了解数字出版产品的特点与生命周期的变化；从作者挖掘到产品发布看数字出版相较传统出版策划流程的转变，并熟悉新时期数字出版产品发布的流程；了解数字出版产品的开发策略，把握数字出版的发展方向。

重难点：理解数字出版产品排版设计中的桌面排版、页面描述语言（PDL）、POD 计划等概念，思考数字出版产品开发策略在实际中如何实施。

随着互联网技术和信息技术的高速发展，越来越多的出版机构意识到数字化转型才是适应新时代要求、寻求生存空间的必然趋势。事实上，在新的互联网竞争格局下，能通过不断策划和开发优秀的数字出版产品以满足用户的不同需求，提供丰富数字内容服务的一方，才能最终赢得市场先机。因此，对于出版机构，尤其是传统出版社，应把数字产品的策划与开发放在重要战略地位。图 7-1 为新竞争格局下数字出版流程。

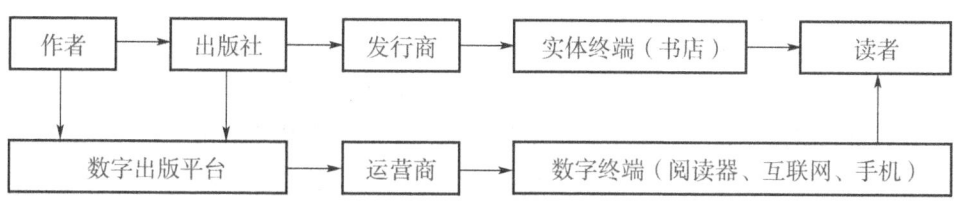

图 7-1　新竞争格局下数字出版流程

从战略层面策划与开发数字出版产品，并非简单的内容复制、搬运，而是要首先根据用户的使用习惯与阅读体验，确定产品目标，产品目标主要包括产品的功能设计和信息内容的设置两方面。在产品的功能设计上，应体现交互设计思维，简化用户操作的同时又能带给用户全新的观感体验。在产品的内容选择上，

应着重体现"精""特"。所谓"精",是指在广泛浅阅读的基础上,利用大数据等技术对数字出版的内容进行深度挖掘,毕竟无论是数字出版还是传统纸媒,内容始终是读者关心的重点,只有优质的内容才能在数字化转型中保持自己的优势;"特"指特色,在信息产品泛滥的市场环境下,出版机构应充分了解用户的需求,结合自身优势,开发出有特色的数字出版产品。

此外,出版机构在策划产品时,应有长远的战略思维,即并非以开发出某一个产品为最终目标,而是对多个数字产品进行建设与管理,整体布局。多个数字产品的建设显然不是单一产品建设的简单相加或复制,因为各个产品的形态、内容、用户、功能等都存在很大不同,这就需要出版社找到最适合自身的方式进行管理。当然,并不是说前期的策划思考需要深入到每一款产品的各个细节,因为在实际建设中,产品的细节处是要根据用户与市场需求实时更新的,事实上这是一个不断升华的过程。本章通过对数字出版产品的特点与发布及其开发策略进行探讨,分析数字出版产品相较于传统出版物究竟有哪些方面的变化及其未来的转型方向。

第一节 数字出版产品及其生命周期

所谓"产品",是指用来满足人们需求和欲望的物体或无形的载体。20世纪90年代,菲利普·科特勒等学者通过五个层次来表述产品的整体概念,即核心产品、形式产品、期望产品、延伸产品和潜在产品等。显然,在数字出版领域,有别于以有形产品为主的传统出版,数字出版产品的外延更加广泛,产品类型丰富多样,甚至根据用户的个人需求能够实现"私人定制",那么不仅是产品整体中的核心产品,其他层次的产品也需出版机构精心策划考量。

生命周期是生物学领域最先提出的概念,指一个生命体从出生到死亡所经历的各阶段和整个生命过程。经引申被广泛应用于诸多领域。信息资源也遵循生命周期规律,其利用价值体现出特有的衰减规律,有着从产生、发展直至消亡的生命过程。数字出版产品,也会如生命体一般经历从出生到死亡的整个生命过程,但其生命形态却会因产品属性而有所不同,有的产品会经历从诞生、成熟直至衰亡的整个周期,但有的可能会跳过其中某个阶段,还有一些可能会在其中某一阶段停留较长时间。对于出版业而言,经过数字化转型,其产品的生命周期也随之发生了变化,这种变化又会影响出版社的整体战略布局。

第七章　数字出版产品策划与开发

本节对数字出版产品在形态、成本、发行、消费者关系及互动性等方面的特点进行阐述，并分析了数字化背景下，数字出版产品的生命周期究竟发生了怎样的变化。

一、数字出版产品特点

相比于传统出版，互联网技术和数字化技术为数字出版产品重新赋能，使之具备了一系列传统出版产品没有的特点。

1. 物理空间利用率高

我国自古有"学富五车""读万卷书"之说，以此来形容人学识渊博。从最早的甲骨文、书简，到现在的纸张、电子书，媒体出版技术的发展史某种程度上也是出版产品物理空间不断缩小的见证史。随着技术的不断发展，出版产品所占的物理空间越来越小，一方面是便于用户阅读存放，另一方面，出版社可以节约更多成本。如今，一个手掌大小的移动硬盘就能存储几百 GB 的数字化内容产品。以电子书为例，一个 500 GB 的硬盘能够存储 1 MB 的书籍 50 万本，而 1 MB 的书籍有 50 万字，即该硬盘可存储两千多亿字的书籍。若以纸质形式出版，需要两层 120 平方米的房子才能放下 50 万本书。由此可见，数字技术的出现极大节约了空间成本，对用户而言，检索和阅读也更加方便。

2. 复制成本低廉

较之传统出版方式的生产流程，数字出版在完成出版产品内容的创作、编辑加工之后，其产品的后期复制速度、效率远超传统出版物印刷装订的生产过程。而且，后期的复制过程当中只需一些固定的设备、人工和相应的技术支持即可，成本低廉，无固定原料消耗。以经济学的观点来看，就是边际成本很低甚至可以忽略不计。

3. 版本更新和发行快速、便捷

数字出版物大多依赖互联网来进行销售，充分借力于信息高速、远程传播的优势突破地域时空的限制，可以随时随地为读者提供出版物，这是传统纸质出版物无法做到的。目前数字出版平台建设日趋完善，出版者不需要另辟销售渠道，只需设定、选好一种成熟的网上发行模式。而纸质图书出版流程的繁杂则使传统出版产品在传播速度上处于弱势地位。

4. 用户全方位掌握知识信息

用户在网上阅读到某一段文字或是在公众号里读到一篇文章，对这段文字中

不明白或是不了解的地方可能会选择搜索其含义以及相关知识；或者在文中或是文末附有相关知识的超链接，以便用户对某一话题或知识点进一步了解。事实上，上述两种情况包含了现今知识拓展的两种主要方式，即用户主动搜索和被动推送。数字出版为用户提供的这两种知识拓展方式为用户更加全面地掌握和拓展相关信息提供了更加便捷的途径。

5. 互动性强，反馈迅速

随着互联网的发展，数字化技术得到更加成熟的运用，而互联网的核心特征之一就是互动性强。具体表现在用户可实时评论、分享数字出版产品，出版方也可通过平台收集用户意见并与用户进行实时互动，将其运用到产品的优化和升级中。以网络文学原创网站"晋江文学城"为例，网站签约作者发布最新章节后，用户即可阅读、评论并与作者互动，如果读者反馈更新内容存在问题，作者便可及时更改。此外，读者之间也可就感兴趣的话题相互交流，增强用户黏性。

二、数字出版产品生命周期

任何一种产品都有其生命周期与生命规律，出版产品也不例外。通常情况下，出版产品如图书，其生命周期可分为上市期、成熟期和衰退期，每个阶段都有其特点。而数字出版产品受全媒体技术和互联网技术的影响，生命周期发生了一定变化。全媒体出版的整合优势，特别是同步出版特点，大大缩短了出版产品的上市期。此外，通过全媒体出版，读者可以在同一时间内，通过多种媒介平台去接触不同载体的图书产品，这样就可以达到延长图书产品生命周期的效果。

1. 上市期

上市期一般指产品刚刚出版上市，读者对于产品的各种信息掌握程度不够充分的时期。传统出版方式往往在上市期需要大量的时间，主要因为：①出版流程繁杂；②市场调查费时费力；③反馈不够及时。在数字出版环境下，产品的上市期极大缩短。首先，互联网技术和信息技术可简化出版流程；其次，通过大数据可洞察消费者心理，了解用户的兴趣和阅读习惯；再次，数字出版产品的互动性使出版方能够及时获取用户意见，以便对产品进行优化。

2. 成熟期

成熟期指的是产品进入读者的视野，进入读者的关注、讨论范围的时期。产品进入这一阶段说明其试运行取得不错的成效，需在巩固已有用户的同时吸引更多新用户，此时产品的营销传播策略会起较大的作用。在这一阶段，数字出版企业可以综合运用各种促销手段增强读者对数字出版产品的接触和了解。例如，一定比例的数字出版产品的免费试读或一定数量的读者获取免费试读的机会，在阅读社区建立产品讨论组，引导该产品成为热门话题等。

3. 衰退期

衰退期是产品市场生命周期的最后一个时期，企业营销策略的总原则是力争维持现有局面。一方面积极发展替代产品；另一方面要有步骤地撤退老产品，使新产品顺利接替，最大限度地减少企业损失。数字出版时代，产品衰退期实则蕴含新的生机。以图书出版为例，在数字印刷的帮助下，一本图书的生命可以无限期地延长，因为这本书可以被永久获得，如果不在书架上的话可以通过按需出版或 POD（按需出版）计划来实现。POD 是根据终端用户的特殊需求，对文件进行小批量印刷和个性化定制的一种出版形式，也是图书生命周期管理的一个重要工具。

综上所述，数字技术的发展使出版产品拥有了无数种可能，无论处在生命周期的哪一个阶段，通过缩短产品的上市期、改变产品的衰退期，使产品能实现另一种意义上的永生。即使该产品短期内失去了市场关注，但"私人定制"和"改头换面"能使其一直存在并被获取。

第二节　数字出版产品开发

发展数字出版是传统出版业发挥内容资源优势、寻求新经济增长方式的重要途径。随着国家政策和市场观念的不断变化，越来越多的出版社意识到数字化转型和数字出版产品开发的重要性，但是数字出版产品的开发缺乏战略思维和清醒的认识，使得我国许多传统出版社仍旧处于"形转神不转"的尴尬境地。菲利普·科特勒在《营销管理》中指出开发新产品意味着创新，创新程度越高，不确定性越大。数字出版产品相比于传统出版产品有许多方面的创新，因此在开发策略上，出版商应加倍重视。本节从作者、内容、排版和发布等四个方面对数字出版产品的开发策略进行分析。

一、新作者挖掘

各个出版社对作者的重视程度日益提高，对作者资源的争夺已趋于白热化，

出版社通过维持、优化已有作者资源，增强争取新的作者资源的能力，改善业务流程，最终可提升出版社的产品质量和盈利能力。

作者是出版企业最重要的品牌资源，国外很早就开始注重作者资源的开发。哈珀·柯林斯在新型数字出版产品策划和新作者挖掘方面进行了大量的实验。例如早在2008年，哈珀·柯林斯就推出了写作社区网站自由撰写网（Authonomy），旨在帮助编辑发现写作新秀。而在自助出版市场大潮吸引各家出版商采取行动的时候，哈珀·柯林斯于2012年初借助Authonomy项目挖掘新作者，通过Authonomy在线写作社区把作者导向亚马逊的自助出版平台CreateSpace。国内的出版企业挖掘新作者一般有以下几种方式。

第一，与研究院、大学、中小学、工作室、专业杂志社等科研教育团体、文化机构结成长期合作的作者资源联盟。这些团体机构共同拥有的一大特点就是拥有数量众多、实力强大的作者资源，出版社能与其建立长期的合作关系，就相当于多了一条输送高质量作者的渠道。

第二，奖项评选扶持潜力作者。文学奖项一直是孕育作家的摇篮，这种方式在国内应用比较普遍，从中小学的"新概念作文"竞赛开始，我们就熟悉了这种通过奖项评选培养作者的方式，它能够直接、有效地与有潜力的人才对接，并建立长期的互动联系，成为出版社的潜在作者资源。

第三，通过网上数据挖掘寻找新作者，这是伴随互联网技术的发展而产生的新模式。互联网的互动性迎来用户自创内容（UGC）的繁盛，UGC甚至成为现在大众阅读的主要内容来源，原创文学类网站如雨后春笋般建立，这些网站写手也成为出版社重要的潜在作者资源，即使不与出版社签约，出版社也能为他们提供"按需出版"服务。盛大文学首席版权官周洪立之所以能够代表中国在法兰克福书展TOC（出版手段演变研讨会）国际讲堂宣讲数字出版，正是因为盛大文学所创立的基于原创内容资源的数字出版盈利模式所获得的巨大成功。出版企业可通过对网上原创内容的影响力和关注度进行实时监测，及时与有潜力的作者和作品联系。

二、数字内容获取

出版业属内容产业范畴，内容资源是出版产业赖以生存和发展的核心要素。尽管有了数字技术做支撑，但"内容"的地位仍然不可撼动，只是需要对这些内容资源进行全面的数字化开发。对数字出版而言，仅仅占有某一方面的内容资

第七章 数字出版产品策划与开发

源是远远不够的,其对于内容资源的开发有着全新的模式。这表现在两个方面:首先,许多出版机构经过多年累积都存有大量非数字化的内容资源,如光盘胶片、纸张等,这类资源亟需经过数字转换存储到数据库中,否则会变成出版社的沉没成本。其次,出版机构往往会使用多媒体开发策略,对内容格式要求不一,因此尽管是已经数字化的文本,也需要转换成所需的各种格式。

1. 内容获取

出版业属内容产业范畴,创新性的内容是出版业的立身之本,内容资源是出版单位做好数字出版的核心保障。数字内容的获取是数字出版产品开发的关键环节,为后续资源深度开发奠定基础。根据不同载体所承载的内容资源,可将出版社的内容资源获取分为非数字资源的获取与数字资源的获取。

(1) 非数字资源的获取。

所谓非数字资源就是出版社未经数字转换,不能以数字文件的形式存储、应用的内容资源,主要包括光盘胶片和纸张等。随着信息技术的发展,信息载体也经过了历代更迭,光盘胶片曾经也是市场霸主,自有其独特优势。在数字出版时代,要实现高质量低成本的信息存储,只需将其转换为数字文件存放即可。

(2) 数字资源的获取。

数字资源也称电子资源,指形成于数字设备及环境中,以数字代码形式存储于磁盘、内存条等载体上,需要使用电子阅读器阅读并可通过互联网传输的内容资源。其特点如下:①以二进制数字代码的形式存在,通常由计算机生成和处理;②根据其文件格式的不同,有其对应的用途,如".pdf"通常是只读格式的文本。

此外,数字资源根据其结构化程度通常可分为结构化数字资源和非结构化内容资源,所谓结构化是指存储在数据库中,计算机可根据二维表结构自行处理的资源,与之相对的则是非结构化资源,介于两者中间还有一种半结构化数据资源。正是非结构化和半结构化资源的存在使信息处理效率低下,因此出版机构可以通过创建数据库将数据资源结构化的方式提高数字内容资源的利用率。

2. 格式转换

所谓格式转换,就是利用数字技术和信息技术对内容资源进行数字化转换,包括数字化存储、数字化展示和数字化应用等。目前我国不论是出版单位还是教研机构,对自己拥有版权的内容资源都进行了一些数字化处理的尝试,但是绝大部分仅仅局限于文件格式的转化、低水平的知识展现、毫无互动的粗放型的知识产品提供,与国际数字化出版水平的差距还很大。

(1) 数字化存储。

现在，大部分人会将文件转存到家用电脑的一个"文件夹"中，或者存储到一个基础的在线云服务库。这主要是因为数字化存储极大节省了物理空间，且方便查阅和检索，此外，数字化存储的文件质量基本不会受时间的影响，这是以往纸质存储无法实现的。在出版领域，英国哈珀·柯林斯出版集团从2001年开始对图书进行数字化存档，成为全球第一个自行将已有图书数字化的出版公司。国内大多数出版社自主发展数字出版业务面临的最大困难之一就是结构化的内容资源有限，无法满足数字出版对海量内容的重组和多方面应用的要求。数字化存储目前来看是数字出版中相对简单却是基础的一环，相当于出版社的数据库，只有数据库建好了，后续的产品开发才能更好地进行。

(2) 数字化展示。

所谓数字化展示，就是利用各种信息技术和多媒体技术，对内容资源进行数字化包装，当然这种包装不仅仅是形式上的，而是要对内容进行重组与挖掘，使之符合数字化时代交互、体验的特性，因此虚拟现实技术（VR）、现实增强技术（AR）等都越来越多地被运用到数字化出版产品中。以数据新闻为例，数据新闻中常常会用到多个交互型可视化图表，使用户能够更直观、简单地了解纷繁庞杂的数据、信息背后究竟蕴含怎样的深意，或是从这些繁杂的信息中能够得到哪些新的观点。在这个用户注意力有限的"浅阅读"时代，能够通过这些新兴技术对内容资源进行更加生动有趣的表达，是吸引用户眼球的关键。

(3) 数字化应用。

构建数据平台是数字化应用的典型代表，也是目前大多数出版机构进行数字化转型的途径和目标。通过平台将出版社的内容资源进行整合，一方面可以提高包括非数字资源和数字资源的利用率，使其发挥价值。另一方面，平台可以收集用户信息，记录用户使用习惯，通过这些数据，出版社可实现消费者洞察。此外，平台的数据库可形成数据报告服务于其他企业，并通过程序化购买提供广告位，以此实现全方位的数字化应用。

格式转换是一个复杂的过程，需要进行系统规划。现阶段，我国传统出版机构在这方面都进行了许多积极的尝试。以报业为例，首先从报纸采编、排版系统开始对内容进行版面解析和标引加工等数字化处理，然后按照报社标准整合后生成新的报纸形态并发布，实现从原来的单一印刷出版到现在的全媒体复合出版。

三、数字出版产品排版设计

数字出版产品的排版设计虽然会运用到更多技术，但也遵循平面版式设计的一般原则，如平衡、统一、和谐等。此外，互联网时代的阅读更应该重视用户体验，与读者的阅读习惯相一致，充分发挥数字新媒体的优势，帮助用户更快速便捷地获取感兴趣的内容。成功的视觉流程安排能使页面上的各种信息要素在一定空间内合理分布，能使页面上各信息要素的位置、间隙、大小保持一定的节奏感和美感。如今出版物发布大多通过互联网进行，因此在进行版面设计时，也应注意将其转换为适用于数字阅读设备的形式。

1. 数字排版设计发展历程

数字技术发展至今，出版业也经历了从"出版数字化"到"数字化出版"的转变，与此对应的是产品排版设计的转变，即桌面出版—页面描述语言—数字出版的排版设计的发展历程。

桌面出版（desktop publishing，DTP）一般也称桌面排版，指通过计算机进行文字编辑、版面设计、图像处理及后续的一系列排版工作。桌面排版技术是为印刷出版服务的，与此相关的还有色彩管理技术、光栅图像处理器（raster image processor，RIP）等。排版软件是整个桌面排版的核心。由于出版所要求的版面通常包含复杂的图片、文字和表格等内容，如何对这些内容进行编排并通过输出设备完整再现排版内容就成为出版社急需解决的技术性难题，于是页面描述语言（page description language）应运而生。Adobe 公司在 1985 年推出的 PostScript 成为出版领域 PDL 的事实标准，它是一种拥有强大文本和图像处理功能的编程语言，具备高质、兼容的特性，受到广大厂商的青睐。

2. 数字出版的排版设计

当复合出版策略盛行以后，由于数字复合出版所要达到的要求是出版物在生产和存储过程中内容与形式分离，到发布阶段才将内容和适当的格式结合，因此整个版面设计过程中采用的技术就是 XML 技术。根据发布形式的需要，编辑通过将 XML 文件与样式表语言 XSL 结合，将内容资源转化成所需格式并进行版式设计。Adobe 公司输出 ePub 电子书格式流程如图 7-2 所示。

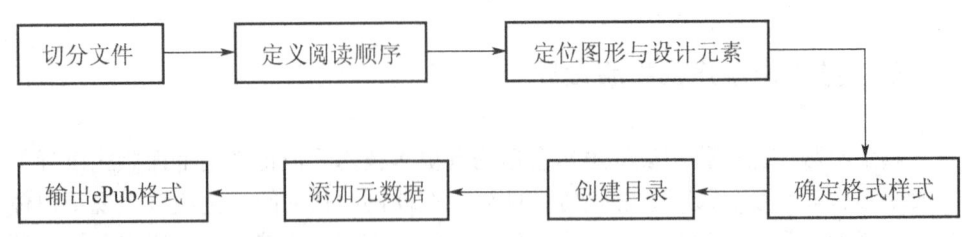

图 7-2 Adobe 公司输出 ePub 电子书格式流程图

通过以上步骤，电子书的阅读效果可以得到保证。此外，用户也可根据需要将其转换为其他格式使之适用于 Kindle、iPad 等阅读器，达到最佳的阅读效果。在页面设计时，除了各种传播要素的编排要给人统一、有序的感觉外，还要注意色彩搭配的和谐，对页面中各视觉要素进行通盘考虑，以周密的组织和精确的定位来获得页面的秩序感。

四、数字出版产品的发布

数字出版产品发布主要涉及产品如何在各种媒体平台上呈现给用户。在移动互联网时代，用户的阅读习惯发生了很大转变，手机成为流量最大的阅读终端，因此数字出版产品发布时要综合考虑多种阅读设备和平台，事实上，越来越多出版商将资金更多地投在网络媒体与移动媒体的发布上。数字出版产品发布的流程如下。

1. 入库

针对数字产品开发，一般出版企业都设有产品运营系统。在产品发布之前，需将内容资源库的产品输送到产品运营系统中，并由系统管理员对产品能否入库进行审核。

2. 数字权利封装

这是出版企业维护数字出版产品所有权的过程。通常有三种方式：①使用数字签名技术、数字水印技术为产品加上自己的 logo；②进行身份认证、授权认证；③通过技术手段来限制产品的使用范围，禁止非法打印和复制。

3. 测试

对已经填充内容的产品进行测试。此时填充的内容可以不是全部内容，但是应满足测试需求。测试内容通常包括功能测试、安全测试、性能测试和易用性测试。

4．试运行

产品测试完成后，可进行产品的试运营，即根据产品设计方案和实际业务流程对产品进行小范围的充分试用，若产品运行正常即可按计划对外发布，通常试运行期限不少于一个月。

5．发布

出版企业根据数字出版产品的需要，通过建立数字出版服务网站、APP 应用程序接口以及第三方运营平台接口，可实现数字出版产品多媒体、多终端、多平台的发布。

多媒体包括纸质媒体、网络媒体、移动媒体等，多终端包括 PC 端、智能移动终端等，多平台则包括企业自有平台、第三方运营平台等。发布到第三方运营平台的产品需要签订授权合同，可通过智能投递系统实现智能投递，即根据用户的兴趣爱好，进行个性化推荐，以提高产品传播的有效性。

6．产品更新

系统可实时向用户推送产品的改进、升级信息，并可通过在线更新和离线下载方式进行系统更新。

第三节　数字出版产品策略

一、定制策略

20 世纪 60 年代以后，企业的经营理念发生了从产品到顾客的转变，而顾客的喜好越发呈现小众化、个性化的特点，特别是市场消费主力"80 后""90 后"追求个性，成为风尚。为用户提供精准的知识内容服务是数字出版未来的发展目标，也是出版机构区别于互联网搜索的价值所在，因此定制化是必然的趋势和要求。

定制（customization）在数字出版中指出版企业针对高度专门化的目标市场生产和提供数字出版产品及服务。这个词本身是由顾客（customer）衍生而来，由此可见这是一种供应方的产品策略，与此相对的是个人化（personalization）——一种需求方的活动。

定制策略的一般流程如图7-3所示。

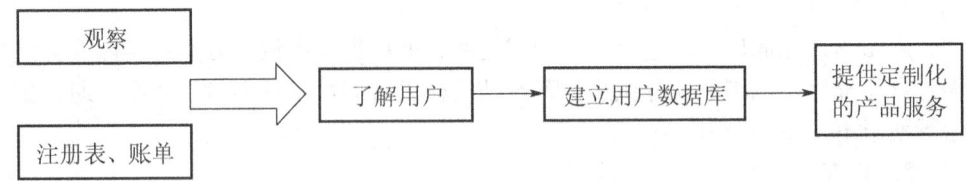

图7-3 定制策略的一般流程

根据现有技术，数字出版产品定制一般有如下几个步骤。

1. 了解用户

出版社要吸引用户定制自己的产品，首先要做的就是了解自己的用户，了解用户一般有两种方式：①直观观察。主要是监测点击流（click stream），即记录用户访问网站和数字出版产品的系列行为，用户行为数据能最直观地反映用户喜好，但由于数据很多、很杂且非连续，如何对这些数据进行分析是一个难题。因此，网络开发者需建立一个支持系统用以识别某一用户的系列交易行为，如Netscape发明的"Cookies"程序就可识别并记录用户的全部浏览与交易行为。②通过注册表和账单了解。免费提供内容的网站通常会要求用户注册并验证个人信息，而知识付费的网站更是直接获知用户的支付账号和联系方式，由此出版企业可获得更多用户信息。

2. 建立用户数据库

用户数据库是出版企业实现消费者洞察的基础，也是企业最直接的信息来源。尽管企业最初建立用户数据库的目的是实施营销活动时能直接面向目标消费者，但是如今大部分用户数据库已经成为企业进行市场调查和消费者研究的关键工具，如生成市场报告、行业报告等。此外，企业还可将用户的浏览消费记录等导入用户数据库中，这将是企业最重要的客户资源和顾客资产。

3. 提供"定制"化的产品与服务

定制服务通常有以下几种方式。第一，在平台社区内进行批量定制。第二，个人定制服务，通常需借助其他软件来实现。以亚马逊为例，通过与搜索引擎合作，亚马逊将互联网广告放置于网页上，这种广告是根据用户个人搜索需求实时变换的。如果用户在搜索引擎上搜索某个歌手的信息，则网页上弹出与该歌手相关的书籍。第三，读取用户数据库中的资料，将定制邮件直接发送到用户邮箱。当然这需要用户选择申请"定制提示"，否则容易被当成垃圾邮件处理。

数字出版产品的定制化无疑能够迅速满足用户的"个性化需求",发挥内容资源的价值,但是也不能将定制绝对化,这只是一个选择项,因为并不是所有的内容产品都可定制。此外,尽管现在多数人都愿意自主选择感兴趣的内容,但还是有人不愿花过多时间在选择上,反而愿意被动接受优质内容。

二、多媒体融合策略

在万物互联时代,传统出版企业的突破路径和措施是努力实现多元化媒体的高度融合,在充分全面了解各种数字媒介特性的基础上,对原有固定的内容资源重新整合,为其量身定制出一些新的符合某种媒介特质的内容产品。一方面,用户媒体使用习惯的改变促使出版社要制定符合用户习惯的多媒体策略,如此才能赢取用户关注。出版产品是同时具有社会价值和市场价值的产品,企业需要产品销量来维持生存,因此多媒体融合势在必行。另一方面,市场趋势使然,当竞争对手都采取多渠道、多媒体策略时,他们会拥有更多用户接触点,也就有更多市场商机,使得出版市场竞争激烈。

媒体形态的多元性是同步传播的基础,从而通过集合多种媒介形态进行同步全方位传播,覆盖已有的或者潜在的目标读者。所谓多媒体融合并不是简单运用多个媒体组合,而是将多媒体技术运用到产品开发的过程中,给用户带来全新的使用体验,只有"形神俱融"才能得到用户认可,实现资源价值的最大化。

三、立体化开发策略

出版媒体多元化的发展趋势自然造就了出版产品形态的立体化。

根据国家新闻出版广电总局发布的《2016—2017 中国数字出版产业年度报告》,整体上 2016 年我国数字出版产业的总收入仍旧上涨,与 2015 年的 4009 亿元相比增长 29.9%,达 5720 亿元。其中,占比总收入半数以上的是互联网广告,达 2902 亿元;移动出版占 24%;网游不甘示弱,以 827 亿元占到了 14%。此外,备受关注的电子书和网络动漫分别创收 52 亿元、155 亿元。由此可见,数字出版产业已经逐渐形成多元化格局,产业价值链更加复杂。全方位、立体化的产品开发策略才是出版企业未来努力的方向和目标,企业不仅要生产纸质图书,还要最大限度地利用有限资源,生产面向互联网和手机的数字出版产品,以此降低出版成本,提升出版产品的价值。

数字出版相比于传统出版行业有着得天独厚的发展条件。新媒体时代，用户逐步从空间消费转向时间消费。数字出版产品可以从深度和广度两个维度把握用户，真正做到立体化开发。

1. 数字出版产品的广度扩展

出版产品线广度扩展可以充分利用出版企业自身技术、人力、市场、资金、销售渠道等方面的资源，从而使各种不同出版产品线之间相互促进，实现"协同效应"，并分散经营风险。目前，出版企业可以从图书、培训业务、数字出版产品等产品线进行产品立体化开发的广度扩展。以图书为例，图书产品线的广度扩展是指发展与现有图书产品线关联性较小的图书品种。例如，科技出版社出版科学文艺类、生活类图书等。关联性较小的图书产品线扩展可以扩大消费者群体，占领更大的市场份额，但对出版企业的技术实力和经济实力有较高的要求，只适合规模较大的出版企业。

2. 数字出版产品的深度开发

产品线深度开发策略是基于数字化环境下出版产品形态立体化的发展趋势，它以现有的出版产品线为基础，根据需要增加该出版产品线的出版产品品种和规格。例如传统出版的图书一般只有纸质一种形式，但是数字出版时代除纸质图书外，还可以增加图书版本（如普通版、声频版、视频版、日文版、英文版等），增加图书品种，提供按需出版服务、电子书等。数字出版产品的深度开发可以实现相关内容资源的价值最大化。

以重庆出版集团为例，该集团将发展全媒体、立体出版作为数字出版的工作重点之一，深度开发以巴渝本土文化为背景的优秀原创小说题材，实现纸媒图书、互联网络、手机、手持阅读器的同步"立体化产品开发"。集团贯通数字出版上下产业链，采取纸质、网络、手机、阅读器兼顾的"立体化出版"新模式。其出版的爱国主义教育出版物《忠诚与背叛》，在线上、线下同步首发，半年内就发行图书过万，网上点击率过百万，社会反响热烈。

本 章 小 结

数字出版产品是体现一个出版企业数字化转型是否有效、是否成功的关键，它凝结了企业最核心的资源和技术，企业只有将产品做好了才具备核心竞争力，才能吸引用户并与其他竞争者相抗衡。本章通过对产品开发流程的梳理，结合各种信息和数字技术描述了数字出版环境下的产品策略，并对从作者挖掘、内容获取、编排设计到最后的产品发布进行了详细阐述。

第七章 数字出版产品策划与开发

□ **思考与练习题**

1. 数字出版产品的特点有哪些?
2. 什么是数字出版产品的生命周期?请分析网络文学作品《花千骨》的生命周期。
3. 我国目前有哪些挖掘新作者的方式?
4. 出版社的内容资源如何进行格式转换?
5. 数字出版产品的发布有哪些流程?
6. 分析我国数字出版产品的策略,并联系实际案例加以说明。

第八章　数字出版产品定价

> **教学目标与教学重难点**

目标：了解国内外数字出版产品定价制度的概念；了解影响数字出版产品定价的因素、数字出版物的概念和包含的范围；了解不同类型的数字出版产品的定价模式；了解数字出版产品定价的方法。

重难点：了解国内外数字出版产品定价制度区别的原因以及对数字出版物市场的影响；能够准确判断数字出版物的范围；能够基于定价的角度，独立提出促进我国数字出版物市场良性发展的策略建议。

中国新闻出版研究院2014年4月21日在北京公布的《第十一次全国国民阅读调查》数据显示，我国国民电子书阅读率和量较2012年有所提升，阅读率达到19.2%，较2012年的17.0%上升了2.2个百分点，人均电子书阅读量为2.48本，比2012年的2.35本增长了0.13本。然而，人们愿意支付的数字阅读费用较2012年却大幅下降，58.2%的人只看免费的手机读物。这一结果表明，我国国民数字化阅读越来越普遍，然而具备付费意愿的数字阅读者则大幅下降。与中国电子付费阅读市场面临的困境不同，美国出版商协会2013年4月15日发布的《图书数据2013》报告则显示，2012年美国电子书销售额达到15.4亿美元，占据美国出版商图书销售额的22.55%。价格是构成电子书付费阅读市场的重要因素之一，本章对数字出版产品定价问题进行分析和探讨，帮助读者了解数字出版产品定价制度和影响因素、我国数字出版产品定价模式与价格现状、数字出版产品定价的原则和方法以及促进我国数字出版物市场价格良性竞争的策略。

第八章　数字出版产品定价

第一节　数字出版产品定价制度与定价影响因素

一、数字出版产品定价制度

1. 电子书定价制度

印刷图书定价制度主要有两种类型。一种是自由定价制度，即图书和其他商品一样自由定价，书店作为最终销售者可以自主决定图书的销售价格。另一种是固定价格制度，即出版商在图书生产的同时，确定图书的市场销售价格，书店必须基于此价格进行销售。国外电子书产业基本沿用了印刷图书的定价制度，例如英国和美国电子书产业就沿用了其印刷图书领域的自由定价制度，实行图书固定价格制度的法国和德国也通过制定相关法律法规的形式确立了电子书的固定价格制度。中国的情况则比较复杂，目前尚未建立统一的电子书定价制度。

（1）中国：尚未建立统一的电子书定价制度。

我国图书行业在很长一段时间内，都是实行比较严格的固定价格制度。在从计划经济向市场经济的过渡中，尽管我国图书固定价格制度发生了一些变化，出版社对价格的绝对控制权有所弱化，但是目前中国理论上仍然是实行图书固定价格制度的国家。然而，尽管我国电子书产业近年来获得了巨大发展，相应的管理体系建设却不够完善，目前，尚未出台电子书价格管理方面的法律法规，未能建立统一的电子书定价规则和制度。2013年当当网和京东商城违反与出版商签订的代理制销售协议，大规模发起"电子书免费下载"的价格战，引发电子书销售平台的"恶性价格竞争"，极大地损害了出版商的利益和电子书产业的健康运行和发展，却最终不了了之，其行为未受到相应的处罚，就与我国没有建立规范的电子书定价制度有关。统一的电子书定价制度的缺乏，容易引起出版商和电子书销售商对价格主导权的争夺和纠纷，产生内耗，还容易引发电子书市场的恶性价格战，不利于我国付费电子书产业的健康运行和发展，同时还容易对印刷图书销售产生冲击。《第十一次全国国民阅读调查》数据显示，我国超九成阅读电子书者不再购买纸质版，就与我国读者习惯了低价甚至免费的电子书，无法接受高价的印刷图书有关。

(2) 美国：沿用印刷图书领域的自由定价制度。

美国是较早在印刷图书领域推行自由定价制度的国家之一。和中国不同，美国出版商不在图书上标示价格，而是在图书目录和广告上印定价，出版商基于此价格按照一定的折扣将图书卖给零售书店后，书店就可以自行确定图书销售价格。美国的电子书产业沿用了这一定价制度。印刷图书和电子书定价制度的统一使得美国亚马逊等电子书销售平台能够更好地根据读者需求，基于电子书付费阅读市场和印刷图书市场的共同利益，整体制定电子书和印刷书销售价格。美国皮尤（Pew）研究中心2014年1月16日发布的《互联网和美国人的生活调查2013》显示，2013年美国电子书用户比例进一步上升，28%的美国人会读电子书，高于2012年的23%，且与中国不同的是，大部分受访读者表示其会同时阅读电子书和印刷图书，仅有4%的读者表示其"仅仅阅读电子书"，这与美国电子书自由定价制度的有效实施和最优化定价策略的推行有关。

2. 数字连续出版物定价制度

除了电子书，数字连续出版物也是非常重要的数字出版产品类型，在传统出版时代，数字连续出版物主要采取预付费制度，辅之以固定价格制度和自由定价制度。因为连续出版物中消费类期刊、DM杂志和报纸等主要依赖广告赢利，因此普遍采用自由定价制度和预付费制度，科技类期刊则主要采取预付费制度。在数字时代，连续出版物定价制度相对混乱。科技类数字期刊和数据库仍然以预付费制度为主。消费类期刊预付费制度和自由定价制度同步进行。DM杂志几乎没有太大生存空间，开始转型为购物推荐平台，消费者免费使用，其主要依靠数字广告赢利。新闻则相对复杂，且国内外区别较大。国内大多数新闻机构通常与一些新闻聚合平台合作，允许其免费或者以很低的价格在其平台上转载或转发传统新闻机构生产的新闻。少数专业新闻机构，例如财经新闻，则采取了预付费制度。西方国家，例如美国，2015年已经有40%以上的传统新闻机构采取预付费制度，目前这个比例得到了大幅度提高。除此之外，自由定价制度也成为西方新闻媒体非常重要的一种定价制度，例如《纽约时报》《华盛顿邮报》等均加入了Facebook的新闻聚合平台，向用户免费提供新闻，新闻机构则与新闻聚合平台按照一定比例分享广告收益。

二、数字出版产品定价影响因素

1. 影响电子书定价的因素

影响我国电子书定价的因素非常多,包括成本、价值、市场、版权和读者等。这些因素不是孤立的,而是交错在一起,共同影响我国电子书的定价。其中,因为目前我国电子书市场还在培育阶段,培养读者正版电子书付费阅读习惯、扩大市场占有率是当务之急,因此读者和市场是影响电子书定价最为重要的因素。除此之外,版权保护力度以及版权归属情况也会极大地影响电子书价格的制定,这是影响电子书定价第三重要的因素。传统图书价格最重要的影响因素——价值和成本,在电子书领域则退居其后,对电子书价格的影响力略低于前面三种因素。多项调查显示,内容质量是影响读者付费阅读意愿的重要因素,中国新闻出版报和中国电信天翼阅读2012年发起的"数字阅读用户满意度调查"就显示,认为数字阅读内容"质量参差不齐""书籍、阅读界面缺乏精心排版、设计"影响其付费意愿的读者比例达到67.39%。因此,相对而言,价值对电子书定价的影响力高于成本。

(1) 读者。

当电子书出版商和销售商还在为电子书定价权争吵不休时,其可能忘记了,电子书的定价最终需要读者买单,因此,读者是电子书定价最值得参考的因素之一。对于出版商以及希望确保版税收入的作者而言,他们总是希望采取电子书与纸质版图书同等价格的策略,而对于读者而言,他们除了支付电子书的费用外,还需额外购买电子书阅读器,阅读电子书所花的固定成本较高,自然就无法接受与纸版图书相差无几的电子书定价。2009年,在亚马逊网站上,约250名读者就给那些高于10美元的Kindle电子书贴上了"9.99美元抵制行动"的标签。尽管出版商经常向读者解释电子书的定价是由其开销决定,然而读者对此并不关心,他们能够接受什么样的电子书价格才是制定电子书价格时需要重点考虑的。

(2) 市场。

市场是商品实现其价值的基本条件,因此,市场状况也是影响我国电子书定价的重要因素。影响我国电子书定价的市场因素非常多,主要包括市场的发育和规范情况、电子书商品供求情况、电子书需求价格弹性和竞争状况等。电子书市场的发育和规范情况说的是电子书市场处于生命周期的哪一个阶段,是否形成了行业统一认可和遵守的市场规范等。从业内称之为"电子书元年"的2010年发

展到现在，我国电子书市场很明显仍然处于初步建立阶段，尚未很好地成长起来。作为一个初步建立的市场，无论是政府还是行业参与者，都缺乏管理经验，所以，目前还非常缺乏市场规范，对于电子书定价标准、定价权的归属、定价制度等都没有形成统一的认识，所以，我国电子书市场"价格战"此起彼伏，电子书市场主体之间的矛盾冲突也是愈演愈烈。电子书商品供求情况说的主要是电子书市场的供应与需求状况。我国电子书市场的供求状况较为复杂，尽管目前市场上供给的电子书数量较多，但是，包含优质内容的电子书商品则仍然是供不应求的状态，因为如前所述，那些名家名社出版的图书很多并不愿意发行电子版，电子书平台销售的电子书无法充分满足读者的需求。因此，那些包含优质内容的电子书，例如《春宴》等，价格占到纸本图书的 6 成以上，销量仍然非常可观，而亚马逊中国和京东商城销售的很多 0 元书，却无法登上畅销书排行榜。电子书需求价格弹性指的是电子书的需求量对其价格变动做出的反应程度。总的来说，电子书需求价格弹性比较复杂，不同类型的电子书需求价格弹性区别非常大。其中，需求价格弹性最大的是大众出版市场。美国自费电子书作者乔·昆特拉 2013 年做了一个实验，将自己亚马逊上销售的电子版惊险小说 *The List* 的定价从 2.99 美元降到 99 美分。降价之前，该书每天卖出 40 本；降价之后，该书每天卖出 620 本。尽管这是一个美国的例子，但是实验结果同样适用于中国电子书市场。教育出版市场和专业出版市场的价格需求弹性则相对较小，其单本电子书销售价格与纸本书的销售价格非常接近，一般不会低于纸本书的七折。针对图书馆客户的专业图书数据库，因为图书馆的需求价格弹性较小，其定价也相对较高，近年来，还频繁涨价。最后，竞争也是影响电子书定价的重要市场因素。和美国不同，我国电子书市场尚未形成完全垄断状态，亚马逊中国、京东商城、当当网、番薯网、淘宝电子书这五大电子书销售平台相对于传统出版集团和出版社自建电子书销售平台而言虽然占据着较高的市场份额，但是因为其不是版权的所有者，无法形成完全垄断市场，而是处于不完全竞争状态，因此，竞争对电子书销售企业定价影响非常大。2013 年京东商城和当当网的价格战就是围绕抢占电子书市场份额和网站流量、打击竞争对手而展开的。当前，我国电子书价格普遍偏低，也与我国电子书多为多平台销售，电子书销售平台之间的竞争激烈有关。

（3）版权。

电子出版版权指的是创作者享有的以数字方式保存、复制、发行作品的权利，其包括精神权利和经济权利两个方面。版权是包括电子书产业在内的内容产业发展的核心，同时也是影响电子书价格的重要因素之一。首先，如前所述，电

第八章 数字出版产品定价

子版权使用费是电子书成本非常重要的一部分。其次，对于电子书销售商而言，电子书版权的获取情况是其制定价格的重要参考依据。例如京东商城就把其电子书分3个类别进行定价：定价最高的是出版社授权的、仍然受版权保护的纸质书的电子版，其定价介于纸质书定价的三折到六折之间；其次是网络原创文学，定价一般低于第一类电子书；第三类则是京东商城自己制作的公版书，定价就更低一些。最后，电子书侵权状况也会极大地影响电子书的销量以及价格的制定。电子书侵权的问题是伴随复制、传播技术的产生而产生，并随着这些技术的更新发展而不断发展的，其中无授权行为，也就是常说的"盗版"问题在中国非常普遍，正版电子书销售平台为了打击"盗版"市场不得不实行低价策略，拉低了电子书市场的整体定价。

（4）价值。

电子书的价值也是电子书定价的重要依据之一。尽管作为一种新兴的商品，电子书价值的界定有些模糊，没有一个确定的标准，然而，因为电子图书和传统图书价值的核心都是文化信息内容，因此，可以参照传统图书来考察电子书的价值。在传统图书领域，作者和出版商品牌是衡量图书价值的重要因素，这一点在电子书产业同样适用。一般而言，知名作者和出版商提供的电子书更能满足读者需求，其价值也更能被读者认可。这一点从安妮宝贝《春宴》电子版创造的销售佳绩可见一斑。除了作者和出版商的品牌外，出版时间也是衡量电子书价值的重要因素之一。在同等条件下，一般而言，出版时间越近的电子书价值越高。当然，电子书出版时间较难界定，因为很多电子书虽然出版时间较近，但是其包含的信息内容可能来自于多年前出版的传统图书，因此，出版时间因素在电子书价值中的考察相对复杂。另外，内容产品包含的新信息、参考资料和技术，也是衡量其价值的重要标准，因此专业类电子书的定价往往高于大众电子书。

（5）成本。

电子书的成本指的是电子书在开发制作以及推广销售过程中产生的各种费用。电子书价格的制定必须覆盖其成本才能保证盈利，因此，成本也是电子书定价的重要参考因素。和传统图书一样，电子书的成本包括固定成本和可变成本。固定成本是指不随电子书产量变化的各项成本费用，可变成本指的是随着电子书产量的增减而成正比例变化的各项费用。通常所说的电子书的成本低，实际上说的是其可变成本较低。而在固定成本方面，电子书则与传统图书无异，包括资源费用、设备费用、网络服务费用、人力费用等。同时，由于我国电子书产业还不是很成熟，出版社担心提供最佳的电子文档后会影响纸书销售，因此很少给电子书平台提供规范化的电子化文档。而且，电子书产业本身也还没有建立一个可以持续更新的统一标准，因此其固定成本还要加上各个平台重复劳动的转档成本，也就是内容二次开发成本。例如当当网就宣称其2012年电子书转档成本花费500万元，多看科技副总裁胡晓东也曾向记者透露其在转档方面投入的人力物力非常多，每年要多花200多万元的校对成本。当然，因为目前电子书市场的培育更为重要，因此，成本还未像传统图书时代那样成为主导电子书定价的因素，然而，出版商和销售商最终都是期望电子书的收益高于成本，实现赢利，因此，成本对电子书价格的制定仍然具有一定的影响。

2. 影响数字连续出版物定价的因素

因为数字消费类期刊和数字新闻定价情况非常复杂和混乱，因此，这里主要探讨影响科技数据库定价的因素。

（1）版权。

如前所述，版权是基于一种特有的权利和法律规定，指的是版权所有人享有的以数字方式保存、复制、发行作品的权利，具有排他性的特征。版权包括精神权利和经济权利两个方面。与电子书市场不同，科技数据库乃至其他数字连续出版物的数字版权大多归出版商所有，而非归作者所有。作者在其研究论文或创作作品在连续出版物发表以前大多都要签订一项让渡数字出版权利的协议。因此，数字连续出版物出版商制定价格的权利更大。

（2）成本。

数字连续出版物是典型的信息产品，其边际成本随着生产量的提高而减少，这对价格和成本有深刻的影响。另外，发行量也是成本的重要决定因素。很多研究者都指出，新期刊数量的增加减少了期刊的平均发行量，因此增加了固定成本（第一本的成本）在总成本中的比例。金（King）和特诺皮尔（Tenopir）分析了1975年到1995年期刊的生产成本（在印刷时代）。他们的研究模型显示期刊品种的增多、每本期刊文章的增多以及每篇文章页面的增多使得总体成本增加了，平均每种期刊的成本也增加了。这个结论同样适用于数字连续出版物。对于数字连续出版物而言，固定成本是新增期刊增加的主要成本，期刊文章的增多以及每篇文章页面的增多也会给期刊的审稿和校对环节增加更多的成本，这就会导致每种期刊价格上升，而一旦每种期刊价格上升，图书馆就不得不放弃更多品种的期刊——这又进一步导致了期刊平均成本的上升以致价格不断上升的恶性循环。

（3）竞争。

信息的消费不具有竞争性。如果一个人消费了一块三明治，三明治就消失

第八章　数字出版产品定价

了,其他人都不可能再消费这块三明治。但是,一个人阅读了期刊上的一篇文章并从中获取知识信息后,文章中的信息仍然存在,其他任何人都可以再去消费它。这种"知识无限范围扩展"是信息最重要最显著的特点,它也意味着思想和信息与工业经济的其他商品和服务具有完全不同的特点,而且,分享思想和信息的人越多,其社会价值也就越高,这种信息产品被消费得越多其社会回报也就越多。因此,科技数据库出版商在确定数据库价格的时候,会参照购买方的使用者规模,例如大学教职工和研究生数量、公共图书馆可能覆盖的最大范围来制定不同的价格。

(4) 市场。

某些很难被其他期刊所取代的期刊逐渐形成垄断,原因很多,包括该期刊高质量的产品和品牌效应,以及在引用模式下长期形成的影响。机构(体制)的刺激又进一步恶化了这个问题,有些人为了升职、保有其任期以及获得大学和研究机构的财政资助同样与少数被提及的专业期刊相联系。研究型图书馆的购买实践也同样导致了这个问题。图书和期刊作为彼此的替代品在广泛的研究和学术领域展开激烈的竞争。在每个领域的购买经费一般都是由机构的具有战略优先权的人决定,因此这种竞争不是在于价格(每种期刊的使用成本);每个领域的预算与期刊的价格信息、需求或使用并没有太大关系;每个领域的经费分配很少或者基本与各个领域的单位成本无关。科技数据库购买系统的这些特征导致市场信息的缺失(特别是终端使用者的价格信号)以及需求价格弹性很低,价格的巨大变化与需求没有形成太大的关系。

一些大的商业出版商形成了垄断力。很多证据可以证实这些推断,包括商业和非盈利出版商内容产品相比较的价格、出版商经营毛利和利润。科恩(Kean)就指出美国非营利团体和商业出版商期刊价格增长比率的不同,在 1998 年到 2003 年,美国非营利团体生产的期刊价格平均每年增长 7.5%,低于美国总体的期刊价格 9.5% 的平均增长率。与此类似,伯格斯若恩(Bergstrom)指出商业出版商生产的期刊每页的价格和每次被引用的价格明显高于美国非营利团体生产的期刊。威利(Wyly)也指出,在 1997 年,里德·爱思唯尔的净利润远远高于 S & P 500(标准普尔 500 指数)上榜企业中的 473 个;沃尔特斯·克鲁维尔(Wolters Kluwer)的总体收益高于 S & P 500 上榜企业中的 482 个;科学、技术和医学出版领域的商业出版商的利润明显远远高于综合平均利润。

马盖博(MaCabe)发现科技出版企业的合并也是期刊价格提高的重要因素,因为当主要的商业科技出版企业进行大规模的资产合并后其生产的期刊就少了很

多替代品,这样便形成了垄断的力量。他还发现价格与期刊生产商的资产规模正向相关,其将过去的合并案与期刊价格上升联系起来,指出在爱思唯尔兼并伯格门(Pergmon)后,伯格门过去的期刊的价格马上上涨了22%,而爱思唯尔期刊的价格也上涨了8%;他还预测,克鲁维尔与威夫利(Wavely)合并后,其期刊价格将上涨20%到30%。在规模经济控制之后,仍然有一些价格的膨胀很难得到解释,马盖博将其归结为垄断的力量。

(5)透明性。

信息同样是一种体验(经验)产品。直到一个人购买并消费了信息之后,他才知道其价值,而一旦他拥有了这个信息产品,就不能拒绝购买。因此,购买决定不是直接基于内容,而是由很多其他因素决定的。例如,某个领域的新研究者可能会广泛利用摘要和关键词去决定阅读哪些文章和著作。更有经验的研究者则可能会利用其他信息,例如作者、作者所属机构、编辑以及编委会成员的工作情况,或者杂志的名称来决定购买哪些信息产品。因为消费决定与这些紧密相关,所以其就成为出版商重要的资源。信息产品内容为王,但是,作者、质量控制和品牌也是价格的重要决定因素。

第二节 数字出版产品定价模式

一、电子书定价模式

我国电子书主要采用批发制定价模式和代理制定价模式,这两种定价模式各有利弊,适用于不同的定价制度环境。

1. 批发制定价模式

电子书批发制定价模式指的是由电子书销售商向电子书出版商买断电子书发行权,实行独立定价的一种模式。电子书批发制定价模式适用于实行电子书自由定价制度的国家和地区,出版商只是提供建议零售价,电子书销售商是产业链的主导者,拥有绝对的定价权,可以根据市场情况自由确定电子书销售价格。

美国的亚马逊是批发制定价模式的典型代表,其首先从出版商手中批量购买电子书内容的发行权,并以低于其成本的价格向读者销售。批发制定价模式帮助亚马逊快速培育电子书付费阅读市场,然而却让电子书出版商处于产业链的弱势

第八章 数字出版产品定价

地位,因此,美国五大出版商转而与苹果合作,采用代理制定价模式,然而最终因为受到美国司法部的反对,被控"合谋操纵电子书定价""违反了反垄断法"而宣告破产。我国的汉王也曾经是亚马逊批发制定价模式的追随者,其早期就是通过一次性付款获取一年或者两年的电子书版权的形式批量购买电子书内容,并以"免费内容+高价汉王电子书阅读器"的形式迅速打开市场,获得了可观的收益,并于2010年3月成功在深交所中小板上市。然而,这种定价模式一方面需要向出版商支付大量的版权使用费,成本较高,汉王不具备获得海量内容资源的资金实力。另一方面,因为我国电子书版权资源较为分散,易因侵权行为发生法律纠纷,例如2010年7月汉王被中华书局起诉侵权就是由国学公司的假授权行为引起的。同时,尽管我国政府没有明确制定关于电子书定价模式的相关法律、法规,然而,我国图书行业采取的是固定价格制度,在长期的发展过程中,一直是出版商主导产业链的模式,在向电子书产业转移的过程中仍然保持着这种产业发展模式。因此,尽管汉王在商务礼品市场取得了巨大成功,然而当其试图向大众电子书消费市场转移的时候,很快发现批发制定价模式不再适用,转而建立了汉王书城,与出版商建立合作关系,采用代理制定价模式。目前,我国采用批发制定价模式的主要是专业出版机构,例如超星数字图书馆就是直接向作者或者版权人取得授权,对图书进行数字化制作并自主定价和销售的。

2. 代理制定价模式

电子书代理制定价模式指的是由电子书出版商委托电子书销售商代替自己销售电子书,由电子书出版商制定电子书销售价格的一种定价模式。代理制定价模式适用于实行电子书固定价格制度的国家和地区,电子书出版商是产业链的主导者,拥有绝对的定价权,电子书销售商并非真正的卖方,只是纯粹的销售平台,其与电子书出版商通过立法或协议的方式确定电子书销售价格和比例分成等。

苹果曾经是代理制定价模式的积极推行者,但是如前所述,其在美国遭受阻碍,在实行图书自由价格制度的英国和加拿大,也面临着同样的困境。我国大众电子书市场的从业者则大都采用类似苹果的代理制定价模式,例如当当网和京东商城就是通过与电子书出版商签订电子书代理销售协议,与出版商协商定价,尽管在定价的过程中当当网和京东商城会给予一定建议,但最终定价权仍然掌握在出版商手中。电子书销售商通过付费阅读、付费下载方式获得收入,并与出版商按照六四、七三或八二的比例分成,其中出版商拿六成、七成或八成,电子书销售商拿四成、三成或二成。与批发制定价模式相比,代理制定价模式显然能更好地尊重和保护电子书出版商的地位和利益。然而,这种定价模式也有很多弊端。

一方面,电子书版权和纸质书版权所有者经常是统一的,电子书版权方为了不影响或者弥补纸质书的销售量下降所带来的损失,倾向于制定更高的电子书价格,这就容易推高电子书整体销售价格,不利于电子书付费阅读市场的形成和发展。同时,我国电子书销售多采取多平台形式,电子书版权所有人没有对数字版权渠道进行统一管理,政府也没有相关法律法规对此进行限制和说明,因此,大多数电子书版权所有人都会针对不同渠道单独定价,例如其在移动电子书阅读平台的定价就经常远远低于当当网、京东商城等互联网电子商务平台,这就容易引起电子书定价的混乱。最后,代理制定价模式是一种以电子书版权所有者为中心的定价模式,电子书版权所有者并不直接面对读者,无法准确了解读者对电子书价格的需求。而电子书销售商直接面对消费者,他们对定价的分析则是实时的,且其首要考虑的不是利润,而是迅速建立电子书市场,所以,他们更能以读者为中心,制定最优化的电子书价格。

二、数字连续出版物定价模式

数字连续出版物定价模式主要有以下几种。

1. 订阅模式

订阅模式指的是个人和机构订阅者付费获取一种或者多种打包的连续出版物的定价模式。消费类杂志目前主要采取订阅模式,例如亚马逊2013年8月20日与世界顶级杂志公司康迪纳斯特(Conde Nast)达成合作,亚马逊将负责康迪纳斯特旗下《Vogue》《连线》和《名利场》等杂志的纸质订阅和数字订阅。其后,亚马逊又陆续与其他消费类杂志出版商达成合作,负责其数字订阅和印刷订阅。2013年亚马逊初次与康迪纳斯特合作时,其数字订阅才占总订阅量的4%,而今其数字订阅在总订阅收入中的比例正急剧上升。除了消费类杂志以外,数字新闻产品,尤其是国外的数字新闻产品也多采取订阅模式,《纽约时报》就是数字订阅收费的先行军。2001年10月,《纽约时报》推出时报电子版,在网站NYTimes.com和Newsstand.com提供收费订阅,用户可以将电子版下载到电脑或笔记本上离线阅读。付费墙的正式"实验"始于该报于2005年9月推出的"时代精选"(TimesSelect)网站。这个网站的核心内容为14名《纽约时报》资深专栏作家和评论家以及该报从社会上聘用的8名专家每星期撰写的专栏文章。这些文章既不出现在《纽约时报》纸质产品上,也不放在该报当时的免费网站上。对《纽约时报》印刷版订户,"时代精选"是免费的。对非《纽约时报》印刷版订户,

第八章　数字出版产品定价

"时代精选"的收费是每周 7.95 美元，或者每年 49.95 美元。至 2007 年 9 月，"时代精选"共有 22.7 万名付费订户，47.1 万名《纽约时报》印刷版订户和 8.9 万名大学生订户。2011 年 3 月 17 日，《纽约时报》发行人宣布正式建立付费墙，并于 3 月 28 日起执行。2011 年，《纽约时报》开始扩展其面向平板电脑和智能手机的"所有权限"的订阅，将向拥有 50 名以上员工的公司和组织提供团体数字订阅。在引入付费数字订阅的新模式时，作为促销手段，在 2011 年 12 月举办的市场营销活动中，由福特林肯（Ford Lincoln）提供赞助，给《纽约时报》的 10 万数字订户开通了访问权限。《纽约时报》付费墙成功的效果于 2012 年下半年即开始显现，目前美国有影响力的新闻机构大多采用这种收费方式。国内的财经闻也于 2017 年开始数字订阅收费模式。

2. 计量收费

计量收费指的是个人或者机构用户按照使用单篇或单页文章付费的一种数字出版物定价模式。这是一个与传统定价模式不同的、完全依据使用定价的模式，其基本思路是按期刊论文篇数而非期刊种数来计价。具体计算时又可采取两种办法，一种是爱思唯尔在密歇根大学采取的算法，图书馆不需要订购某一期刊，可以从诸多期刊中挑选一些高质量的论文进行选择性购买，一旦购买，其所有用户都可以免费获取。二是一种"保底封顶"的方法。每篇论文的价格应与其实际使用频次成反比，因而是一个变量，在实际使用过程中，这个变量却很难掌握，因此出版商要求一个最低价格底线，图书馆则要求一个最高的封顶价格，才能保证双方的利益不受损害。

3. 广告客户支持的传播

广告客户支持的传播模式通常指的是一种免费模式，读者不需要为数字连续出版物的使用付费，广告客户寻找产品的终端客户并将期刊销售（或免费赠阅）给读者以覆盖全部或者部分生产和分销成本。目前脸书（Facebook）与多个新闻机构合作的新闻聚合平台采取的就是这种模式，读者可以免费阅读新闻，新闻机构和新闻聚合平台的成本由广告商承担。除了数字新闻领域外，很多数字消费类期刊的数字化平台也采取这种价格模式。

4. 批量交易模式

批量交易模式是在捆绑销售的基础上发展起来的。捆绑是一种特殊的销售方式，顾名思义，是指将不同的产品整合成一个"包裹"以一个价格出售。通常那些大型学术出版机构都会要求图书馆与其签订一个协议，这个协议要求图书馆承诺在一定时期内（通常是三年）保证一定规模的购买量，在此基础上给予图

书馆一定的购买折扣,并承诺一定的价格上涨比例上限,这个协议通常被称为"批量交易"。"批量交易"和"捆绑销售"不是一个概念,但是二者紧密联系。"批量交易"是"捆绑销售"的产物,欧美大型学术出版机构将"捆绑销售"和"批量交易"结合使用。

"批量交易"限定了平均价格,使得"期刊包"内期刊的平均价格超过了边际价格,因此,如果进入者与这些期刊竞争的话,其一开始就必须在边缘竞争。一个独立的出版商即使建立了一种新的比爱思唯尔质量更高的期刊,也没有多少图书馆会订阅这种期刊,因此,"批量交易"是一种排他性和反竞争的行为,其增加了进入壁垒,限制了学术期刊和出版商之间的竞争。

欧美学术出版机构的"批量交易"定价模式也存在价格歧视,价格歧视的依据主要有两个。一个就是"期刊包"规模的大小,另一个则是用户群规模的大小。前者比较好理解,主要是基于期刊包中期刊种类的多少分别制定不同的价格。后者是按照机构订户中的专职工作人员数定价的方法。牛津大学出版社就在美国和加拿大的机构订户中采用这种价格标准销售其牛津英语辞典(*Oxford English Dictionary*)和美国国家生物(*American National Biography*)网络版。其定价方法是对不同性质的机构赋予不同的权重,四年制学校按其教职员和学生的100%计算总人数;二年制学校或专科学校按其教职员和学生的50%计算;中学按照9~12年级学生的15%计算;公共图书馆和州立图书馆又根据不同用户群规模按不同比例计算,100万以下按4%计算,100万~200万按3%计算,200万以上则按2%计算;公司、政府和军事单位则按联入网络的工作人员的100%计算,非盈利组织则按联入网络的工作人员的50%计算。

5. 开放存取模式

开放存取模式可以分为两种:作者付费模式和机构付费模式。作者付费模式是由作者承担出版的部分或者所有成本的一种出版方式,机构付费模式则是由代表其组成团体利益的机构将其拥有和保存的一系列材料免费开放给其组织团体的一种模式。

采用作者付费模式的主要是开放存取期刊。例如2000年10月哈罗德·瓦穆斯协同斯坦福大学的生化教授,基因芯片技术的奠基人之一帕垂克·布朗(Patrick O. Brown)博士和加州大学伯克利分校的遗传学教授迈克尔·艾森(Michael B. Eisen)博士创办了著名的开放存取期刊平台"公共科学图书馆"(The Public Library of Science,简称PLoS),为了弥补实行开放存取的费用,包括同行评审、期刊生产、网络应用和存储的费用,PLoS采取这样一种商业模式——向每一篇发表文章的作者或研究赞助者收取一定的出版费用。PLoS 的收费标准一直在保持稳定的基础上以上升的趋势发生变化，如表 8-1 所示，各种期刊发表一篇文章的费用从 2008 年到 2014 年均呈上涨趋势。

表 8-1 PLoS 各种期刊的出版费用

期刊	2008 年出版费用/美元	2014 年出版费用/美元
PLoS Biology	2 850	2 900
PLoS Medicine	2 200	2 900
PLoS Computational Biology	2 200	2 250
PLoS Genetics	2 200	2 250
PLoS Pathogens	2 200	2 250
PLoS Neglected Tropical Diseases	1 300	2 250
PLoS ONE	2 850	1 350

在这 7 种学术期刊中，*PLoS Biology* 和 *PLoS Medicine* 的出版费用最高，2014 年每发表一篇文章的费用达到 2900 美元；4 种学术团体期刊的费用一致，均为 2250 美元；*PLoS ONE* 的出版费用最低，不到 *PLoS Biology* 和 *PLoS Medicine* 的一半。之所以费用差距这么大，也是由于各种期刊的生产成本不同而导致的。*PLoS Biology* 和 *PLoS Medicine* 是 PLoS 系列期刊中影响力最大的两种期刊。这两种期刊追求高质量，其分别有一支在国际著名学术期刊 *Nature*、*Lancet*、*the British Medical Journal*、*the Journal of CLINICAL Investigation* 工作过的经验丰富的专业编辑队伍，而且实行严格的同行评审制度，退稿率近 90%，因此需要较高的出版费用来弥补成本。4 种学术团体期刊一方面因为得到学术团体的资助，另一方面，其评审费用也低于前面两种期刊，因此费用较前者略低。*PLoS ONE* 因为其同行评审过程只审查技术，不审查结果，所以其评审过程大大简化，评审费用也得以降低，而且，因为其每年发表文章数量较多，因此，其出版费用相对较低。

采用机构付费模式的则主要是开放存取仓储，包括机构仓储和学科仓储。1991 年 8 月，物理学家保罗·金斯帕（Paul Ginsparg）在美国洛斯阿拉莫斯（Los Alamos）国家实验室建立的互联网上第一个开放存取知识库——arXiv 电子印本文库（arXiv e-print archive）就是典型代表。该仓储用来收录作者自由提交的未经审查的物理学论文，当时还没有物理学期刊上网，其最初的目标并不是要取代期刊，而是为全球预印本（preprints，即正式出版前的文章，archive 最初提交的文章仅仅能保留 3 个月）提供一个免费的、公平而统一的全球存取路径。arXiv 电子印本文库初期运行费用来自美国国家科学基金会（National Science Foundation，NSF）和美国能源部提供的年度资助，2001 年后转为康乃尔大学所有，成为一个私人的非盈利教育机构，由康乃尔大学图书馆负责维护和运行，接受 arXiv 咨询委员会的指导和大量学科调解人的帮助。arXiv 目前主要由康乃尔大学提供资金，并接受 NSF 的部分资助。

6. 收取会员费模式

收取会员费模式指的是针对个人或机构收取一定的会员费的定价方法。一些开放存取平台就采取收取会员费的收费模式。例如前面提到的 PLoS，将其会员分为两种：个人会员和机构会员。PLoS 针对这两种会员分别制定了不同的政策。

PLoS 根据缴纳的会员费，将其个人会员分为 6 个等级，为各个不同等级的会员分别提供不同的服务。具体情况见表 8 – 2。

表 8 – 2　PLoS 个人会员费用标准

会员级别	年度会费（美元）	享有的服务
学生（Student）	25	列入 PLoS 会员页面；通过电子邮件接收新的期刊内容；赠送 PLoS 开放存取标签和 PLoS T – Shirt
朋友（Friend）	50	列入 PLoS 会员页面；通过电子邮件接收新的期刊内容；赠送 PLoS 开放存取标签和 PLoS T – Shirt
支持者（Supporter）	100	列入 PLoS 会员页面；通过电子邮件接收新的期刊内容；赠送 PLoS 开放存取标签和 PLoS 旅行杯
理想主义者（Idealist）	250	列入 PLoS 会员页面；通过电子邮件接收新的期刊内容；赠送 PLoS 开放存取标签、PLoS T – Shirt 和旅行杯
提倡者（Advocate）	500	列入 PLoS 会员页面；通过电子邮件接收新的期刊内容；赠送 PLoS 开放存取标签和 PLoS 专有会员包
革新者（Innovator）	1000 及以上	列入 PLoS 会员页面；通过电子邮件接收新的期刊内容；赠送 PLoS 专有会员包、T – Shirt、旅行杯和标签

PLoS 在 2004 年 1 月开办机构会员项目，在刚开始的 6 个月就有 100 多个学院和大学加入，包括哈佛大学和耶鲁大学、阿姆斯特丹大学等，2008 年，其机

构会员数量进一步增加，达到 170 个。这些机构会员主要由大学、学会和图书馆构成，同时，应很多研究基金的要求，PLoS 已经开始接受代表他们资助的调研人利益的基金会加入 PLoS 的机构会员队伍中。不过需要指出的是，PLoS 机构会员与传统非开放存取的订阅期刊的机构会员有本质的区别，其区别表现在：首先，PLoS 出版的所有作品，每个人都可以通过网络自由获取，PLoS 的会员和非会员是一样的，PLoS 机构会员所享受的产品和服务全世界的任何一个其他组织都可以享有。其次，在网络投稿形式下，任何无法承担出版费用的作者，PLoS 都会取消或者降低其出版费用，对任何人都一样，包括隶属于组织会员的作者和非隶属于组织会员的作者。PLoS 机构会员是一种为改变社会而进行的志愿性的投资，PLoS 不会强制会员缴纳多少会费，会员也不能对出版决策产生任何影响，他们除了在出版费用方面按规定享受一定的折扣外，与非机构会员相比没有任何优待。因此，大学、图书馆、其他部门机构和其他类似组织选择成为 PLoS 机构会员只是因为他们支持使得科学和医学公共信息可以自由在网上获得的目标。

第三节　数字出版产品定价方法

数字出版产品价格方面的优势成为其扩大市场的关键因素，因此数字出版商在制定价格的过程中要充分了解价格策略与消费者购买意向的影响之间的关系，采用灵活的定价方法和策略。从定价方法的角度看，数字出版商和销售商纷纷放弃了过去机械的成本加成定价法，而是采用以市场为导向的渗透定价以及基于价值和读者需求的差别化定价法、捆绑定价法和尾数定价法。

一、渗透定价法

我国电子书市场，尤其是大众电子书市场普遍采用了渗透定价法。渗透定价（penetration price）是指在数字出版产品进入市场初期时将其价格定在较低水平，牺牲高利润尽可能吸引最多的消费者，以期获得较高的销售量及市场占有率的一种定价方法和策略。渗透价格并不仅仅意味着低价，而是相对于成本和价值而言比较低。例如我国三大电子书销售平台畅销电子书平均价格为 3 元左右，亚马逊中国的电子书平均价格达到 6 元，主要是因为其畅销电子书中有不少都是社会科学著作，其大众畅销电子书平均价格也仅为 3 元左右。这三大平台还提供不少免

费电子书和特价书，根据 2014 年 5 月 15 日的统计数据，亚马逊中国提供 6144 种免费中文电子书和 4802 种免费外文电子书；当当网每日推出 10 本电子书供读者免费下载；京东商城每天提供 6 本 1 元以下的电子书。我国电子书销售商无视成本和价值，采用渗透定价法，一方面是为了赢得与盗版书市场的竞争，目前我国电子书的版权保护不力，盗版电子书猖獗，在这种环境下，为了培养正版电子书阅读习惯，电子书销售商不得不减少与盗版电子书的价格差距；另一方面也与我国电子书的市场环境有关，目前我国电子书市场才刚刚兴起，尚没有哪家企业获得了压倒性的竞争优势，各大电子书销售平台都希望通过低价吸引读者扩大付费电子书市场占有率，并以低价击败竞争对手来增强自己的竞争优势。而对于数字连续出版物而言，渗透定价法同样也是其赢得竞争的重要方法。在数字期刊刚刚进入市场时，其为了渗透到传统期刊占领的市场，多采用印刷版+电子版捆绑销售的方法，其中，电子版的价格只有印刷版的 1/3 或 1/2。开放存取期刊也是采用免费使用的方式迅速建立市场知名度和影响力的。

二、差别化定价法

随着数字出版物市场的日益细分和消费者需求的不断分化，统一定价的弊端日益显现，数字出版商也开始实行差别化定价法。差别化定价法指的是数字出版企业在制定数字出版产品价格时，综合考虑现实中多种复杂因素，提供不同的有针对性的价格，在满足客户需求的同时，最大限度地提高企业收益的一种定价方法。

目前，我国电子书市场主要采用渠道差别化定价和产品差别化定价两种方法。渠道差别化定价指的是对于相同的电子书产品，当经过的渠道不同时提供不同的销售价格。目前，我国电子书出版商多采用多平台销售的方式和代理制定价模式，即电子书出版商向多个电子书销售商提供同样的电子书产品，并与销售商签订电子书代理销售协议，二者协商定价，但最终定价权仍然掌握在出版商手中。因为目前电子书出版商没有对数字版权渠道进行统一管理，政府也没有相关法律法规对此进行限制和说明，因此，大多数电子书出版商都会针对不同渠道单独定价，例如其在移动电子书阅读平台的定价就经常远远低于亚马逊中国、当当网、京东商城等互联网电子商务平台，其和亚马逊中国、当当网、京东商城协商制定的价格也往往不尽相同。目前，这种定价方法因为容易引起电子书定价市场的混乱而广受诟病。产品差别化定价指的是针对产品所属的不同细分市场，采取不同定价标准的定价策略。电子书市场细分程度非常高，不同细分市场的定价水平也不尽相同。本节选取了2014年6月14日亚马逊中国、当当网、京东商城付费电子书中销售排名前20位的小说、大学教材以及法律图书，比较其平均价格水平，如表8-3所示。

表8-3 不同细分市场的电子书价格（单位：元）

销售平台	细分市场		
	小说	大学教材	法律图书
亚马逊中国	4.057	8.651	8.805
当当网	4.340	6.527	6.692
京东商城	3.694	6.459	7.862

从表8-3中可以看到，尽管这三大电子书销售平台各类电子书的定价水平不尽相同，但是均有一个规律：法律电子书价格＞大学电子教材价格＞电子小说价格。事实上，和印刷图书市场一样，我国电子书市场可以初步分为专业电子书、电子教材和大众电子书三大细分市场，根据不同电子书细分市场读者需求程度和电子书价值本身的区别，这三大细分市场采用了不同的定价标准，一般来说，基本采用了专业电子书＞电子教材＞大众电子书的差别化定价方法。

数字连续出版物市场的差别化定价方法运用更加普遍。数字学术期刊市场的捆绑销售采取了多级价格歧视，不同期刊包采取不同的价格，相同期刊包不同的用户使用规模又会采取不同的价格。除此之外，不同地域的机构用户也会制定不同的价格。

三、捆绑定价法

捆绑定价法是指将两种或两种以上的相关产品捆绑打包出售，并制定一个合理的价格的定价方法。目前，我国电子书市场中的捆绑定价模式包括"终端+电子书"捆绑定价，主要由一些开发有电子书阅读器的出版商采用，例如辽宁省出版集团、盛大文学等；我国专业出版商则主要针对图书馆客户实行将某一类或多类多种电子书捆绑在一起销售，根据不同销售规模制定不同价格；还有电子书销售企业将报刊领域的"订阅"模式引入电子书领域，例如京东商城目前推出的电子书阅读服务"畅读VIP"，每个"畅读VIP"服务有月度（30天）、季度

(90天)、半年（180天）、全年（360天）四种，价格分别是10元、30元、50元和90元，可支持1000本中文电子书的畅读。目前我国电子书市场还未推出基于不同形式的电子书捆绑定价模式，如电子书+印刷图书或电子书+有声图书等捆绑定价模式。虽然当当网推出了电子书+印刷图书"一键式"购买服务，但是其价格=电子书价格+印刷图书价格，而非在二者总价基础上进一步给予一定折扣，因此，并未真正实行这种形式的捆绑定价。

数字学术期刊"捆绑销售"的历史则更加悠久，可以追溯到20世纪90年代。早期的"捆绑销售"建立在印刷本期刊订阅的基础上，采取的是"印刷期刊+电子期刊"形式，要求图书馆在不削减印刷期刊（其价格每年上涨）订阅量的基础上免费或者以一个非常低的价格给予图书馆访问电子期刊的权利；2004年以后，已经有75%的学术期刊上网，而且很多图书馆纷纷取消印刷版学术出版产品的订阅，将主要资金用于订阅纯电子期刊。面对这种市场变化，欧美大型学术出版机构又调整了他们的"捆绑销售"策略，开始采取"电子期刊+印刷期刊"的形式和纯"电子期刊包"的形式，前者是指在图书馆承诺一定时期内（通常是三年）保证一定的电子期刊订购量的基础上，出版商免费或者以较低的价格向图书馆提供印刷本期刊；后者是指出版机构根据图书馆订阅的电子期刊的数量调整其折扣。

四、尾数定价法

尾数定价法是指销售商在给电子书商品定价时，有意保留一个尾数的定价方法。在笔者调查的几大电子书平台销售排名前100位的电子书中，亚马逊中国仅有16种电子书的价格为整数；当当网仅有29种电子书的价格为整数；京东商城仅有20种电子书的价格为整数。这三大电子书销售平台将大量图书价格定为0.99元、1.99元、2.99元、5.99元，而不是1元、2元、3元或6元。尾数定价法基于读者电子书消费心理，让读者有一种电子书价格较低、比较便宜的感觉，非常适用于大众类电子书，因为这类电子书本身价位较低，需求弹性也较大。

第八章 数字出版产品定价

第四节 我国数字出版物定价的原则与建议

一、我国数字出版物定价的原则

1. 市场主导与政府引导相结合

我国图书行业从1992年就开始采取市场定价机制。党的十八届三中全会明确指出，要完善文化管理体制，建立健全现代文化市场体系。电子书产业是现代文化产业的重要分支，因此，其定价也应当以市场为主导，采用市场主导的定价机制，由市场自发调节，并最终检验其定价的合理性。然而，电子书对于文化市场来说仍然是一种新产品，市场这只手还是会频频"失灵"，这个时候，就需要由政府对其进行适当引导。从全球范围看，目前的数字出版产品定价并没有统一的规范，不同的国家、出版商和零售商都有自己制定价格的标准和考虑。例如实行图书定价制的法国就由政府出面，对电子书的定价制定了一个统一的标准，其提出，考虑到电子书无须缴纳增值税等因素，电子书的定价统一比纸质版图书便宜30%。而实行图书自由定价制的美国、英国和加拿大，尽管没有出台明确的法律法规指导电子书定价，但是其对苹果公司和几家大型出版商提起的反垄断诉讼，实质上也是对电子书定价进行引导的一种方式——支持电子阅读巨头亚马逊的"批发模式"为基础的电子书低定价体系，反对以苹果的"代理分成"模式为代表的电子书高定价体系。我国电子书市场大都采用类似苹果的"代销分成"模式，除此之外，一些生产电子书终端阅读设备的企业中也不乏亚马逊的"批发模式"的追随者。总的来说，我国数字出版物市场定价非常混乱，没有统一的定价标准和体系，这对于我国数字出版产业的健康发展十分不利。因此，尽管数字出版物定价最终要靠市场来调节，然而，在其发展的初期，仍然需要政府相关管理机构通过制定政策法规的形式进行适当的引导，和数字出版企业一起建立一个良性运作的市场。

2. 引入读者主体定价机制

引入读者主体定作机制主要是针对电子书市场而言的。在电子书产业中，读者作为电子书的最终消费者和使用者，其积极性和主动性得到进一步加强，因此，在电子书定价机制中，引入读者主体是当务之急。我国电子书产业目前的

"混战"局面在很大程度上就与电子书出版商和销售商忽略了读者的实际需求有关。对于电子书出版商而言,他们总是希望从"价值"的角度去解释和指导电子书定价,而漠视读者实际能接受的电子书价格。对于电子书销售商而言,因为急于培育市场,他们不惜赔本让读者低价甚至免费下载图书,却忽略了读者对优秀电子书内容的需求。因此,要引入读者主体定价机制,一方面要打破电子书出版商在电子书定价上"自说自话"的局面,采取低价原则,积极培育正版电子书付费阅读市场的形成;另一方面,电子书销售商也要注意不能一味以低价吸引读者,而忽略了读者对高质量的电子书内容的需求。在电子书领域,传统的开销加利润的定价计算模式已不再适用,出版商和电子书销售商应当引入读者主体定价机制,先找到读者可以接受的价格,并在此基础上建立可以盈利的模式。

3. 采用灵活的定价方法和策略

数字出版产品价格方面的优势成为其扩大市场的关键因素,因此数字出版商和销售商在制定价格的过程中要充分了解价格策略与消费者购买意向的影响之间的关系,采用灵活的定价方法和策略。从定价方法的角度看,数字出版商和销售商纷纷放弃了过去的成本加成定价法,而是采用客户驱动型定价法,旨在创造更多满意的读者。同时,为了获得更多市场份额,市场份额驱动型定价方法也被普遍采用,例如京东商城2013年推出5万本电子书供读者免费下载,就是针对其竞争对手当当网的营销策略的回击。另外,专业和教育类电子书平均价格明显高于大众类电子书价格,这实际上是采用了需求导向定价法。电子书领域的定价策略就更丰富了,很多电子书销售平台都采用了尾数定价策略,例如当当网、亚马逊中国也将多种图书定价为"0.99 元""1.99 元",而不是 1 元、2 元。尾数定价策略非常适用于大众类电子书,因为这类电子书本身价位较低,需求弹性也较大。同时,很多电子书销售商还将报刊领域的"订阅"模式引入电子书领域,例如京东商城推出了"包月"服务。除此之外,捆绑销售也是电子书销售商常用的定价策略,其中"终端+电子书"的捆绑销售策略主要是一些开发有电子书阅读器的出版商采用,例如辽宁省出版集团就采用了这种销售策略,学术出版商则主要针对图书馆客户采用将某一类或多类多种电子书捆绑在一起销售的定价策略。此外,还有动态定价策略、折扣策略以及读者自主定价策略等。总之,电子书出版商和销售商要全面系统地分析影响电子书定价的各种要素,在此基础上灵活选择合适的定价方法和策略,确保制定科学合理的价格,获得目标收益。

4. 综合考虑社会效益和经济效益

十八大报告明确指出,文化产业发展"要坚持把社会效益放在首位、社会效

第八章　数字出版产品定价

益和经济效益相统一"。数字出版产业是文化产业的重要分支,在其发展的过程中理所当然也要坚持社会效益和经济效益相统一的原则。落实到数字出版产品定价上来,这就意味着在数字出版产品定价的过程中需要综合考虑社会效益和经济效益,在二者间找到一个平衡点。从社会效益上看,数字出版产品定价不宜过高,因为超越了读者的购买力将会影响和阻碍知识的共享和文化的传播。美国司法部对苹果与五大出版商的反垄断诉讼,提出法院需要"拒绝不符合公众利益的提案",就是其将电子书产业的社会效益凌驾于经济效益之上的重要表现。事实上,与亚马逊的低价策略相比,出版商可以从苹果实行的代理模式取得更高的利润,但结果造成了电子书价格的大幅上涨,侵害了消费者的公共利益,这也是美国司法部认定苹果与五大出版商存在垄断行为的关键点。一向崇尚自由竞争的美国尚且如此重视数字出版产业的社会效益,我国是社会主义国家,在引导数字出版产业定价的时候,更需要将社会效益放在首位。将社会效益放在首位,并不意味着就要完全放弃经济效益,因为数字出版并不是一项公益事业,而是一个产业,其要实现可持续发展,就必须在定价的时候保证自己的利润空间。这就要求数字出版商和销售商要避免一味低价,还要平衡数字出版产业链各方的利益和需求,制定最优化的数字出版产品价格,促进数字出版产业的可持续发展。

二、促进我国数字出版物市场良性发展的建议——基于定价的角度

定价是数字出版物市场至关重要的一项活动,当前我国数字出版物市场的虚假繁荣很大程度上与数字出版产品定价混乱有关。本节拟从定价的角度,提出几项促进我国数字出版物市场良性发展的建议。

1. 以立法的形式确立适合我国电子书市场健康发展的定价制度

电子书定价制度是电子书定价模式形成的基础,因此,要规范我国电子书市场定价机制和模式,首先就要确立适合我国电子书市场健康发展的定价制度。从国际上看,目前电子书定价制度可以分为两种类型:自由定价制度和固定价格制度。前者指的是电子书以自由价格在市场销售的定价制度,美国、英国、加拿大等国家就将其传统图书市场的自由定价制度延伸到电子书市场;后者指的是由电子书版权方确定电子书的市场销售价格,电子书销售商基于这一固定价格销售,没有自由定价权的定价制度,法国正是将传统图书市场的固定价格制度延伸到电子书市场的典型代表。这两种定价制度本身并没有优劣之分,都是各有利弊。目前,我国电子书市场还没有形成统一的定价制度,这是造成我国电子书市场定价

混乱的重要原因。在这里，建议我国借鉴法国的经验，采取电子书固定价格制度，并以立法的形式对其进行确认。之所以提出这项建议，主要是因为一方面，我国图书市场过去一直采取的是固定价格制度，出版商是行业的主导者，目前我国电子书版权主要还是掌握在传统出版商手里，将这种制度延伸到电子书领域不会引起出版商的反弹和图书行业秩序的混乱；另一方面，尽管作为现代文化产业的重要分支，电子书定价应当采用市场主导的定价机制，然而，电子书市场还处于初步建立阶段，在这个阶段，市场这只手会频频"失灵"，这个时候，就需要由政府对其进行适当引导。而以立法的形式对电子书固定价格制度进行确认，是确立电子书定价规则和标准的最直接有效的形式。

2. 以受众需求为基础选择定价模式

不同的定价模式之间并没有明显的优劣之分，满足不同受众需求的电子书也适合不同的定价模式。大众电子书市场更适合选择代理制定价模式，不过在选择代理制定价模式时，有几点需要注意。首先，出版商在制定电子书价格的时候，要着眼于培育电子书付费阅读市场，遵循低价原则，而不能抬高电子书价格；其次，出版商要做好数字版权渠道的统一管理，针对不同渠道统一定价；最后，出版商在定价时要做好读者调查并尊重电子书销售商的意见，与其协商制定电子书销售最优化的价格，避免"自说自话"。而对于专业电子书和电子书包市场，其更适合选择批发制定价模式。这一方面是因为其版权方相对集中和单纯；另一方面，其面对的是机构客户，机构客户更倾向于一次性获得批量授权的购买方式，而不是按照下载量或浏览量付费。数字连续出版物市场也是如此，数字新闻和数字消费类期刊适合订阅模式，数字科技期刊则适合捆绑销售模式。

3. 建立以读者需求为导向的定价机制

在向数字出版转移的过程中，传统出版商还未能摆脱过去的习惯思维，在数字出版领域延续采用过去的"成本＋利润"的定价机制。因此，可以经常看到当读者埋怨数字出版产品价格过高时，我国出版商仍然习惯于向读者解释数字出版产品的定价是由其开销决定的。而大型数字出版商和销售商则倾向于采用"竞争导向"定价机制，其为了扩大市场占有率，提高网站流量，往往会低价甚至免费销售电子书或电子期刊，引起电子书市场的"价格战"。事实上，这两种定价机制都不适合数字出版产业的发展。在数字出版产业中，读者作为数字出版产品的最终消费者和使用者，其积极性和主动性得到进一步加强，因此，本书建议建立以读者需求为导向的定价机制。以读者需求为导向的定价机制并不是简单地采用低价策略就可以达成，而是要求版权方和销售商全方位深入了解读者需求和其

第八章 数字出版产品定价

对数字出版产品价格的接受情况,一方面进一步提升读者的阅读体验,另一方面充分协商制定最优化的电子书价格。

4. 多方位拓宽赢利渠道

不论我们是否愿意承认,在数字出版产业,想要像在传统出版行业一样,仅仅通过产品销售获取想要的利润几乎是不可能的。例如在电子书行业,尽管电子书版权方和销售商不遗余力地培养读者的电子书付费阅读习惯,然而,在盗版猖獗和读者习惯了免费获取网络信息内容的情况下,效果始终不尽如人意。这就要求我们打破图书行业以内容销售赢利的传统思维模式,积极拓宽电子书赢利渠道,探索多种赢利模式。亚马逊美国一直以低于成本的价格销售电子书,却通过电子书阅读终端 Kindle 系列产品的销售弥补其损失,获取更多的收益。2012年,亚马逊还推出了 Kindle 广告版,通过在 Kindle 中嵌入广告软件的方式积极开拓第三方付费的赢利渠道。除了第三方付费赢利渠道外,电子书企业还可以利用其内容资源聚合的优势提供信息咨询服务和教育培训服务等,积极拓展服务销售赢利模式,汤姆森集团就是由专业内容提供商向专业服务提供商转型的成功范例。

本 章 小 结

本章探讨了数字出版产品定价的问题。首先分析了国内外数字出版产品定价制度以及影响数字出版产品定价的因素;然后,分析了数字出版产品定价模式以及定价方法;最后,提出了我国数字出版物定价的原则以及促进我国数字出版物市场良性发展的建议。

□ 思考与练习题

1. 中国和美国分别实行哪种定价制度?
2. 影响数字出版产品定价的因素有哪些?
3. 目前,我国数字出版产品的定价模式有哪几种?定价方法有哪些?
4. 我国数字出版产品定价应当遵循哪些原则?
5. 请从定价的角度,提出促进我国数字出版物市场良性发展的策略。

第九章　数字出版产品分销渠道

> **教学目标与教学重难点**

目标：了解数字出版分销渠道的概念、类型及其构成；了解电子书分销模式；了解数字期刊分销模式。

重难点：能够准确区分数字出版产品分销渠道模式；全面了解电子书、数字科技期刊、数字消费类期刊分销模式的异同。

按照受众需求生产出数字出版产品，并为其制定合理的价格以后，还需要通过合适的通路才能将数字出版产品送到需要它的受众手中，这就是数字出版产品的分销渠道。数字出版分销渠道既有对传统出版分销渠道的延续，也有一些新的特点，例如弱化批发渠道，强化平台地位等，这都是为了更快捷、更便利地将数字出版产品送到受众手中。

第一节　数字出版产品分销渠道构成

一、数字出版产品分销渠道的概念

数字出版物分销渠道指的是数字出版产品从生产方向读者消费领域运行的整个线路和过程。数字出版产品往往需要经过一系列中间机构，如 B2B（Business to Business，企业到企业）图书销售平台、B2C（Business to Consumer，企业到消费者）网上书店、C2C（Consumer to Consumer）网上书店等环节，方能到达消费者手中。同样，每一个消费者所需要的数字出版产品往往来自于多家数字出版机构。如果把数字出版机构视作起点，把消费者视作终点，在他们之间就有无数条供数字出版产品流通的渠道。正是通过这些渠道，数字出版产品才能从数字出版机构顺利地传递到广大消费者手中。可见这些联系数字出版机构与广大消费者的分销渠道对于数字出版机构和广大读者都具有非常重要的意义。

二、数字出版产品分销渠道的类型

数字出版产品的分销渠道非常复杂，按不同的分类标准可以划分出不同的渠道类型。其中，按照是否有中间商介入，可以分为直接渠道和间接渠道。根据介入数字出版传播领域中发行中间商环节的多少可以分为长渠道和短渠道。根据分销渠道每一个中间环节的中间商数目的多少可以分为密集性分销渠道、选择性分销渠道和专营性分销渠道。除此之外，根据渠道成员的关系，还可以分为产权式垂直分销渠道、支配式垂直分销渠道以及契约式垂直分销渠道。陈辉在《数字出版营销渠道分析》一文中，参考方卿、姚永春主编的《图书营销学》，对这些渠道类型进行了具体的描述。

1. 直接渠道与间接渠道

（1）直接渠道。

直接分销渠道是指在没有任何中间商介入的情况下，将数字出版产品直接销售给广大读者的一种渠道类型。采用这种方式的多为一些大型的数字出版机构，这些机构借助自身的技术、资金以及海量内容资源的优势，通过技术、资本、内容的整合等方法开创自己的数字出版平台，直接面向终端用户进行数字出版产品的销售。在国外有维基百科全书的网络出版、爱思唯尔期刊集团的网络服务、阿歇特出版集团（Hachette Book Group）自建的电子书销售平台等，我国目前则有商务印书馆"工具书在线"、中国大百科全书出版社的"百科在线"、腾讯文学的原创文学平台等。

（2）间接渠道。

间接分销渠道是指数字出版机构利用发行中间商来向广大读者供应数字出版商品的一种分销渠道。因为受众总是更加倾向于那些内容资源更丰富的平台，单一数字出版机构仅凭一己之力很难组建能够满足消费者多样化内容消费需求的数字出版产品分销平台，因此，即使是自建了数字出版产品销售平台的出版机构也多通过第三方已建成的数字平台发布自己的数字资源。例如，目前我国大多数出版社的电子书主要通过当当网、京东网、掌阅的电子书平台分销。在移动出版领

域，多家出版企业借助中国移动的平台优势共同开展合作，销售电子书。在国外，兰登书屋加拿大公司与电子书、有声书、音乐与视频全方位服务的数字分销商 OverDrive 合作，亚马逊、Kobo 等网上书店是美国最大的电子书销售平台。

2. 长渠道与短渠道

（1）长渠道。

传统意义上的长渠道，一般是指选择使用两个及两个以上环节的发行中间商的渠道形式。相比传统图书分销渠道，数字出版的长渠道形式还是有所不同。传统图书的长渠道分销的形式包括出版企业—批发商—零售商—读者、出版企业—代理商—零售商—读者、出版企业—代理商—批发商—零售商—读者三种类型。在数字出版产业内，批发的环节逐渐被弱化，甚至取消，出版企业—代理商—零售商—读者成为最主流的长渠道模式。另外，原创文学网站与传统出版社结合的形式采用了这样的传播通路：作者＋传统出版＋网络平台＋终端读者，这也是数字出版的一种长渠道形式。

（2）短渠道。

传统意义上的短渠道一般是指在数字出版产品传播过程中仅使用一个环节的发行中间商的渠道形式。传统图书分销短渠道的形式包括出版企业—普通图书零售店—读者、出版企业—外行业图书经销商—读者、出版企业—图书俱乐部—读者、出版企业—图书馆供应商—读者四种类型，其中，第一种已经演变为数字出版机构—数字内容分销平台—读者的形式，第二种完全不适应数字出版产业发展，已经基本不存在了。第三种，尽管在网络时代图书俱乐部并未完全消失，而是发展成了网上图书俱乐部或网络图书分享平台，但是图书俱乐部更多的是承担图书宣传、营销的功能，而非销售功能。第四种，主要适用于数字期刊分销领域，近年来，电子书也逐渐开始采用这种形式。例如前面提到的 OverDrive 就是加拿大最大的面向图书馆的电子书供应商。

3. 渠道的宽窄

数字出版产品分销渠道的宽窄取决于分销渠道每一个中间环节的中间商数目的多少，顾名思义，同一环节中间商数目越多，分销渠道就越宽，反之就窄。按照宽窄程度的不同，数字出版产品分销渠道主要有以下三种类型。

（1）密集性分销渠道。

密集性分销渠道又称普遍性分销渠道、广泛性分销渠道、强力分销渠道等，指的是数字出版机构在同一区域市场内各个层次的中间环节都广泛采用尽可能多的中间商来销售其数字出版商品的一种分销渠道形式。体现密集性分销渠道的数字出版营销方式,就是在尽可能多的数字发行平台上发布数字资源。例如哈珀·柯林斯为了拓宽其电子书销售渠道,采用多平台销售策略,与亚马逊、Kobo、巴诺、苹果等多家电子书销售平台开展合作。一般而言,大众类、时尚类数字出版产品为了增加与消费者接触的机会,普遍热衷于采用密集性分销渠道,在手机移动数字平台、网络数字平台、电子书数字平台等平台上密集发布,让尽可能多的受众通过电子商务平台进行购买。

(2) 选择性分销渠道。

选择性分销渠道指的是数字出版机构在同一市场区域内的各个层次的中间环节仅选择一些条件较好的中间商来销售其图书商品的一种分销渠道形式。例如前面提到的兰登书屋加拿大公司在面向图书馆的电子书销售市场上,就仅选择与 OverDrive 合作,因为其在这方面有着独特而难以取代的优势。有些数字出版资源的发布具有一定的平台选择性。因此,可以有针对性地选择在适合的数字平台上进行发布,比如天气资讯、手机报等,就是重点选择在手机移动数字平台上进行发布。

(3) 专营性分销渠道。

专营性分销渠道指的是数字出版机构在同一区域市场内某一层次的中间环节中仅选数量极少的中间商来销售其产品。专营性分销渠道主要体现在特定的数字资源发布上,比如以前通过专营性分销渠道进行营销的教材,在数字出版时代仍然可以采用这种方式,与特定的移动数字阅读平台进行捆绑式营销。如美国 6 所大学参与到 Kindle 教科书项目中,将部分试行预装化学、计算机科学以及新生指南等课程的电子课本。而在我国也开始出现一些相关的应用,如上海卢湾一小学引 iPad 进课堂等。

4. 垂直分销渠道

垂直分销渠道指的是以所有权、契约或其他方式为纽带将数字出版机构、代理机构、零售机构等跟数字出版产品分销活动相关的成员紧密联系在一起而构成的一种渠道形式。这种渠道主要有三种形式。

(1) 产权式垂直分销渠道。

顾名思义,产权式垂直分销渠道指的是以产权为纽带将数字出版机构、代理机构、零售机构等跟数字出版产品分销活动相关的成员紧密联系在一起的一种分销渠道形式。例如近年来亚马逊频繁收购传统出版企业,并专门建立了电子书出版公司,将电子书出版、销售联系在一起就是一种产权式垂直分销渠道。

（2）支配式垂直分销渠道。

支配式垂直分销渠道成员指的是数字出版分销渠道一方以其突出的实力、地位或专门性的技术与知识出面组织、协调或影响渠道中其他成员，使多数渠道成员协调行动的一种垂直分销渠道形式。例如之前苹果在组建 iBooks 数字内容商店的时候，就要求哈珀·柯林斯、兰登书屋、企鹅集团（当时兰登书屋和企鹅集团还未合并）、西蒙与舒斯特等世界六大大众出版集团确保其在该平台的销售价格最低。亚马逊美国对在该平台销售的所有电子书定价拥有绝对的定价权，这些都是属于支配式垂直分销渠道。

（3）契约式垂直分销渠道。

契约式分销渠道指的是不同层次的独立数字出版分销渠道成员为了实现其单独经营所不能达到的经济性而以某种协议或契约为基础结成联合体的一种分销渠道形式。例如中国移动阅读基地就是由拥有数字资源的出版社和中国移动订立契约，以利润分成的方式共同打造数字出版渠道。

相对于传统图书渠道，数字出版渠道看起来似乎更加简单，但实际上参与渠道的主体更加复杂化，其身份既可以是单一的、独立的，又可以是多元的、重叠的，渠道之间的地位和角色也经常变换。

第二节　电子书分销模式

一、直接销售模式

直接销售模式指的是电子书直接从生产者销售到消费者手中。生产者包括作者、出版者等。电子书消费者既包括个人消费者，也包括图书馆等机构用户。直接销售模式主要采用以下两种模式。

1."作者—个人读者"模式

信息传播技术的发展和普及既解决了内容复制的技术和成本难题，也拉近了作者和读者的距离，使"作者—个人读者"这一数字出版产品分销模式成为可能。在西方数字出版物市场，美国著名惊悚小说作家史蒂芬·金 2000 年绕开出版商在个人网页上直接面向读者销售其连载小说《植物》，最后以失败告终。迄今为止，暂时也还没有出现单凭作者的力量取得重大商业成功的例子，大多需要

第九章　数字出版产品分销渠道

借助大型数字内容分销平台的力量。例如亚马逊自建的电子书平台 Kindle 内容商店，就为作者提供了直接面向读者销售电子书的平台。亚马逊提供一个基于电子书定价的利益分成协议，定价在不同区间的电子书利益分成比例不同，作者和亚马逊平台的利益分成比例为 90%、10%～50%、50% 不等，定价越高，作者获得的利益分成比例越低。因此，作者可以自己估算哪种定价获得的利益最丰厚，从而自主定价，面向读者直接销售其创作的电子书。因为价格以及平台推广的优势，2017 年亚马逊畅销电子书前一百位排行榜中，亚马逊平台签约作者创作的图书占到一半以上。我国的原创文学网站也主要采取的是"作者—个人读者"模式，作者和原创文学网站按照一定的比例分享读者阅读带来的收益。

2. "数字出版商—个人读者"模式

"数字出版商—个人读者"模式指的是出版商直接面向个人销售电子图书的一种分销模式。这种模式在早期被许多出版商尝试采用过，例如国外的企鹅兰登书屋、哈珀·柯林斯、阿歇特等出版集团都曾经自己建立过电子书销售平台。我国的中国出版集团也建立了"大佳网"、被腾讯收购前的上海盛大网络发展有限公司曾经自建了半开放型的"云中书城"分别配合其开发的电子书阅读器"大佳阅读器"和"锦书"（Bambook）直接面向读者销售电子图书。另外还有上海世纪出版集团预备筹建的囊括庞大图书资源的服务网站"辞海天下"。最后或是因为版权消费者网络内容消费过程中对海量内容的消费需求，或是因为版权的获取难题，这些自建分销平台大多宣告失败。目前采用这种模式的主要是大学教材出版商，例如 2007 年，美国 14 家重要的教材出版社（包括约翰·威利父子、麦格劳·希尔、培生教育集团等）合伙成立了专门生产电子教材的公司 CourseSmart，为学生和教师提供多种电子教材。这些教材的内容、页码与纸质课本完全一致，分为支持在线订阅阅读和付费下载阅读两种形式，以及通过所购买的访问代码在第三方合作网站获取资源的形式。在线阅读只能在订阅期限内在线阅读，下载形式则支持多个终端，可以下载到电脑、iPhone 等阅读终端。学生可以在网上或者书店购买，这类教材与纸版格式一致、内容相同，但是又拥有比纸版更多的附加功能，即增值服务。培生教育集团的 CourseSmart eTextbooks 就是这样一种产品。CourseSmart eTextbooks 的作用在于既为学生减少了一半的费用，又保证了学生在可以上网的前提下随时随地的学习需要，与纸版教材一样，学生可以做笔记、注释、标记重点。另外，CourseSmart eTextbooks 提供增值服务，学生可以通过关键词进行全文检索，准确找到所需的内容。这款产品不仅可以在线阅读，也考虑到线下的学习需求，学生可以打印整本书或者所需章节。

2011年10月，培生集团又与谷歌公司合作推出了免费学习管理系统开放教室（open class）。学生可以在网上或者书店购买，这类教材与纸版格式一致、内容相同，但是又拥有比纸版更多的附加功能，即增值服务。

3. "数字出版商—机构读者"模式

"数字出版商—机构读者"也是一种重要的电子书直接销售模式。其中，又主要分为两种情况。

（1）"教育出版商—教育以及教育服务机构"模式。

作为教材出版商，其面向的主要客户是教育以及教育服务机构，在教育出版面向互联网转型的过程中，"教育出版商—教育以及教育服务机构"模式仍然是其主要分销模式之一。例如培生集团大量的网络学习服务产品直接售卖给教育服务机构，其还成立了专门的直销部门，负责面向机构用户的业务。该部门旗下包括CTI教育集团（CTI Education Group）、华尔街英语等。CTI是南非的一所私立高等教育机构，为南非所有校园提供全日制和非全日制的信息技术、心理学与咨询、创意艺术和平面设计、商务和法律方面的学习和研究。华尔街英语（Wall Street English）是规模最大的为全球成年人和企业客户提供英语学习指导的机构，在全球28个国家建立450多个中心。还有联系学院（Connections Academy），一所可供美国基础教育学生选择的虚拟学校。这些机构直接为其学习者提供其他团体无法提供的集成学习环境。培生教育出版集团还非常注重与教育机构的合作，其亚利桑那州立大学在线项目就通过经营完全在线学习项目获得了大量的企业合作伙伴，例如海洋社区学院（Ocean Community College）、印第安纳州卫斯理大学和罗格斯大学（Indiana Wesleyan University and Rutgers）。该项目2013年招收了64 000名注册学生，与2012年相比增加了45%。2014年1月，其扩大了与佛罗里达大学（The University of Florida）的合作，为其研究生和本科生课程提供技术、电子教材、招聘推广、招生管理、学生支持和保留服务。培生Embanet新生人数增长了8%，达到12 000人，学生总数达到27 000人，增加了16个新的项目，推出了3个新的重要学术合作伙伴，包括阿德菲大学（Adelphi University）、维拉诺瓦大学（Villanova University）和马里兰大学（University of Maryland）。而且，其还扩大了与现有客户的合作，以改善其教育方式，获得高质量的本科和研究生学位课程。

（2）"大众和科技出版商—图书馆"模式。

大众出版商和科技出版商面向的机构用户主要是图书馆，因此，其面对机构用户的直销一般采用的是"大众和科技出版商—图书馆"模式。在传统时代，

第九章　数字出版产品分销渠道

科技出版商就进行着面向图书馆的直销，在电子时代，其多会将图书制作成专业电子书库，面向图书馆销售，例如 SpringerLink 的电子书库等。大众图书出版商因为版权的问题迟迟不敢放开电子书图书馆配市场，在六大出版商中，哈珀·柯林斯也是第一家向图书馆提供电子书的企业。其后，兰登书屋也放开了对图书馆供应电子书的限制。企鹅集团、阿歇特、麦克米伦等四家公司相对保守，在2013年以前，只有兰登书屋和哈珀·柯林斯向图书馆销售其电子书。企鹅和西蒙与舒斯特直到2013年才开始向图书馆提供电子书，前者价格较低，采用平价策略，但有效期仅1年；后者只有2类书供给。而另外两家大众出版集团阿歇特、麦克米伦直到现在都没敢开放图书馆电子书项目。在各国电子书借阅法律和政策尚不完善，消费者从图书馆借阅电子书很可能导致销售减少的情况下，哈珀·柯林斯通过创新而稳健的电子书借阅次数限制的规定和技术避免了这一情况的发生。其通过多项调查，了解到如何在扩大电子书馆配市场的同时，避免对电子书销售产生负面影响，在2011年开始，就以消费者价格向图书馆销售电子书，同时有电子书在被购回前，每本的外借次数最多26次、每次不超过2周的限制。这一做法虽然也引起了一定争议，但是比起其他大众出版集团对电子书馆配市场的回避状态，目前已经得到美国、英国等地图书馆的支持。兰登书屋也提出未来可能效仿哈珀·柯林斯的做法，目前哈珀·柯林斯向图书馆的电子书销售额已经占到总收入的7%～9%。在美国市场，兰登书屋2011年开始图书馆电子书销售业务，刚开始价格定得较低，而在经过了详细的市场调研后，2012年2月2日，兰登书屋就宣布了要对馆配电子书提价，并于2012年3月1日起施行，同时公布了几类不同图书定价标准：同时有精装版纸本新书在售的电子书定价65～85美元；精装版已经出版了几个月，或者通常同步发行平装版纸本书的电子书定价25～50美元；有精装版纸本书在售的儿童类新书的电子书定价35～85美元；老一些的儿童书和平装版童书的电子书定价25～45美元。这个价格是原电子书价格的3倍。之所以针对图书馆市场采取高价策略，主要是因为图书馆会对其电子书销售造成负面影响，然而，图书馆又是非常重要的电子书市场，为了在二者之间获得平衡，兰登书屋针对可能会对电子书和印刷图书销售造成的不同影响，采用以类别为基础的高价策略。

二、一级渠道分销模式

由于电子书供应端和需求端的机构和个体数量庞大，直接交易成本较高，因

此，大多数出版商采取的是一级渠道分销模式。这种模式主要有以下几种形式。

1. 数字出版商—零售商—个人消费者

亚马逊是目前国际上最大的电子书分销平台，大多数英语电子书都需要借助亚马逊的分销平台才能确保其销量，因此国外数字出版业普遍采用"数字出版商—零售商—消费者"的一级渠道分销模式。例如目前法国出版公司阿歇特图书出版集团有6000多种电子书在亚马逊销售，兰登书屋、哈珀·柯林斯都采取电子书和纸质书同步发行的策略，在亚马逊销售其电子图书。亚马逊作为电子书零售商，有权自主确定电子书销售价格。尽管这种模式遭到出版商，主要是大众出版商的抵制。例如因为电子书销售给纸质书销售带来了巨大冲击，同时，这一合作模式让出版商处于产业链的弱势地位，2009年，法国阿歇特出版集团首席执行官阿诺德·诺里接受采访时对业界发出警告，出版商如果受制于亚马逊的电子书和谷歌的数字图书馆，被迫大幅削价，纸质图书可能会被逼上绝路。其后，阿歇特图书出版集团联合美国四大出版商——西蒙与舒斯特公司、哈珀·柯林斯出版集团、企鹅出版集团以及麦克米伦出版公司制定了新的价格联盟，转而与苹果合作，采用代理制定价模式。然而，代理制定价模式却受到美国司法部的反对，被控"合谋操纵电子书定价""违反了反垄断法"而宣告破产，这五家出版商和苹果也被判对遭受损失的读者给予补偿。这一争端于2013年落下帷幕。2014年，阿歇特出版集团再次卷入与亚马逊的电子书交易条款争端中，亚马逊还对阿歇特采取图书下架等"恐吓"手段。尽管作为第一家与亚马逊谈判的出版社，很多传统出版商都支持阿歇特一定要站稳自己的立场，然而，最终证明，在渠道为王的情况下，作为第一家与亚马逊发生争端的出版企业，阿歇特成了牺牲品。尽管除了亚马逊外，读者还有很多渠道可以购买到阿歇特的电子书，然而，亚马逊毕竟是全球最大的电子书销售平台，与其发生争端，失去这一重要电子书销售平台，对于数字出版商的电子书的销售肯定会有不利的结果。

2. 数字出版商—代理商—个人消费者

基于苹果iBooks内容商店，我国的当当网、京东网、中国移动阅读基地等电子书分销平台的电子书内容销售模式多属于数字出版商—代理商—个人消费者模式。在这种模式下，数字出版商与数字出版产品分销平台通过签订代理协议，委托平台代为销售其生产的电子书，渠道的控制权主要掌握在数字出版商手里，因此，分销平台需要与数字出版商协商定价。但是在实际的操作过程中，因为这些电子书分销平台在促进和扩大电子书销售方面的重要作用和优势，很多时候，数字出版商不得不做出让步。在移动环境下，这种模式的电子书分销很多都需要借

第九章　数字出版产品分销渠道

助于应用商店或客户端。目前，主流的应用商店主要基于两大系统，即 iOS 和 Android 系统。基于 iOS 系统的 App Store 为半开放性，即终端封闭、平台开放，允许第三方开发产品，苹果公司拥有对产业链的绝对控制权。而 Android 系统则完全开放，除了 Google 官方的 Google Play Store，很多第三方的设备商、运营商等都可以开发基于 Android 系统的应用商店，如中国移动的 Mobile Market、三星的 Samsung Apps 和安卓市场等。客户端是指一种读书支持软件，用户以此访问书城，搜索、浏览和下载出版物。由于与客户端相连的服务端是书城，提供的是收费下载或阅读服务，所以，客户端也是一种电子书发行形式。根据销售收入按比例分成是这种模式最主要的盈利来源。

3. 数字出版商—数字内容集成商—机构用户

在针对机构用户的电子书销售中，还经常采用数字出版商—数字内容集成商—机构用户模式。例如兰登书屋在打开加拿大图书馆电子书销售市场的时候就采取了这种模式。对于加拿大图书团购机构如图书馆、学校来说，借由兰登书屋加拿大公司与 OverDrive 的合作，他们可以获得兰登书屋提供的数以千计的电子书。这些电子书均来自麦克利兰·斯图尔特公司（McClelland & Stewart）以及兰登书屋加拿大公司。OverDrive 是提供电子书、有声书、音乐与视频全方位服务的数字内容集成和分销商。在 OverDrive 以及 Windows、Mac、iPod、iPhone、iPad、Sony Reader、Nook、Android 以及黑莓等平台的支持下，团体购买机构所属的读者可以大量阅读兰登书屋加拿大公司推出的电子书。用户也可以通过 OverDrive 的免费应用程序，从图书馆直接下载 EPUB 格式的电子书或者 MP3 格式的有声书到自己的 iPhone 或 Android 客户端。美国的很多数字出版商在打开面向图书馆的电子书销售渠道时，很多要先将电子书销售给隶属于英格拉姆的 MyLibrary。MyLibrary 与美国多家图书馆建立了良好的关系，可以有效协助数字出版商将电子书以合适的价格销售给图书馆，MyLibrary 主要靠从中收取交易金额一定比例的佣金获利。

4. 数字出版商—按需印刷商（自助出版商）—个人读者

目前，按需印刷公司也成为电子书分销渠道非常重要的中间商。培生教育出版集团、布莱克威利出版集团在其电子书销售页面上，几乎都会提供一个按需印刷机构的联系方式，供读者将其个性化教材印刷出来。哈珀·柯林斯为了建立按需印刷业务，在 2011 年 5 月 12 日，与纳利印刷公司签订了全球供应链突破性协议。根据协议，从 2011 年 11 月起，纳利印刷公司将接手哈珀·柯林斯出版公司弗吉尼亚州哈里森堡工厂新书的印后业务；从 2012 年 7 月起，该公司还将负责

哈珀·柯林斯出版公司旗下桑德凡出版社重点新书和再版书的印后工作；纳利还将为哈珀·柯林斯出版公司在全球范围内提供按需印刷服务，这将使该出版公司的大部分版权图书在世界各地实现按需印刷。同时，这一协议也使当纳利成为哈珀·柯林斯出版公司传统产品的印刷商、印后服务商和发行商。

三、多级渠道分销模式

一般而言，数字出版产品零售商、数字出版产品代理商、数字内容集成商、按需印刷商既可以如在一级渠道分销模式中那样直接面对消费者，也可以采取多级渠道分销模式。例如亚马逊、巴诺等电子书零售商都是按需印刷商闪电源的下游合作伙伴，因此，尽管电子书领域几乎看不到批发商，但是仍然可能存在多级分销渠道模式，多级渠道分销模式也可以被认为是上述一级渠道分销模式中各种中间商的交叉组合和叠加。

在渠道的宽窄方面，电子书出版商多选择宽渠道模式。例如哈珀·柯林斯和每个技术平台的伙伴都诚意合作，满足不同平台的需求也就是满足不同读者的需求。这也是一种自我保护的方式，因为如果只和一两家合作，其实是增加了风险。因此，哈珀·柯林斯的合作对象很多。如前所述，首先，为了适应数字环境下读者对搜索引擎工具的依赖，其与谷歌、雅虎等搜索引擎合作，寻求双赢途径。其后，为了拓宽其电子书销售渠道，其采用多平台销售策略，与亚马逊、Kobo、巴诺、苹果等多家电子书销售平台开展合作。在 2012 年被美国司法部以垄断电子书价格为名起诉并胜诉后，哈珀·柯林斯迅速与亚马逊重新建立紧密的合作关系。兰登书屋也采用多平台的方式传播其数字内容。兰登书屋本身自建了电子书销售平台，读者可以通过该平台网络购书。除此之外，其电子书还可以通过各种电子阅读设备获取，包括 RIM 的黑莓、亚马逊的 Kindle、巴诺的 Nook、个人电脑、苹果电脑、苹果手机以及各种平板电脑，包括 iPad、Kindle Fire 以及 Nook Tablet。其电子书在亚马逊 Kindle、谷歌、苹果的 iBook store、Kobo、Nook 等多个电子书销售平台销售。读者在官网中任意选取一本电子书后点击进入，页面将会显示可购买此电子书的平台链接。读者可以根据使用的阅读设备选择相应的电子书供应商。

为了更好地利用多平台传播渠道销售自己的数字内容，兰登书屋还非常谨慎地力争与各大平台建立良好的合作关系。例如 2010 年苹果与各大出版集团策划电子书代理制时，唯兰登书屋按兵不动，其后，六大大众出版集团中，也唯有兰登书屋避开了美国司法部的反垄断和操纵电子书价格的指控。阿歇特也采用了多平台销售策略销售自己生产的电子书。其一方面建立了自己的电子书店，另一方面还通过其他销售地区最重要的电子书销售平台销售其电子书，如亚马逊、苹果、科博（Kobo）、巴诺、谷歌娱乐（Google Play）等电子书销售平台销售。阿歇特还为其电子书分销建立了特定的专业知识和基础设施，例如其建立了数字资产发行/分配系统（the digital asset distribution system，DAD），该系统是一个集中存储和传递电子书的数字仓储，包括进销存和退货的数字化管理流程的构建，使其成为图书价值链的重要战略链接点。DAD 项目由美国、法国、西班牙和英国的团队协作研发，是阿歇特在其所有主要市场中建立的第一个统一运作的数字资产管理系统。基于该系统平台，阿歇特得以在没有国界和语言障碍的条件下向全球销售其作者的图书。对于新出版的图书，在出版纸质版本的同时推出数字版，选择性地把过往出版的旧书数字化，实现所有数字图书格式的标准化，使其能够与全球市场上的所有数字平台兼容。

第三节 数字期刊分销模式

数字期刊按照其面向的消费对象的不同，可以分为数字科技期刊和数字消费类期刊。这两种期刊的分销模式有较大区别，本处分开叙述。

一、数字科技期刊分销模式

数字科技期刊分销的过程实际上需要完成的是"数字科技期刊"与"专业读者"之间的匹配，从而实现知识在科学共同体内部的传播，资金在科技出版环节的交换的过程。徐丽芳在《网络科技期刊发行模式研究》一文中，将网络科技期刊发行模式分为渠道模式、交易模式、功能模式这三种主要分销模式。在这里，主要介绍更为成熟的渠道模式和交易模式。

1. 渠道模式

依据数字科技出版商与其用户之间是否有中间发行环节，可以将数字科技期刊的渠道模式分为直接销售模式和间接销售模式。

（1）直接销售模式。

采用直接销售模式的有两种渠道：其一是由数字科技出版商直接将数字科技

期刊面向个人订户销售；其二是由数字科技出版商将数字科技期刊发送给机构订户，机构用户主要是公共图书馆以及学校、科研机构、政府和企业的图书馆、信息中心或资料室，然后再由这些机构用户将数字科技期刊提供给最终专业读者阅读。一般而言，读者与此类组织机构存在隶属关系，例如是该机构的职员或学生；或者没有隶属关系，但是属于该机构可能覆盖的读者范围（主要是公共图书馆）。为了增强同数字科技出版商的议价能力，很多图书馆会成立图书馆联盟（library consortia），例如成立于1958年的"机构性合作委员会"（Committee on Institutional Cooperation，CIC）就是跨美国中西部8个州的12所研究型大学联盟，其成员包括芝加哥大学、伊利诺伊大学、印第安纳大学、爱荷华大学、密歇根大学、密歇根州立大学、明尼苏达大学、西北大学、俄亥俄州立大学、宾夕法尼亚州立大学、普渡大学、威斯康星大学麦迪逊校区。该联盟电子资源的集团采购工作主要由馆藏发展和电子资源主管工作部（Collection Development Officers/Electronic Resource Officers，CDOs/EROs）负责。从1994年起，CIC代表其成员馆向各大数据库商购买和引进了数百个数据库，为联盟节省了3 000多万美元。还有我国高校图书馆合作组成的中国高等教育文献保障系统（China Academic Library & Information System，CALIS）以及高校图书馆数字资源采购联盟（Digital Resource Acquisition Alliance of Chinese Academic Libraries，DRAA），也旨在团结合作开展引进数字资源的采购工作，规范引进资源集团采购行为，通过联盟的努力为成员馆引进数字学术资源，谋求最优价格和最佳服务，每年为联盟成员节省了不少科技期刊数据库购买经费。图书馆联盟一般在高校图书馆和研究图书馆领域作为机构用户的上游发行环节。

（2）间接销售模式。

采用间接销售模式的渠道主要包括三种。其一是用户通过集成商（aggregator）获取网络科技期刊。著名的如国外的EbscoPublishing、Gale、Ovid Technologies、ProQuest（CSA），国内的知网、万方、维普和人大报刊复印资料等。一般来说，这些集成商本身并不编辑出版期刊，他们只是以数据库和数字图书馆的形式重新集成其他出版商出版的各种数字科技期刊。其二是通过平台供应商（full content hosts）这一中间环节发行数字科技期刊。因根特（Ingenta）和海威尔（Highwire）都是这一类型发行机构的典型代表。在这种模式下，这些中间机构最主要的功能是为其他出版商和期刊提供数字出版服务。例如，海威尔出版社（HighWire Press）的数字科技期刊集成平台容纳了一百多家数字出版商出版的一千多种期刊，其中包括《科学》（*Science*）和《新英格兰医学期刊》（*The New*

第九章　数字出版产品分销渠道

England Journal of Medicine）等著名科技期刊的网络版。第三种是用户通过订阅代理机构获得网络科技期刊。著名的如美国的 EBSCO、德国的 Harrassowitz、荷兰的 Swets 以及国内的中国教育图书进出口公司报刊电子文献进口部（CEPIEC）和中国图书进出口（集团）总公司报刊电子出版物部（CNPIEC）等。他们往往同时提供印刷版和包括网络版在内的电子版科技期刊的订阅服务。

2. 交易模式

交易模式分为免费模式和付费交易模式两类。

（1）免费模式。

采用免费模式的典型代表是开放存取期刊，因为其采取的是付费发表的方式，发表前一般都签订有免费公开传播的协议，因此一旦发布所有的用户只要维护作者署名权、完整性权、非商业使用等著作权利就可以自由地浏览、阅读和下载期刊的所有内容。另外，目前大多数数字科技期刊也在 Google Scholar 或自建的官方网站提供目录、摘要、引用文献的免费存取。

（2）付费模式。

付费模式根据结算时间可以将其分为预结算和即时结算两种。预结算模式采取的方式包括订阅、站点授权（site license）以及充值卡模式。订阅模式在传统出版时代就是科技出版最重要的分销模式之一，相对比较好理解。数字科技期刊站点授权的惯常做法是针对一个特定实体（entity）来进行许可，由实体的不同形成国家许可（national license）、区域许可（regional license）、图书馆联盟许可（library consortia licenses）和单馆许可（library sitelicense）等不同的授权方式。在实践中，站点授权往往和订阅以及一种典型的捆绑销售方式——大宗交易（big deal）结合起来使用。从交易机构来看，通常机构用户才适用站点许可的做法，如英国医学期刊集团（BMJ）就规定所有机构订户都应获得站点许可。充值卡模式主要是国内数字科技期刊分销平台采用较多，例如万方数据公司、重庆维普、中国知网就发行了多种面值的阅读充值卡，持有者可登录该数据库，从充值卡中缴纳一定的费用就可以自由使用各类信息。

（3）即时结算模式。

即时结算模式多采用每单位收费（per-unit fee）的方式，这个"单位"可以是每看/下载一次（per-look/view/download）、每篇文章（per-article）、每页（per-page）、每字节（per-byte）或者每分钟（per-minute）。这种方式主要针对个人读者，例如爱思唯尔集团旗下的数字科技期刊聚合平台 ScienceDirect 上一篇论文的下载价格往往为数十到数百美金，价格非常昂贵。

二、数字消费类期刊分销模式

消费类期刊是期刊行业中市场化程度较高的类别之一，但是相较科技期刊而言，消费类期刊的数字化转型之路并不顺畅。目前，消费类期刊常见的电子版形式包括印刷版的数字化版本、设计版、文本版、手机版以及多媒体版等。主要包括第三方网站代理分销模式、通信商代理分销模式、客户端分销模式、社交媒体平台分销模式等。

1. 第三方网站代理分销模式

国内很多数字消费类期刊都采取了第三方网站代理的分销模式。目前，国内数字消费类期刊的代理发行网站非常多，经过一轮洗牌之后，目前较有影响力的有龙源期刊网、读览天下、悦读网、百阅等；国外较为知名的数字消费类期刊代理分销网站有 Zinio、coverleaf、issuu 等。代理商向读者提供多种版本的数字消费类期刊，处于价值链的核心地位。具体销售手段包括单体销售，即面向终端读者进行单篇文章或单期期刊的在线销售；充值卡销售，即面向机构或个人销售充值卡，通过充值卡抵扣期刊消费所需费用的方式；会员制销售，即读者作为发行商的会员定期缴纳一定费用即可浏览部分或全部数字期刊的销售模式；订阅，即读者按季度或年度订阅单种数字期刊的方式；捆绑销售，即将多种期刊按照一定的主题和营销策略进行捆绑以更合算的价格销售给特定人群。

第三方网站代理分销模式解决了普通中小期刊社没有资金和实力开展数字化分销的困难，是目前消费类期刊数字化分销的主流模式。

2. 通信商代理分销

通信商代理分销主要是针对移动阅读环境的一种分销模式。在这一新型分销模式中，通信商的角色不仅是信息传输者，同时是信息销售者，分销内容既包括与出版机构直接谈判所得，也包括与版权代理机构（如中文在线）合作所得。

3. 客户端分销模式

客户端分销模式是兴起于移动互联环境下的一种数字消费类期刊分销模式。之前的通信商代理分销多以彩信的方式向读者推送数字消费类期刊，但是因为彩信费用较高，而且阅读体验较差，因此，这种分销模式在市场上并不太受欢迎。其后，随着应用程序和客户端开发热潮的出现，很多知名的数字消费类期刊开始开发客户端，面向读者销售期刊内容。收费的方式包括订阅、单体收费或客户端下载收费等。

第九章　数字出版产品分销渠道

4. 社交媒体平台分销模式

除了客户端分销模式，在社交媒体兴起且日益成为人们获取信息的主要渠道和平台的情况下，还有很多数字消费类期刊建立了微博、微信、Twitter、Facebook 账号，免费向读者提供一定的期刊内容。期刊可以通过读者打赏等方式获取一定费用，当然更多的是采取免费的方式吸引更多读者，增加流量，以增加其对广告商的吸引力，获得更多的广告费用。

本 章 小 结

本章参考营销学对于分销渠道的定义和分类方法，定义了数字出版产品分销渠道的概念、类型及其构成。在此基础上，具体分析了电子书分销模式、数字科技期刊和数字消费类期刊的分销模式。

□ 思考与练习题

1. 什么是数字出版分销渠道？
2. 数字出版分销渠道有哪些类型？
3. 面向个人读者的电子书分销模式有哪些？面向机构用户的电子书分销模式有哪些？
4. 数字科技期刊有哪几种分销模式？
5. 数字消费类期刊有哪几种分销模式？

第十章　数字出版产品促销

> **教学目标与教学重难点**

目标：了解数字出版促销的基本内涵与方式，理解促销手段对于数字出版产品销售的重要性，能够分析、运用部分常规出版促销方式，能够根据数字出版产品和互联网的特点制定创新促销策略。

重难点：掌握常规促销策略的方式和特点，能够灵活运用，创新数字出版促销策略。

凭借着数字出版的东风，亚马逊 Kindle 电子阅读器及其电子书销售在过去 10 年取得了巨大成功。早在 2010 年 7 月，亚马逊总裁杰夫·贝佐斯（Jeff Bezos）就曾提到，过去 3 个月内，亚马逊每卖出 100 本精装书的同时，也有 143 本数字图书卖出。在数字出版时代，电脑、手机、iPad 等各类电子阅读平台都在数字出版产品阅读领域占据了一席之地。面对新的销售平台、产品特性和阅读习惯，数字出版企业是否能够适应局面，做好市场定位、市场细分，有效而准确地促销产品，是数字出版产品获得市场认可，延长其生命周期的关键之一。

"要么宣传，要么灭亡"。在数字出版时代，出版成本降低，出版产品爆发式增长。这样的局面下，"酒香也怕巷子深"，一个产品只有走到公众面前，激发公众的购买欲望，刺激公众的购买行为，才不会被浩如烟海的产品市场所埋没。

第一节　数字出版产品促销概述及组合

数字出版产品具有商品属性，获得商业价值是其重要意义之一。促销是为了提高数字出版产品销量而进行的一系列策划和活动。好的促销活动可以延长数字

第十章　数字出版产品促销

出版产品的生命周期，增加数字出版产品带来的效益。同时，好的促销活动是灵活易操作的，需要打组合拳而不是单打独斗。

一、数字出版产品促销概述

1. 数字出版产品促销的内涵与意义

促销即促进销售，是指企业为了引起消费者或用户的关注和兴趣，激发其购买意愿而采取的一系列产品宣传、购买说服活动。美国市场营销协会定义委员会这样解释促销——"以人员或非人员的方式，帮助或说服顾客购买某种商品或劳务，或者使顾客对卖方的观念产生好感。"

根据促销的定义，可以将数字出版产品的促销理解为：数字出版产品促销是企业或者出版平台通过各种各样的产品宣传、优惠活动，向读者及公众传递数字出版产品的信息，引起读者对该产品的关注和兴趣，从而激发其购买意愿、促进其购买行为的一种活动。把握数字出版产品促销的内涵，应注意数字出版产品促销的出发点和目的是激发购买意愿、促进购买行为，其实质在于提高企业和出版平台的销售利润。所以在进行促销活动时，投入—收益比应当是考虑的重点。除此之外，还需注意的是，数字出版产品促销需要把握促销的产品特性——数字出版产品的形式不是实体的、纸质的，而是电子的、在线的。面对这样的数字出版产品，传统的签名售书、上门推销等方式已经不再完全适用，需要根据产品独有的特性创新促销活动形式。

2. 数字出版产品促销的基本方式

现代企业产品促销主要有四大基本方式，即广告、人员推销、销售促进和公共关系，数字出版产品促销也不例外。

（1）广告。

广告是帮助每一种数字出版产品走进公众视野的重要促销策略。一位美国商人形象地说，商品不做广告犹如女人在一间漆黑的屋子里向她的情人抛媚眼。这个比喻非常形象。一个产品再好，如果没有消费者了解它、肯定它，那么它的价值也无法得到实现。在广告中，提炼出数字出版产品的卖点，进行多渠道、多平台的宣传，将产品的特色和价值快速有效地传递给公众，可以打开知名度，获得肯定，提高销量。美国书商对图书宣传广告提出的"5W原则"，包括宣传方式（way）、宣传内容（what）、为什么这么宣传（why）、宣传时机（when）、宣传地点（where），也值得数字出版产品促销借鉴和学习。

（2）人员推销。

人员推销是企业的推销人员寻找到潜在的产品顾客，直接与之交谈，推荐其购买产品的一种促销方式。这种促销方式在发达国家历史悠久，且极受重视。在20世纪90年代，美国就有各种推销人员600多万，这些人分布于各个行业，挨家挨户地上门推销。营销学家认为人员推销比柜台、商家的销售模式更为先进和有效。数字出版产品的促销应该重视和利用人员推销的优势。然而，需要注意的是，数字出版产品的人员推销与传统出版有很大不同，在数字出版时代，仅有针对企业的促销会采用实地人员推销的方式，针对消费者的人员推销则更多是借助在线平台，例如社交媒体平台、Q&A智能机器人等24小时直接"面对面"地加强与读者的沟通，进行数字出版产品需求和使用行为调查等。

（3）销售促进。

美国促销协会总裁威廉姆·A. 罗宾逊曾经说过："广告创造有利的销售环境后，销售促进就可以将商品推进输送管中。"销售促进又被译作"营业推广"，是指企业利用各种短时间存在的诱因，例如打折特价、附送赠品、展览表演等，鼓励消费者购买产品，提高产品销售数量的促销方式。

（4）公共关系。

公共关系是指企业在促销活动中，促进企业或出版平台与读者和公众之间的相互了解和合作，建立起与社会公众的良好关系，从而树立起企业或出版平台在公众心中良好的形象，提高公众对该企业或出版平台产品的信任感和购买欲。公共关系的重点在于树立良好的企业形象，这对于企业来说，是一笔无形的资产，有利于形成品牌效应，获得更大的收益。出版行业本身就具有极强的公共和文化特征，这种促销方式成本低，也与数字出版企业努力建立的社会形象相符，因此，近年来，公共关系成为数字出版产品最为重要的促销方式之一。

二、数字出版产品促销组合

上述四种基本促销方式各有优势，也各有不足。通常来说，一次成功的产品促销活动绝不只是单单使用某一种促销方式，而是结合产品特色、促销目标、市场情况等因素综合运用多种促销方式。这就是产品促销的组合策略。

数字出版产品的促销组合就是数字出版企业或出版平台在进行促销时，同时运用两种或两种以上的促销方式，提高促销效益。例如中信出版社在推广数字图书《史蒂夫·乔布斯传》时，就综合运用了公共关系、广告、人员推广的多元促销组合策略。首先,中信出版社利用乔布斯离职和去世这两大重磅新闻,借助公众对事件的关注开展宣传,激发社会公众对乔布斯生平经历的好奇和兴趣,再顺势推出中文版数字图书《史蒂夫·乔布斯传》。其次,中信出版社邀请了一批有影响力的公众人物发布读后感,在网络平台上与大众进行交流,推荐此书。然后,中信出版社还在新浪微博、各门户网站、各视频网站投放了相应的广告和纪录片。最终,这本书大受欢迎,还登上了卓越亚马逊畅销排行榜第一名,为出版社带来了丰厚的效益。

二元或多元促销组合的策略可以使不同促销方式进行优势互补,从多个方面为产品营销打下坚实的基础,对于企业效益来说非常有利。但是采用多种促销方式,随之而来的就是促销成本的上升,如果使用得不好,则容易得不偿失。因此,选择促销组合策略时,理应采用差异化的促销组合策略。差异化主要表现在两方面。首先是根据不同产品类型制定不同的促销组合策略。数字出版产品包括面向大众、内容较为通俗的电子图书、电子杂志,也包括面向专业领域人士、内容较为专精的电子期刊、数据库等。前者市场广阔,适宜采用广告、销售促进等方式进行大量宣传,而后者的市场较窄,若仍大量投入广告就容易出现成本过高、难以赢利的状况,因此更适合采用人员推销、口碑营销等方式。另一方面,在数字出版产品的不同生命阶段,也应采取不同的促销组合策略。例如,在数字出版产品诞生之初,缺乏知名度和市场,应该进行广告和公共关系宣传,打开名气。而在产品销售后期,则应该大大减少这两项促销的支出。

第二节 常规促销策略

常规促销策略主要包括上述所讲的广告、人员推销、销售促进和公共关系,无论是对于传统出版图书还是数字出版产品,这几种促销方式都能发挥出重要作用来提升其销量。因此,这四种促销方式在不同的数字出版产品的促销中通常都会或多或少地被使用到。本节选择其中三种——广告、销售促进与公共关系进行简要介绍,这三种方式的灵活运用可以囊括数字出版产品全周期的整合促销。

一、广告

广告传播力强,可触达人群广,对于数字出版产品的信息传递、形象建立、

购买说服都有着重要的作用。广告的根本目的是促进数字出版产品的销售,属于促销活动的一种。广告方案的提出与管理则是对于广告的发布时间、发布平台、内容形式等方面的策划,这些策划的合理性直接决定着广告推销目的达成程度。因此,广告方案的提出和管理至关重要,直接关系到销售结果,应该综合考虑多方面因素,制定出利益最大化的广告策划方案。数字出版产品的广告策划需要注意以下两点。

(1)确定目标受众,找准广告定位。

艾·里斯和杰·特劳特(Jack Trout)是广告定位理论的创始人,他们提出"广告已经进入以定位策略为主的时代""想在我们传播过多的社会中成功,一个公司必须在其潜在顾客的心智中创造一个位置。"广告定位的基本目标就是在庞杂的信息屏障中,进入潜在用户的心里,并找到一个位置,而这个位置就是用户的购买理由。数据库、电子图书、电子期刊和电子报等数字出版产品的形式和内容都有所不同,面对的目标受众也不同,恰当地认识不同产品在自己所在市场中的位置,才能成功走入目标受众心中。例如,电子图书网站亚马逊的定位"只要是已出版的书,我们这都有!"而网络文学网站盛大文学的定位则是"版权运营商",其董事侯小强在采访中说:"我们希望建立一个完善的、规模最大的小说库,出售小说影视版权、动画版权,开发文学的衍生产品。"此外,数字出版产品和传统图书的广告定位也应做到差别化,让数字出版产品受众心中有一个区别于传统图书的定位,才会激起受众的购买意愿。例如电子书公司 ebook-india 的广告"纸质书损耗地球"就强调了电子书的绿色、环保出版的特点。

(2)选择合适的广告媒体平台。

广告的媒体平台类别很多,包括报纸、电视、户外广告、邮件、门户网站、搜索引擎等等,不同的平台在送达率、影响度、触达人群方面都有着较大的差异。数字出版产品要根据产品的广告定位以及形式内容,选择与之相契合的广告媒体平台,才能发挥出广告的最大作用。

二、销售促进

广告吸引消费者,激发消费者的购买意愿,而销售促进则提供激励,推动消费者的购买意愿发展成为购买行为。销售促进运用到数字出版产品上,可以通过中间商、读者两个方面来进行。

第十章　数字出版产品促销

1. 面向读者的销售促进策略

面向读者的销售促进策略主要是指直接鼓励消费者购买产品的方式，例如试读、限时特价、赠送优惠券等。亚马逊 Kindle 电子书城就做了一系列面向读者的销售促进活动：每天推出两本精品图书作为"Kindle 今日特价书"，"Kindle 荐书人"中所推荐的经管类图书低价出售（3.99 元起），每周有"Kindle 每周精选特惠书，周日 0：00 ~ 周六 23：59 限时特价"，每月开展"Kindle 电子书本月特价专场 0.1 元起"活动。可以看出，面向读者的销售促进活动通常比较有新意，能够快速吸引眼球，打动读者的心。此外，还可以推出晒图返现、作者互动等活动，从多方面鼓励读者购买，从而提高产品的销量。

2. 面向中间商的销售促进策略

面向中间商的销售促进和面向读者的销售促进不同，前者更加注重价格上的优惠。企业给予数字出版产品的分销商低价的优势，鼓励中间商将产品放到显眼位置大力售卖，达到薄利多销的目标。京东电子书就与拇指阅读进行了这样的深度合作，签署了电子书合作协议。拇指阅读作为一个电子书阅读平台，本身的电子书内容并不多，其重点服务在于一款电子书阅读打开软件、阅读社交平台。京东将拥有销售权的近 30 万种电子书放到拇指阅读平台上进行销售。对于京东来说，拇指阅读不仅能提供一个新的销售渠道，还能整合电子书读者的寻找、获取、阅读、交流互动行为，为用户提供更优质的阅读体验，有利于用户对京东电子书的质量、价值的肯定，形成偏好，并且有可能长期重复购买其产品。而对于拇指阅读平台来讲，也弥补了内容不足的短板，实现双赢。

三、公共关系

数字出版产品的公共关系主要目的是促进读者、媒体、竞争对手等公众对产品和企业的认知、理解和支持，提升产品和企业在公众心中的地位，树立良好的社会形象。传统的公共关系方式通常有用户调研、媒体传播、专题策划、事件活动等。在互联网环境下，公共关系方法还有网站传播、社交媒体交流、虚拟社区等。公共关系活动的主题较为广阔，只要是与企业和产品领域相关的、能体现产品和企业良好社会形象和社会责任感的活动，都可以根据数字出版企业产品特点和需要积极开展。

1. 注重环保，发展绿色出版

绿色出版即是考虑环境和谐的一种出版理念，符合健康节约、生态文明的社会

要求。2000年,绿色和平组织首先在加拿大呼吁绿色出版理念,欧美各国的环保人士也迅速响应,支持这一行动。很快,绿色出版成为一股社会风潮。读者和公众都对企业有了绿色出版的期待和要求,企业如果积极响应,则会受到读者和公众的好评与信赖,对树立企业良好的社会形象有着重大的作用。例如哈珀·柯林斯意识到环境的重要性,因此开展了哈珀绿色出版项目(HapperGreen),采取了一系列行动降低能耗和对环境的负面影响。哈珀绿色出版项目包括哈珀·柯林斯全球图书纸张采购政策(HarperCollins Global Book Paper Procurement Policy),即哈珀·柯林斯规定其全球图书纸张采购要使用可持续使用的纤维,减少污染和浪费,实现其保护自然资源的环保目标。哈珀·柯林斯图书纸张来自米尔斯,该地的森林管理实践获得了独立的、国际公认的、可持续的森林认证机构认证。哈珀·柯林斯还规定,如果纸张供应商的木材资源来自第三方供应商,必须提供证据证明该纸张获得了相关环保认证。2013年,哈珀·柯林斯美国购买的用于生产印刷图书的80%的纸张都获得了产销监管链认证,哈珀·柯林斯美国在亚洲印刷的童书和成人图书95%的纸张都得到了森林管理委员会认证,哈珀·柯林斯在英国印刷的图书获得了产销监管链认证和森林管理委员会认证。此外,哈珀·柯林斯还积极与供应商合作,最大限度地提高纸张的有效利用率,减少浪费。

2. 积极参与阅读推广

阅读推广活动通常是针对公众或者某些特定人群(例如儿童)开展的一系列阅读活动,其目的是向公众或特定人群推广阅读方式,培养阅读习惯。企业积极参与阅读推广,既可以树立其有社会责任感、有理想、有情怀的出版企业形象,又可以将阅读推广活动所触达的人群作为自己的拓展市场,对企业的健康持续发展非常有益。但是目前国内外较为大型的阅读推广活动如"地铁丢书"、读书日活动等,主要策划和参与者都是专门的阅读推广社会组织和图书馆。传统出版业也好,数字出版企业也好,在阅读推广活动方面参与不够,没有很好地发挥其作用。一个比较好的由许多数字出版商参与的广受欢迎的阅读推广活动是美国数字阅读平台OverDrive赞助的数字图书流动车。数字图书流动车是传统流动图书馆的新科技升级,在社区之间流动,来推广电子书、有声读物和数字目录。所有年龄的读者都可以学习和接触数字图书流动车里的数字图书。自2008年以来,这辆车游走在美国和加拿大,行程超过了12万千米。从2010年起,在美国的国家流动图书馆日这一天,粉丝们会通过写信或者电邮的方式来表达对它的感谢和支持。

3. 向经济文化落后地区捐赠图书

向经济文化落后地区捐赠图书是出版企业结合自身优势与社会需求所做的公益活动。公益活动通常媒体曝光率高，社会反响好，是最有利于企业树立自身形象、赢得公众信赖和喜欢的公共关系方式之一。成立于 2008 年的网络文学公司掌阅科技参与了捐书活动，为河北某小学送去了近千册图书、部分有声读物以及人手一套的学习用品等，得到了媒体报道和网友点赞。此外，掌阅科技还开展了"掌阅图书馆"活动，为 20 所偏远贫困地区的孩子们捐书助学。掌阅科技承诺，网友每捐 1 本书，掌阅科技将配捐 5 本书；网友每捐 1 元钱，掌阅科技将配捐 10 元钱。这样的捐助活动，可以调动广大网友参与进去，建立起网友和掌阅科技的关系与情感，给掌阅科技带来更多的社会肯定和品牌效益。

第三节 创新促销策略

全民数字化阅读时代的到来，涉足数字出版产品的企业越来越多，数字出版物市场一时风光无限。但如何在一片红海中夺得市场的一席之地，实现预期的收益，是数字出版企业面临的头等难题。数字出版物市场竞争激烈，盈利模式不够成熟，对数字出版产品促销策略的创新要求越来越高。就当前市场环境来看，传统出版物的促销思路已经不再完全适用，必须立足数字出版产品，从数字出版产业全链条出发，充分了解和运用互联网特点，进行战略性的、全局性的促销创新。

一、服务策略

现代市场经济条件下，企业在产品生产之前、产品售卖之后的整个过程中，都伴随着一定的服务项目。服务是市场经济交易活动中必不可少的组成部分，能够促进市场更为有效和谐地运转，增强消费者和公众对于产品和企业的满意度。美国营销专家莱维特（Levitt）曾经讲过："产业是一个顾客满意的过程，而非产品制造过程——一个产业始于顾客和需求，而不是专利、原材料或推销书。"这一说法强调了顾客满意度对于产品和企业的重要性，而服务质量、服务形式，都直接决定着产品满意度。当服务所带来的利益和感受超过了消费者的预期，就会提高消费者的满意度。

1. 为作者提供各项增值服务

作者是出版企业的主要内容来源，为作者提供各项增值服务可以增加作者对企业的认同感和归属感，为企业笼络、培养更多的优秀作者。有了这些优秀的作者，企业才能拥有更多优秀的作品，并收获一批忠实粉丝，提高企业的核心竞争力。此外，企业通过各种增值服务为作者营造出一个适合创作的氛围，还可以激发作者的创作热情，促进优秀作品的产生。哈珀·柯林斯认为内容行业是服务行业的一个分支，出版企业的核心价值是为其作者和读者服务，成为二者之间沟通的桥梁。哈珀·柯林斯为其作者提供多项服务，如其建立了在线视频播放平台HCTV。该平台主要用于发布与其图书和作者相关的原创视频内容，包括作者访问、涉及哈珀·柯林斯图书的电视节目内容等。除此之外，为了让作者能够更好地与读者沟通，增强作者的魅力和价值，哈珀·柯林斯专门为作者开办了一个内部出版讲座机构——哈珀·柯林斯演讲者委员会（HarperCollins Speakers Bureau）。哈珀·柯林斯是全球第一个为作者提供这种服务的出版机构，其聘请了大量经验丰富的演讲者，包括主持人、领导型的演讲者、商业演讲者、著名演员、畅销小说家等，组成实力雄厚的演讲培训团队，每年定期为其旗下作者进行演讲培训。除了这两项服务外，近年来，哈珀·柯林斯出版集团还开启了一项新的针对作者的服务——为作者及其版权作品建立电子书店。英国20世纪著名的文学家、学者、杰出的批评家，也是公认的20世纪最重要的基督教作者之一——C. S. 刘易斯是第一个享受该服务的作者。哈珀·柯林斯建立的这个全新的电子书平台，汇集了C. S. 路易斯在CSLewis.com 和 Narnia.com 两个网站上销售的作品，将直接面向读者销售。

2. 以用户需求为导向创新服务

为作者提供增值服务是发生在产品生产周期内的服务，而为用户提供各项增值服务则是发生在产品售卖周期的服务。前者可以为企业生产出好作品，吸引一批粉丝，而后者则是留住这批粉丝并继续扩大市场的关键。以用户需求为导向的创新服务首先要求企业做好用户了解和调研，知道用户在阅读和产品使用过程中有哪些具体的需要和要求。其次则是根据这些需求，提供优质、低价甚至免费的相应服务。当用户的需求得到满足之后，会增强用户对企业的满意度和情感认同，增加用户黏性，进而产生二次传播和口碑营销的效果。例如，Kindle、iPad等电子阅读器都免费内置了翻译词典，满足用户在阅读外文作品时的实时翻译需求。快速摘录、划线、笔记等功能也是不少电子阅读器都可以免费使用的增值服务。多看电子书阅读器还设立了在线笔记共享功能，读者在阅读时，可以看到别人上传的对这本书的笔记和批注，划线人数较多的文章片段会出现系统提示。通过这种方式，读者可以与同样读过这本书的人进行交流讨论，还可以在留言区进行互动，满足了读者在阅读过程中的交流需求，通过建立读者之间的联系加强了读者对于产品和平台的黏性。此外，多看电子阅读器还利用数字产品的特性，设立了点击注释序号即可出现注释内容的功能，省去了读者翻找注释的时间，为读者阅读提供了极大的便利性和舒适性。

二、体验营销

1. 体验营销的含义

伯德·施密特（Bernd H. Schmitt）博士在 1999 年出版的《体验式营销》(*Experiential Marketing*) 一书中指出："体验营销是指企业以服务为舞台，以商品为道具，为消费者创造出难忘的感受。传统经济要注重产品的使用和价格。随着体验经济的到来，生产及消费行为已有了如下变化：从生活与情景出发，塑造感官体验及心理认同，以改变消费行为，为产品和服务找到新的生存空间。"所谓体验就是让消费者对产品的功能、特色进行部分使用和享受。消费者通过这种体验深刻地认知和感受产品，从而产生购买的欲望和行为。体验需要消费者的直接观察和参与，学者们对于体验的维度有不同的说法，但大多是从感官和心理两个方面出发，包括消费者在体验活动中产生的感官体验、情感体验和认知体验。

2. 免费让读者体验部分内容

让读者免费阅读部分内容的方式是在传统出版行业时期就有的一种体验营销。这样的方式可以让读者沉浸到图书内容里，被内容所吸引，对后面的情节或阐述产生强烈的好奇感，从而促进读者购买全部内容。但是传统出版产品由于受到纸质实体书的限制，很难掌控免费体验部分内容的程度，若读者可以打开一本新书，在体验部分内容的过程中阅读了全部内容，则这本书对读者的阅读价值将会有所降低，从而导致读者放弃购买。对于数字出版产品来说，控制免费阅读内容的多少是非常便利的，可以通过在线技术，实现一部分内容可以免费打开而后续内容则需要付费打开。因此，让读者免费体验部分内容的形式在移动互联网环境下被使用得非常广泛，几乎每一个阅读平台、每一本书，都可以让读者免费体验部分内容之后再决定是否购买。谷歌图书让读者免费体验图书 20% 以内的内容，科技期刊的阅览摘要、关键词、参考文献等都可免费阅读都属于此列。这种免费体验部分内容的方式还可以通过多种平台和渠道实现，吸引读者转到阅读平

台进行购买。例如，部分网络文学作品会通过微博大V、微信公众号推出部分内容，吸引读者阅读，然后在情节精彩、悬念处截断阅读，引导读者跳转到相应平台购买全部内容。

3. 利用AR、VR技术增强读者体验

AR，即增强现实（augmented reality）技术，可以无缝连接虚拟影像和现实影像，将虚拟的物体叠加到真实的环境之中，从而达到超越现实的感官体验，即通过电脑技术让人类可以感知到真实环境中不存在的虚拟物体。这种感知包括视觉的、声音的、味道的、触觉的等等。VR，即虚拟现实（virtual reality）技术，是利用计算机模型模拟一个三维立体的完全虚拟的世界，用户通过VR设备，可以完全感知这个虚拟世界，达成以假乱真的沉浸感。AR和VR的共同特征是，都通过计算机技术将虚拟的影像展示出来，并让用户产生相应的视觉、听觉等感官体验。这种虚拟技术运用到数字出版领域，可以增强体验营销的丰富性和趣味性，对读者来说，吸引很大。当读者通过虚拟技术真实体验到书中世界，就会对产品更加感兴趣。同时，AR、VR作为新技术，广受欢迎和追捧，企业通常会开发一些相关的付费体验项目，使之既能推广出版产品，又能成为一项附加收益。

中信出版社的儿童读物"科学跑出来"系列图书就是一个利用AR技术成功营销的例子。当读者把智能手机等移动设备的相机镜头对准《恐龙跑出来了》（"科学跑出来"系列之一）实体书时，多种类型的恐龙就会活灵活现地出现在眼前，还会奔跑、打架、发出吼叫；对准《太阳系跑出来了》（"科学跑出来"系列之一），则会出现转动着的八大行星，还可以手动操作；对准《龙卷风跑出来了》（"科学跑出来"系列之一），便仿佛置身于沙尘暴、海啸、龙卷风中，真实地感受这些极端自然现象。此外，读者还可以与场景特效合影，进行分享和传播。这样的沉浸式阅读体验使得该系列图书仅上市半年销量就超过50万册。

高质量的3D效果、互动性、参与感是这款AR体验获得巨大成功的关键，这种方式让阅读变得立体、可感知，让读者可以亲身探索、亲自体验，使阅读过程增加了很多趣味性和交互性。

三、互动营销

互动营销是指消费者和企业进行相互交流、沟通，从而建立起双方的联系，达到双赢的促销模式。移动互联网时代，互动营销通常借助社交媒体平台来进行。社会化媒体（social media）也称为社交媒体、社会性媒体，是人们彼此之间

第十章　数字出版产品促销

用来分享意见、见解、经验和观点的工具和平台,其允许大批网民自发贡献、提取、创造新闻资讯,然后实现传播。社会化媒体正以几何式的增长势头发展,也成为出版商与读者互动的重要平台。这样的互动方式摆脱了时间和空间的限制,成本更低、互动更即时、沟通更直接、效率更高,所以,互动营销成为移动互联网时代的重要营销手段之一。移动互联网时代的互动营销不仅包括出版商和读者的互动,还包括读者和读者的互动、作者和读者的互动、读者和出版商的互动,打通了互动壁垒,在作者、读者、出版商三方之间建立起紧密的联系,从而建立起读者对于出版商产品的信赖和长期关注,带来效益。根据互动的内容和时间,可以将互动营销分为阅读体验互动和创作过程互动。

1. 阅读体验互动

阅读体验互动是在数字出版产品出现之后,出版商、作者及读者进行阅读体验的交流和分享。这种互动包括读后感交流、摘录分享、推荐理由分享等。阅读体验的互动可以增加已买用户对产品的好感度和分享率,达到二次传播和口碑营销的目的;同时,与作者和出版商的直接沟通可以促使读者对出版商和作者产生情感连接,进而对出版商和作者的其他作品产生较多的关注和较好的印象。兰登书屋在社会化媒体兴起伊始,就在Facebook、Twitter、YouTube等社会化媒体平台开设自己的"社区",与读者进行互动、交流。兰登书屋坚持以读者为中心的原则,根据不同细分的目标读者群,建立不同的网站用以吸引他们的目光,为不同用户提供一个网上交流平台,并根据用户的反馈意义及时更新内容。由于报纸上的图书评论逐渐减少和流失,影响力也日渐萎缩,兰登书屋会针对用户意见进行数据分析,明确地了解自己的读者群,通过较低的成本接近他们的读者,鼓励读者给他们留言、提建议,打造互动、售书和营销的多元化平台。兰登书屋还在网上创建自己的页面,向读者介绍旗下某本图书的内容和定价,读者可通过这一界面与作者对话,摘录书中的一些精彩内容与其他读者共享,这是兰登书屋进行营销的最佳方式。由于摘抄出来的内容都比较短小,十分便于阅读和传播,一旦作者在Facebook上的"粉丝"与别人分享了这些内容,实际上就起到了宣传和营销的作用。同时,兰登书屋在Twitter上开通了账号,截至2014年6月,相比其他大众出版商,兰登书屋拥有最多Twitter粉丝数。2013年11月14日,兰登书屋宣布与图片分享网站Pintrest合作,这一合作使得兰登书屋可以将独特的Pintrest整合到其官方网站中——官网访问者将会通过Pintrest活动更快地发现最受欢迎的图书和作者,如果他们发现了他们喜欢的内容,也可以直接将图片发布到Pintrest平台上。

2. 创作过程互动

创作过程互动是指在数字出版产品的创作过程中，读者参与进来，出版商或作者通过和读者交流、沟通，来改进或者调整产品的创作，或者直接将读者的想法和创作作为产品的一部分。这样可以加强读者和作品之间的联系，也增强了读者的购买意愿和行为。例如，由美国出版商协会、企鹅兰登书屋集团以及推特共同发起的推特小说节的主题活动（#Twitter Fiction Festival），就是一种邀请大家进行共同创作的互动活动。由著名作家撰写 140 字的故事，同时邀请其他人在一定时间期限内加入创作行列。这个活动给所有人提供一个在推特上创作故事和微小说的机会，同时这些作者还将公平竞争。创作过程的互动在网络小说的出版领域运用广泛，因为网络小说的出版通常采取连载更新的方式，作者和读者可以通过连载页面或者读者交流群进行实时交流，讨论小说的后续情节发展，作者也会根据读者对人物的喜好和期待来进行故事的调整和创作，从而使得读者更喜爱该书。

四、打造 Publish + 的数字化营销模式

信息搜索和与人分享是信息时代的两大消费特征。因此，仅仅是向读者进行理念的灌输和信息的宣传，很难形成全面立体的营销模式。Publish + 的数字化营销新模式正是把握住信息时代的消费特征，突破传统的出版思维定式，寻找数字和网络形式下将作者、书商、消费者的范围不断扩大的新出版模式。在这种新模式下，企业依靠再版书的长尾效应和互联网的营销潜力制定推广方案。相比起一本书的畅销而言，Publish + 的数字化营销模式更加注重的是通过阅读互动和体验，识别和了解潜在顾客，分析读者了解图书信息的渠道，根据这些数据制定出更为精准和差别化的数字营销策略。

哈珀·柯林斯制定了打造 Publish + 的数字化营销模式的计划。在这一计划的指导下，2006 年哈珀·柯林斯英国公司推出了"Browse Inside"测试版，这也成为该集团当前重要的图书营销模式。"Browse Inside"允许用户在线浏览图书的几页内容，同时也向各图书零售店、MySpace 等社交网站及亚马逊、Google 等网站及 HC 英国网站提供数字仓库中的图书内容。消费者在以上网站以及作者网站点击"Browse Inside"按钮即可进入出版社网站浏览图书封面、目录和前两章前三页内容。经过一年的调试，2007 年 8 月，哈珀·柯林斯正式版的"Browse In-

第十章　数字出版产品促销

side"网站亮相了，正式版在技术和功能上都有所拓展。使用者在博客和个人网页上点击"Browse Inside"按钮，就会出现插件形式的图书页面，浏览图书时不会关闭博客或其他网页。2007年12月，又增加了"站内搜索"功能，读者可获得哈珀·柯林斯网站上与该书内容相关的节选内容及链接。此外，注册的读者还可享受会员优惠，在"作者追踪"（author tracker）栏目下，获得喜欢的作者的最新动态。到2007年底，已经有几千种图书制成电子版放入"Browse Inside"库中，读者可在线浏览喜爱作家的20%的作品内容。哈珀·柯林斯还于2006年建立了"数字媒体咖啡厅"，在该平台读者可以免费下载作者的访谈文件，或通过手机、阅读器等付费收听或阅读图书内容，目前，哈珀·柯林斯已经在该项目的基础上建立了视频平台HCTV。新闻集团在2005年以5.8亿美元的低价收购世界流量最大的MySpace论坛网站，也为哈珀·柯林斯旗下图书的口口相传及营销造势建立了强大的人脉和噱头。不得不说，哈珀·柯林斯有着非常长远的发展眼光，早就注意到客户数据对于图书推广的巨大价值，因此，很早就开始建立自己的数字图书仓库，并将读者从搜索引擎引到自己的数据库，基于其数字图书仓库，哈珀·柯林斯已经建立了一个有数百万客户的档案数据库，在大数据技术的支持下，其不用担心数据的问题，得以更好地依托这一数据库开展目标营销。

本 章 小 结

数字出版产品的促销策略既与其他产品的促销策略有着一致性，又有着基于特有的产品特性和互联网环境的特殊性。需掌握其常规促销策略的规律和优势，能够灵活运用促销组合，提高数字出版销量。而创新促销策略则需要根据企业、市场、产品来有针对性地推陈出新，达到吸引消费者的目的。

□ 思考与练习题

1. 简述数字出版产品的常规促销策略。
2. 数字出版产品和传统出版图书的促销策略有何异同？
3. 促销对于数字出版产品销售有何意义？
4. 数字出版产品的创新促销方式有哪些？
5. 请为VR版《十二生肖》制定促销策略。

第十一章　数字出版产业管理

> **教学目标与教学重难点**

目标：了解数字出版行政和行业管理现状；了解数字出版标准化管理的现状；了解数字版权管理的含义和方法；了解我国数字出版产品质量管理的现状以及产生的原因。

重难点：能够全面了解我国数字出版行政管理和标准化管理的体制；了解数字版权管理的最新技术和发展方向；能够对我国数字出版质量管理提出建议和对策。

数字出版技术以及数字出版产业的迅速发展对数字出版管理提出了巨大的挑战。西方从 20 世纪七八十年代就开始探索数字出版的管理问题，在 20 世纪末，更是出台了一系列数字出版法规，建立数字版权管理技术以及数字出版标准化管理规范。与西方国家相比，我国在数字出版管理方式和管理水平方面还有一定的差距。目前我国数字出版行政管理的力量较强，行业管理力量和水平都相对较弱。在标准化管理方面，虽然近年来已经有了很大进步，但是仍然还有很多空白的地方，而且获得国际认可的数字出版标准相对较少，这对于我国数字出版产业参与国际竞争颇为不利。在数字权利管理方面，目前权利管理的关键技术大多由西方国家掌握，因为法规不健全，数字版权的行政管理也有较大难度。除此之外，数字出版产品，主要是电子书的质量问题也令人担忧，迫切需要建立完善的电子书质量保障机制。

第一节　数字出版行政与行业管理

数字出版技术和数字出版产业的迅速发展，给数字出版管理带来了巨大的挑

第十一章 数字出版产业管理

战。相对而言，美国、日本、欧洲等发达国家和地区关于数字出版的相关政策法规更为完善，尤其是在行业标准的制定和知识产权的保护方面，有许多值得我国借鉴的经验。截至2017年，我国适用数字出版物管理的法律法规仍然比较缺乏。尽管在行政管理方面，原新闻出版总署设立了"科技与数字出版司"等部门，启动了"24小时网络内容实时动态审读监管"机制，地方政府也纷纷成立数字出版行政管理机构，初步形成了数字出版行政管理体制，但是"多头管理"等问题仍然对我国数字出版行政管理提出了不小的挑战。

一、数字出版行政管理

1. 数字出版行政管理体制

我国数字出版行政管理实行中央和地方分级管理的方式。国务院行政部门中对数字出版业具有主要管理职责的部门包括国家新闻出版广电总局、文化部、工信部、国务院新闻办公室等。

其中国家新闻出版广电总局是2013年3月成立的，由此前的国家新闻出版总署（国家版权局）和国家广播电影电视总局合并组建，是数字出版宏观调控的主要职能部门。其对数字出版产业的主要管理职责包括拟定全国数字出版机构总量、结构、布局、数字出版中长期规划、重点工程项目等；拟定全国统一的数字出版产业标准；负责对互联网出版和开办手机书报刊、公共视听载体播放的广播影视节目的监管、内容和质量的审查等；负责推进新闻出版广播影视与科技融合，推进广电网、电信网、互联网三网融合等。如前所述，其还为敦促和管理数字出版产业发展专门设立了"科技与数字出版司"。

作为文化产业非常重要的一部分，文化部也对数字出版产业承担着部分管理职责，包括负责文艺类产品网上传播的前置审批工作，拟订动漫、游戏产业发展规划并组织实施，指导协调动漫、游戏产业发展，拟订文化科技发展规划并监督实施，推进文化科技信息建设。

作为信息产业的重要组成部分之一，工信部也对数字出版具备一定的管理职责，其涉及数字出版产业的管理职责主要包括：拟定信息产业规划、政策和标准并组织实施，推进信息服务业发展；统筹推进国家信息化工作，促进电信、广播电视和计算机网络融合；统筹规划公用通信网、互联网、专用通信网，依法监督管理电信与信息服务市场等。

国务院新闻办公室对数字出版产业的职责主要集中在互联网新闻事业发展规

划和互联网新闻报道工作的指导和协调以及世界主要媒体及港澳台舆情分析和掌握方面。国家互联网信息办公室是国务院新闻办公室的组织机构之一，主要负责与数字出版产业相关的互联网信息方面的管理，包括推动互联网信息传播法制建设、负责网络新闻业务及其他相关业务的审批和日常监管；指导有关部门做好网络游戏、网络视听、网络出版等网络文化领域业务布局规划；负责重点新闻网站的规划建设；依法查处违规网站等。

除了这几大部门外，国务院其他与数字出版产业管理相关的行政部门还包括教育部、科技部、公安部等。以上这些部门按照国务院规定的职责分工，负责有关的数字出版产业发展以及监督管理工作。

各省、自治区、直辖市设立的新闻出版广电局的职责是拟定本省数字出版机构总量、结构、布局、行业中长期发展规划、重点工程建设项目并组织实施，负责本省、自治区、直辖市的数字出版产业发展和监督管理工作。省级以下的市、县级新闻出版广电行政部门主要负责本行政区域内的数字出版物市场的经营管理和内容监督工作。

2. 数字出版行政管理规定和范围

（1）数字出版行政管理规定。

目前，我国对数字出版的行政管理主要体现在行政部发布的数字出版管理法规、政策方面，包括原新闻出版总署颁发的《出版管理条例》（2002年颁发，2016年第四次修订）、《电子出版物出版管理规定》（2008）、《广播电视管理条例》（1997年颁发，2017年第二次修订）；国家新闻出版广电总局颁发的《网络出版服务管理规定》（2016）；原国家版权局2006年颁发的《信息网络传播权保护条例》（2013年修订）；国家互联网信息办公室在《中华人民共和国网络安全法》《互联网信息服务管理办法》《国务院关于授权国家互联网信息办公室负责互联网信息内容管理工作的通知》基础上制定并颁发的《互联网新闻信息服务管理规定》（2017）、《微博客信息服务管理规定》（2018）；工信部颁发的《中华人民共和国电信条例》（2000年颁发，2016年第二次修订）等。

（2）数字出版行政管理范围。

数字出版单位设立的前置审批制度。我国数字出版单位的设立由省级新闻出版广电管理部门审核，审核通过后再报国家新闻出版广播电影电视总局审批，国家新闻出版广播电影电视总局对出版单位的布局和数量进行总体控制。

数字出版物重大选题备案制度。出版物的审批一般为省级新闻出版广电管理部门核批，报国家新闻出版广播电影电视总局备案。图书、音像制品、电子出版

第十一章 数字出版产业管理

物和互联网出版物的重大选题应当经所在地省级新闻出版广电局审批后报国家新闻出版广播电影电视总局备案，国家新闻出版广播电影电视总局批准后方可出版。重大选题是指内容涉及国家安全、社会安定等方面，对国家的政治、经济、文化、军事等会产生较大影响的选题，包括涉及中国共产党、中华人民共和国及其领导人方面的重大选题；与我国领土、主权和"一个中国"原则有关的选题；与我国军事有关的选题；与国际关系有关的选题；其他重大选题，包括涉及"文化大革命"的选题、大型古籍白话今译的选题（500万字以上）、引进版动画读物的选题、以单位名称及通信地址等为内容的各类"名录"的选题等。

关于数字出版范围的规定。《出版管理条例》《电子出版物出版管理规定》《广播电视管理条例》《网络出版服务管理规定》《互联网新闻信息服务管理规定》《微博客信息服务管理规定》等行政条例均对国家支持和禁止的数字出版的内容做出了明确规定。例如，根据《互联网新闻信息服务管理规定》第三条，提供互联网新闻信息服务，应当遵守宪法、法律和行政法规，坚持为人民服务、为社会主义服务的方向，坚持正确舆论导向，发挥舆论监督作用，促进形成积极健康、向上向善的网络文化，维护国家利益和公共利益。《互联网信息服务管理办法》第十五条则规定了禁止互联网传播的内容，指出互联网信息服务提供者不得制作、复制、发布、传播含有下列内容的信息：反对宪法所确定的基本原则的；危害国家安全、泄露国家秘密、颠覆国家政权、破坏国家统一的；损害国家荣誉和利益的；煽动民族仇恨、民族歧视，破坏民族团结的；破坏国家宗教政策，宣扬邪教和封建迷信的；散布谣言、扰乱社会秩序、破坏社会稳定的；散布淫秽、色情、赌博、暴力、凶杀、恐怖或者教唆犯罪的；侮辱或者诽谤他人，侵害他人合法权益的；含有法律、行政法规禁止的其他内容的。

数字出版知识产权保护。目前，我国仍然没有制定专门的数字出版知识产权相关法律，关于数字出版知识产权保护仍然主要采用《中华人民共和国著作权法》（下称《著作权法》）。其中，国家版权局2017年正式印发《版权工作"十三五"规划》（下称《规划》）。《规划》提出：要推进《著作权法》第三次修改，适时研究建立表演、美术等领域的著作权集体管理组织，支持企业开发数字版权保护技术，解决网络盗版门槛太低的问题。具体目标中还包括修订《著作权法实施条例》《信息网络传播权保护条例》《著作权集体管理条例》等配套行政法规，完善著作权法律法规体系。

二、数字出版行业管理

非营利性的社团组织是企业联系政府管理部门的桥梁和纽带，在出版界也有这样的非营利性组织，如出版者工作协会、中国音乐著作权协会等，它们参与制订行业标准和行业发展规划，承担出版队伍的教育、培训工作，开展行政权保护工作，是政府管理的补充部分。不过需要指出的是，目前我国出版界的非营利性组织大都有管理部门的背景。

目前我国数字出版行业管理的范围主要包括数字出版人才资质管理、数字出版物市场管理等。

1. 数字出版人才资质管理

人才资源是第一资源，数字出版人才也是我国数字出版产业发展的中坚力量。随着数字出版产业的专业性越来越强，数字出版产业也效仿法律、会计、金融等行业，建立从业人员职业资格管理制度。其中，2015年初，北京市新闻出版广电局颁布了《北京市新闻系列数字传播（数字编辑）专业技术资格评价办法》，按照其规定，数字出版技术人员包括在国家有关行业主管部门批准开展数字内容传播相关业务的单位中，利用计算机技术、通信技术、网络技术、存储技术和显示技术等数字技术手段，从事文字、图像、音频、视频等作品选题策划、稿件资料组织、编辑加工整理、校对审核把关、运营维护发布等工作的专业技术人员，分为数字新闻编辑、数字出版编辑、数字视听编辑三个领域，专业技术资格设置为正高级、副高级、中级、初级（助理级）四个等级，各级别专业技术资格名称分别为高级编辑、主任编辑、编辑、助理编辑。其中中级、初级（助理级）采用考试的方式，高级采用专家评审的方式。

2. 数字出版物市场管理

数字出版行业组织关于数字出版物市场的管理主要包括内容监管和市场竞争规范的建立等。

（1）内容监管。

内容监管包括自组织模式的用户审查机制和他组织模式的专人审查机制。在新媒体环境下，传统"把关人"的缺失对生产内容的质量监管提出了很大的挑战，在开放的网络环境中如何保证信息内容的质量成为发展的重中之重。国家法律法规监管是内容监管的最低准则，具有普适性，而行业内部的自律则更为具体。通过对现有研究进行总结，内容监管可以分两种情况讨论，一种是自组织模式下的用户审查机制,另一种是他组织模式下的专人审查机制。在自组织模式下,网站内容的监督与管理全权依靠广大用户群体,维基百科正是自组织模式的典型代表。维基百科的知识就是由用户来定义并且监督的,用户不再被动地接受信息,而是可以主动地创造并审查信息。维基百科这种自组织模式下的自治管理,没有传统百科全书的总编辑,完全依靠维基百科用户相互监督和自我约束,形成了自己独特的内容管理机制。而在他组织模式下的专人审查机制不仅需要用户的自律,还需要专业人员对内容进行监督、管理,与用户审查机制相比,此种审查机制更加严格,其代表主要有原盛大文学、豆瓣阅读、微博等。原盛大文学旗下的起点中文网在内容审查方面除用户自律外,还有后台监测,而且网站还安排客服进行内容监控。豆瓣阅读也有自己的阅读团队负责对用户内容的审核。

(2) 数字出版物市场竞争规范的建立。

在数字出版物市场竞争规范的建立方面,除了遵守国家关于数字出版经营管理的法律规定外,更多的是管理依赖于行业自律。例如前文提到的2013年我国网上书店的价格战,最后还是只能通过行业自律去消除,否则只能造成两败俱伤的局面,损害的是整个电子书产业的利益。另外,国外数字出版业利用开放版权(内容)许可协议对网络著作权进行事前保护的方式也得到了我国学者的关注和支持,还有中文网站发布隐私声明也是数字出版行业自律的一种方式。

第二节 数字出版标准化管理

近年来,在政府的大力支持和行业的积极推进下,数字出版标准化工作取得了一定进展。2010年8月,原新闻出版总署颁布的《关于加快我国数字出版产业发展的若干意见》(以下简称《意见》)中指出:"加快数字出版产业发展的主要任务之一,就是要加快推进数字出版相关标准研制工作,在生产、交换、流通、版权保护等过程中形成符合行业规范的数字出版标准化体系,创造公平的市场竞争环境。"国家标准化管理委员会于2010年12月13日下发了国家标准化公益科研项目《电子书标准体系研究》。《新闻出版业科技"十二五"时期发展规划》中也指出:"要及时制定新业态核心标准,推进数字出版业态的快速发展。"2012年,新闻出版标准化技术委员会成立。2014年,国家新闻出版广播电影电视总局发布了《新闻出版行业标准化管理办法》(以下简称《办法》),对数字出版标准化的重要性及其统筹设计等问题进行了精细安排。

一、数字出版标准的含义和范畴

根据 GB/T 20000.1-2002《标准化工作指南》，标准指的是为了在一定范围内获得最佳秩序，经协商一致制定并由公认机构批准，共同使用和重复使用的一种规范性文件。标准的编制、发布、实施过程被称为标准化。数字出版标准是在国家范围内或新闻出版行业内及相关企业内经协商一致制定并由公认机构批准，共同使用和重复使用的一种规范性文件。其中，数字出版国家标准由国家标准化管理委员会发布，行业标准由国家新闻出版广电总局发布。

伴随着数字出版标准研制工作的深入，截至目前，我国业已出台的数字出版标准在样态上涵盖了电子书标准、元数据、标志研制、MPR 出版物（数字有声出版物）、手机出版标准、数字版权保护标准、发行信息流通标准、研制标准等多元标准，数字出版标准化的整体框架已初步形成。

根据数字出版标准的基本内容，数字出版标准体系包括数字出版基础术语标准、数字出版资源的分类标准、数字出版资源的标识标准、数字出版参与方的标识标准、数字出版格式标准、数字出版质量标准、版权保护标准、平台标准、统计标准等。

二、我国数字出版标准化管理体制与机构

1. 我国数字出版标准化管理体制

《中华人民共和国标准化法》规定，国务院标准化行政主管部门统一管理全国标准化工作，国务院有关行政主管部门分工管理本部门、本行业的标准化工作。省、直辖区、直辖市标准化行政管理部门统一管理本行政区域的标准化工作，有关行政部门分工管理本行政区域本部门、本行业的标准化工作。因此，我国数字出版标准化管理体制是国家标准化管理委员会统一管理全国标准化工作，国家新闻出版广播电影电视总局作为国务院有关行政管理部门分工负责新闻出版业的标准化工作，省、直辖区、直辖市新闻出版广电局管理本行政区域的新闻出版业的标准化工作。

2. 我国数字出版标准化管理机构

（1）国家标准化管理委员会。

国家标准化管理委员会（中华人民共和国国家标准化管理局）简称"标准

委",为国家质检总局管理的事业单位,是国务院授权的履行行政管理职能,统一管理全国标准化工作的主管机构。

(2) 全国新闻出版标准化技术委员。

全国新闻出版标准化技术委员简称"标委会",是在国家新闻出版广播电影电视总局、国家标准化管理委员会领导下从事全国性新闻出版标准化工作的技术组织,负责提出新闻出版标准化的工作方针、政策和技术措施,管理书、报、刊、音像电子出版物、数字出版物、网络出版物等领域国家标准、行业标准的制修订及宣贯、实施工作。

(3) 全国新闻出版信息标准化技术委员会。

2015年4月10日成立的全国新闻出版信息标准化技术委员会,简称"出版信标委"。出版信标委作为国家新闻出版广电总局直接领导的专业技术标准化工作机构,其定位是总揽全行业信息标准化工作全局,承担并协调新闻出版行业信息化建设中的标准体系建设、标准立项和标准制修订等管理工作。

(4) 全国版权保护标准化技术委员会。

2013年底成立的全国版权保护标准化技术委员会填补了我国版权标准化建设领域的一项空白,标志着我国版权标准化专家队伍初步建立,版权标准工作开始步入新轨道。

三、我国数字出版标准建设发展的原则

陶玉霞在《数字出版标准建设发展研究》一文中指出了我国数字出版标准建设的三大原则,分别是标准先行、预见性体系制定以及合格评定。

1. 标准先行

在我国数字出版标准建设发展过程中,首先应当遵守标准先行原则。要严格按照标准化要求进行数字出版建设,努力实现多元化的数字出版标准建设目标,实现最大化的经济利益。正是由于我国的数字化出版标准体系还不完善,因此更需要遵循先行原则,研制基础建设标准,大大提高数字出版标准建设发展的水平,并积极参与到标准的国际化中来,多借鉴国外的先进技术和有效经验,实现国际战略发展模式的有效转化,保障产业健康、可持续发展,积极投入到国际竞争中去。

2. 预见性体系制定

在我国数字出版标准建设发展过程中,还需要严格遵循预见性体系制定原

则。要利用先进的数字出版标准,完善我国数字出版标准建设发展体系,采取有效的措施实现利益平衡化。必须严格遵循国际化标准要求,满足国际化经济需求,利用国际技术来提高数字出版标准建设水平,完善我国数字出版标准建设体系。

3. 合格评定

在我国数字出版标准建设发展过程中,还需要严格遵循合格评定原则。要正确评估我国数字出版标准建设效果,通过正确的评定程序,提高评定准确性。在数字出版标准建设效果评定中,使得建设效果达到标准要求、符合法规要求是最终的目标。另外,在完善我国数字出版标准建设体系过程中,还要加强市场培育和项目合理设置。

第三节 数字版权管理

随着数字和信息技术的发展,文字、图片、声音、视频等出版物都开始向数字化发展变化。互联网技术、通信技术以及各种移动终端的普及,大大拓展了数字出版物的载体和传播途径。然而,数字出版业在高速发展的同时,也面临着诸多问题亟待解决,其中最重要的问题之一——版权问题就是一个古老而又崭新的问题。版权是伴随着复制技术的产生而产生的,版权保护的根本目的是激励智力创造,促进文学、艺术、科学的繁荣。互联网的出现和迅速发展,为数字化作品的复制和传播提供了新的途径,成为数字出版物的重要载体。开放和共享是互联网的生命所在,但这无疑使通过版权保护促进科技文艺发展与促进互联网繁荣健康发展二者之间产生了矛盾,也给数字版权管理带来了新的挑战。

一、数字版权管理的含义和范围

1. 数字版权管理的含义

数字版权管理(digital rights management,DRM)是出版者对数字化内容进行知识产权保护与管理采用的一些技术,它以数字加密技术为基础,综合一系列软硬件技术,用以保证数字内容在整个生命周期内的合法使用,平衡数字内容价值链中各个角色的利益和需求。

2. 数字版权管理的发展历程

第一个基于硬件的 DRM 系统（EPR 公司的 end-to-end 系统）和纯软件的 DRM 系统（IBM 公司的 infoMarket 系统）诞生于 1996 年，尽管这两个系统都不是很成功，但是它们的出现使得数字版权保护技术从此成为新兴的热门课题，得到了工业界和学术界的普遍关注，被视为数字内容交易和传播的关键技术，成为数字出版领域必需的技术，国内外许多著名的计算机公司和研究机构都纷纷进行 DRM 技术的研究与开发。最早开发 DRM 技术的两个公司，EPR 已经发展成为业界最为著名的 DRM 研究机构和产品提供商 InterTrust，infoMarket 则已经发展成为一个主流的流媒体版权保护系统 EMMS。

3. 数字版权管理的范围

数字版权管理通常包括对软件、电子文本、数字图像、音频和视频等媒体文件的使用进行描述、识别、交易、保护、监控和跟踪等各个过程。DRM 系统的分类也颇为复杂。根据保护的对象，可以分为针对软件的 DRM 系统和针对电子图书、流媒体等一般数字内容的 DRM 系统。根据采用的安全技术，可以分为基于密码技术的 DRM 系统、基于数字水印技术的 DRM 系统以及两者结合的 DRM 系统。根据有无使用特殊的硬件，可以分为基于硬件的 DRM 系统和纯软件的 DRM 系统。

二、数字版权技术保护

1. DRM 的系统模型

DRM 系统的结构多种多样，但在典型的 DRM 系统中，均包括以下几个逻辑子系统：内容加密系统、版权发布中心、密钥管理系统、内容传送系统、终端接收解密系统等部分。DRM 数字版权保护流程如图 11-1 所示。

图 11-1 是典型的 DRM 系统，图中的内容加密系统负责对数据资源进行加密，包括实时加密和非实时加密两种方式。内容加密系统把打包后的数据资源传送到内容传送系统中，再由内容传送系统把加密后的内容传输到用户终端。密钥管理系统负责内容加密密钥的存储和传送。版权发布中心负责根据用户对内容权限的请求生成版权对象，并在用户付费后，将版权对象发送到终端接收解密系统，由终端从版权对象中得到解密密钥，解密内容并控制用户对内容的使用。

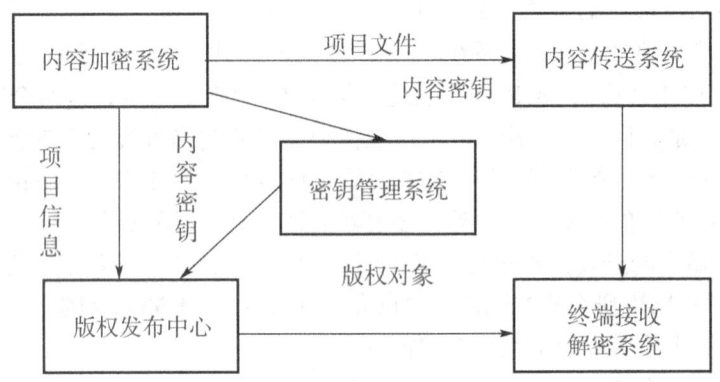

图 11-1　DRM 数字版权保护流程示意图

2. DRM 的主要技术

（1）加密技术。

在 DRM 系统的实现流程中，有很多地方都会用到加密技术。如对数字内容的加密、对内容密钥的加密，这些使用的是对称加密技术。在对各实体进行身份认证、对内容进行完整性验证的过程中，会用到非对称加密技术，密码体制主要也分为这两种。

（2）数字签名技术。

数字签名与手写签名不同，并不是签上自己的名字，而是通过加密的方式来签名，加密时使用的私有密钥就是用来证明身份的。只有发送该信息的人才能对其签名，签名的结果是一段特殊密文信息，任何人都无法伪造。

（3）权利描述语言。

DRM 应能够准确定义和描述这样一些内容：谁持有什么数字作品的什么权利，按照什么交易方式和协议在什么范围内授予给谁。对这些信息的描述和标记必须具有开放性、符合通用的标准并能够被计算机识别，这样 DRM 系统才能根据这些描述进行相应的权限控制。这些数字内容使用权利是用权利表述语言 REL（right expression language）来描述的。REL 主要由权利（rights）、资产（asset）和交易方（party）三个实体组成。其中权利指的是关于资产的使用或访问许可，包括权限、前提条件和限制条件等。资产指的是与权利相关的数字内容或服务，这些数字内容或服务具有唯一标识。交易方指的是与资产相关的法人实体或个人，包括作者、版权所有者和使用者等。

(4) 移动代理（agent DRM）。

移动代理是一段可执行代码，它能够脱离开始运行的系统，自主地在网络中的节点之间移动，且保持正常运行。另外，它还具有自我复制的能力，可以自己生成子移动代理。将移动代理技术应用于版权保护可以节省网络带宽、支持离线操作、提供平台无关性、简化用户操作、改进盗版追踪能力等，可增强现有版权管理系统性能或改善其不足。

3. 一些相对成熟的 DRM 解决方案

（1）Windows Media DRM 标准和解决方案。

Windows Media DRM 是由微软发布的 DRM 标准，这也是市场上应用范围较广的 DRM 标准之一。该系统包括打包、分发、建立许可证服务器、获取许可证、播放数字媒体文件 5 个工作流程，具备灵活性、可扩展性、兼容性等特点。

（2）Apple DRM 标准。

苹果公司基于 Veridisc 公司的标准开发了特有的 DRM 系统平台 Fair Play。该平台被制作成具体的 Quick Time 多媒体软件，提供给苹果公司的各种多媒体播放设备和数字内容产品的网上商店。经过 Fair Play 加密的数字内容产品文件一般是 MP4 格式，加密采用 AES 算法，密钥也会被同时封装在 MP4 格式的文件中。用户每次使用苹果内容商店购买数字内容产品，就会随机生成一个密钥用来加密主密钥，当用户确定下一台播放数字内容产品的设备时，苹果内容商店就会发送这台播放设备的 ID 给主服务器。

（3）Apabi DRM。

Apabi DRM 是由国内的北大方正公司于 2001 年针对电子书推出的 DRM 系统。该系统包括转换软件（Apabi Maker）、编辑软件（Apabi Writer）、安全发行软件（Apabi Rights Server）、交易处理软件（Apabi Retail Server）和阅读软件（Apabi Reader）。该系统提出了电子图书的权利描述与授权控制方法，利用密钥共享机制解决了版权保护的硬件适应性问题，并实现了在不可信环境下权利有效期的控制机制，具有版权保护易用性及适应性的特点，支持灵活的商业模式和复杂的个人计算环境。2009 年，北大方正公司推出的"U 阅迷你书房"使用文件、授权、唯一识别码三位一体的 DRM 保护方式来确保内容的安全，每个"U 阅迷你书房"都有全球唯一硬件识别码。

三、数字版权的行政管理

对数字版权进行行政管理和行政执法保护是我国数字版权保护制度的重要组成部分，也是我国现阶段数字版权保护的一大特点。数字出版的行政管理主要体现在制定并颁布数字出版相关管理规定和集中开展各项打击侵犯数字版权行为的整治行动。如前所述，近年来我国制定了各项主要针对数字出版或与数字出版产业密切相关的行政管理规定。其中 2005 年颁发的《互联网著作权行政保护办法》是我国第一部网络著作权新政管理规章。近年来的打击盗版活动开始逐渐将战场扩大到网络出版领域，通过这些行动也进一步完善了互联网信息内容主管部门、版权管理部门、通信管理部门、工商管理部门、文化管理部门、公安部门的网络侵权盗版联合治理机制。但是由于缺乏专门的数字出版管理部门，多部门、多层级联合管理形成了"多头管理"等各种因素的影响，我国对数字版权进行行政保护的功效未能得到真正发挥，其更多是一种事后弥补策略，缺乏前瞻性和系统性。

第四节　数字出版产品质量管理

近年来，随着信息传播技术的发展和电子阅读设备的逐步普及，数字出版物市场迎来了发展良机。其中，在电子书市场，2012 年，我国电子书（不含电子书阅读器）收入获得了巨大增长，达到 31 亿元，较 2011 年增长了 343%。然而，在电子书销量急剧扩张的背后，还隐藏着许多制约电子书市场良性运行的障碍，其中，质量问题就是制约其发展的最为突出的问题之一。2012 年，原新闻出版总署印发了《关于开展 2012 年图书质量专项检查活动的通知》，决定在全国开展以"出版物质量规范年"为主题的图书质量专项检查活动，引起了学界、业界对图书出版质量的大讨论，而事实上，与传统出版领域和数字期刊、数字新闻领域相比，电子书的质量问题更加严峻。因此，本节主要探讨电子书质量管理的问题。

第十一章 数字出版产业管理

一、我国电子书质量现状

我国电子书质量问题主要表现在以下三个方面：

1. 编校质量让人诟病

2012年3月，人民出版社与上海理工大学联合对各类电子书内容产品进行了一次质量抽查，结果显示，电子书样本的平均差错率达到了6.02/10000，远远高于传统纸质图书的差错率。事实上，编校质量差已经成为电子书销售平台的读者屡屡诟病的问题。尽管这些电子书平台销售的都是正版电子书，然而标点错用、文本不齐、缩进参差、目录体系不规范、错字连篇、排版粗糙、标注无法正确显示、乱码以及从纸本图书中带来的知识错误等编校方面的问题屡见不鲜，传统出版领域"无错不成书"的说法在电子书领域似乎得到了更广阔的"发挥空间"。

2. 内容质量令人担忧

中国新闻出版研究所公布的《第十次全国国民阅读调查》显示，2012年我国国民电子书的阅读率已经达到17.0%，人均阅读电子书2.35本，同比增长65.5%。然而，阅读率的显著提升却无法掩盖电子书阅读品味和质量不高的现实。过去人们在谈论图书质量时，主要是在谈论图书的编校质量，即前面讲到的图书差错率或印刷质量的问题。然而，内容质量才是衡量图书质量高低更关键的指标。当当网、亚马逊、京东商城以及中国移动手机阅读基地等电子书销售平台充斥着大量盲目跟风、粗制滥造的电子书，很多内容平庸甚至低俗的充斥着色情、暴力等内容的作品纷纷登上这些平台的畅销书排行榜。正如一些专家学者所言，阅读可以是无益的，但必须是无害的，任何国家和地区对于文化商业行为都有这样那样的法律法规，至关重要的一点就是其所销售或提供的商品不能毒害人的心灵。这些品味低下、恶俗的电子书不仅丧失了其应有的文化传播价值，损害了电子书产业的社会形象，甚至会严重破坏社会主义精神文明建设。

3. 阅读体验不尽如人意

尽管传统出版商和技术提供商都瞄准了电子书市场这块大蛋糕，纷纷开展电子书出版和销售业务，然而，综合各电子书销售平台的读者评论看，大多数读者对其购买的电子书的阅读体验表示不满。读者电子书阅读体验不佳主要由以下几方面造成。首先，较差的编校质量和内容质量对电子书的阅读体验产生了极其负面的影响，给读者留下了制作不精良、审核不严格、阅读不舒适、视力疲劳甚至无法阅读等负面印象和效果。其次，各平台标准不统一，导致读者购买的电子书

无法在自己习惯的设备中阅读也会极大影响读者的阅读体验。目前，我国各大电子书平台产出的电子书格式不一，分别适用于不同的电子书阅读设备、软件和个人电脑客户端，无法实现跨平台的阅读，给读者购买和阅读电子书带来了较大不便。

二、我国电子书质量管理现状

我国电子书质量管理现状堪忧，主要表现在以下几方面。

1. 良好数据源的缺乏给高质量电子书的制作设置了障碍

我国电子书平台销售的电子书的主要来源包括原创文学出版机构提供的原创文学作品和传统出版机构提供的纸本图书的电子版。当前电子书质量问题的产生在很大程度上与原出版机构责任缺失、无法给电子书平台提供良好的数据源有关。其中，原创文学出版机构一般采取的是事后追惩制，其仅仅只是对原创作品的色情、暴力等违反国家相关法律规定的内容进行有限的审查，对于内容的原创性和创新性、内容结构的完整性和条理性、语言的规范性和生动性等内容质量问题以及文字错误、知识讹误等影响电子书编校质量的问题则审查较少，这就使其提供给电子书销售平台的很多数据源本身就存在严重的质量问题。而传统出版机构因为顾虑影响纸质图书的销售和引发更多的盗版，也经常不愿意将新近出版的内容质量较高的图书的电子版交给电子书销售平台。例如2014年5月19日笔者对亚马逊中国收费电子书排行榜前20位的电子书对应的印刷图书出版时间以及新书销售排行前20位的印刷图书的电子书出版情况进行了调查，调查结果显示，收费电子书排行榜前20位的电子书对应的印刷图书出版时间在1年内的有7本，占35%，1年及以上2年以内的有3本，2年及以上3年以内的有3本，另外有7本的出版时间已逾3年。新书销售排行榜前20位的印刷图书中，仅有5本出版了电子书，占25%。除此之外，传统出版机构还无法给电子书平台提供有统一标注、转档方便等特点的良好的数据源，这就让电子书销售平台承担了过多的内容审查责任，造成了电子书审校上的重复建设，增加了电子书的编校成本，从源头上给电子书的质量保障设置了障碍。

2. 高于收益的质量管理成本也从经济上制约了电子书的质量建设和管理

多看科技有限公司副总裁胡晓东声称其公司每月在制作图书等方面的投入达300万元，而每月营业收入是150万元。当当网也声称其2012年电子书收入为300万元，而转档成本就花费了500万元。尽管像亚马逊这样的电子书平台还可

第十一章　数字出版产业管理

以通过电子书阅读器的销售弥补其内容销售带来的损失,但大多数平台却没有这项能力。这就意味着对于大多数电子书平台而言,其电子书制作和编校成本远远高于收益。在电子书产业盈利模式尚不明朗的情况下,电子书出版商既不愿放弃这一块的业务,又不愿投入足够的人力和财力进行产品开发,而是进一步压缩编校成本,这就使其无法较好地履行其应当承担的审读和编校的职责,给电子书的高差错率带来隐患。除此之外,高于收益的质量管理成本也给电子书内容质量建设设置了障碍。目前,我国销售的电子书多为印刷图书的简单电子化,尽管其中也增加了书签、索引、标注等传统图书不具备的功能,但是却未能整合图、文、声、像真正体现电子出版优势的多媒体功能,同时,也未能尊重读者阅读习惯,加强内容的版式设计,增强电子书的书感。反观美国,亚马逊美国销售排名前100位的电子书中,58本同时有音频或视频,且亚马逊根据Kindle的屏幕大小以及读者的阅读习惯重新设计了版式。我国电子书内容质量建设与美国产生巨大差距,在很大程度上与质量管理成本——电子书制作机构无力在电子书内容质量建设和阅读体验方面投入更多的成本有关。

3. 编审环节的缺失给电子书的质量控制带来了较大的难度

尽管《网络出版服务管理办法》(修订征求意见稿)明确规定在中华人民共和国境内从事网络出版服务需要"有从事网络出版服务所需的内容审校制度""实行编辑责任制度,保障网络出版物内容合法""必须实行出版物内容审核责任制度、责任编辑制度、责任校对制度等管理制度,保障网络出版物出版质量""在网络上出版未经出版的作品或与原出版内容不一致的,网络出版服务单位必须实行出版物内容三审责任制度"。然而,在实际的操作过程中,几乎没有电子书平台真正按照规定建立起完善的质量保障机制。很多平台三审制形同虚设,虽然亚马逊、多看阅读、当当网等大型电子书平台成立了专门的质检部门,对转换格式后的电子书品质进行检查,并请校对公司进行校对,尽管如此,其还频繁因为出现低俗的内容和编校差错而遭到读者批评。很多小型平台则更是完全摒弃了人工校对,只采用机器校对的方法。严格、完善的编审环节的缺失是另一个造成电子书质量问题的至关重要的原因。

4. 质量监管的困难使电子书的质量问题很难得到有效遏制

相对于传统印刷图书而言,电子书还是一种较新的文化商品,尚未建立起完善的质量监管机制和方法。首先,对于电子书数据源的提供者而言,尽管其承担着对电子书的内容进行审查的责任,然而在实际操作过程中,其连提供完整、良好的图片、文本素材都很难,就更遑论组织专门的编辑人员对平台最终制作的每

一本电子书进行严格的校对了。很多出版机构都是采取抽查的方法，抽查的比例还相当低，这就很难真正从源头上保证电子书的内容质量。而对于电子书销售平台而言，其一方面缺乏文化产品开发和质量管理的经验，另一方面，因为电子书尚未形成可以带来盈利的市场，因此，希冀他们拿出更多的成本用于质量监督和管理也是非常困难的。与此同时，目前国内大型电子书平台多为技术提供商建立，其高管很少拥有高尚的道德品质和文学品位，因此，在实际的操作过程中，他们更多的是从商业价值出发，甚至有些急功近利，无法真正正确地对电子书内容进行审查。政府是电子书质量管理制度的制定者和监管者，然而电子书这一新生事物形态变化较快，快速的技术更新给政府制定统一、规范的质量保障制度带来了极大的困难。2013年以来，国家新闻出版广电总局也与相关机构合作，对电子书内容质量、内容编校、流程控制以及电子书行业准入退出机制等方面制定了相关规定，然而尚未完全成熟，因此，也未能强制实行。

三、提高我国电子书质量的对策

提高我国电子书质量主要有以下对策：

1. 制定严格的质量标准，奠定电子书质量管理基础

2005年3月1日起施行的《图书质量管理规定》明确规定了图书的质量标准：内容差错率不得高于1/10000的标准，经检查属编校质量不合格的图书，差错率在1/10000以上5/10000以下的，出版单位必须自检查结果公布之日起30天内全部收回，改正重印后可以继续发行；差错率在5/10000以上的，出版单位必须自检查结果公布之日起30天内全部收回。然而，电子书却没有相应的质量管理规定，《网络出版服务管理办法》（修订征求意见稿）中仅要求"网络出版物必须符合国家标准和规定要求，保证出版物质量"，而未明确给出一个可以量化的严格的电子书质量标准。所谓"没有规矩，不成方圆"，连质量标准都没有，电子书的质量评估、管理和审查更是无从谈起。因此，要加强我国电子书的质量管理，提高电子书的质量水平，首先就要制定严格的质量标准。事实上，电子书和传统图书的内核都是知识文化内容，仅仅是载体和阅读形式发生了变化，同时，因为传播渠道更加便利，传播速度更快，传播面更宽，电子书的质量问题比传统图书的负面影响更容易扩散，因此，政府和出版商必须制定与传统图书一样甚至更高的、严格的、可量化的质量标准。

第十一章 数字出版产业管理

2. 树立数字出版思维,规范电子文档制作和管理

数字化出版已经是大势所趋,近年来,很多传统出版企业也相继成立了数字出版部门。然而,组织机构的建立并不代表数字化思维的建立,很多传统出版企业从业人员都未考虑到向数字出版延伸,保存完整的电子文档,给电子书的编辑制作创造一个便利的环境,从源头上保障电子书的质量。因此,要提高我国电子书的质量水平,还要传统出版单位真正树立数字出版思维,不要将数字出版看作简单的版权售卖和转让,而是从内容的策划、编辑加工、排版阶段就考虑到后期电子书制作的问题,与电子书销售平台建立良好的沟通协作关系,并对编辑部门、数字出版部门和印刷厂等相关业务部门和机构做出明确要求和规定,制作和保存易于转换为平台所需格式的电子文档,完整保存相关图片以及图表等数据资源。当然,要实现这一点,也还需要政府加强对数字版权的管理工作,免除传统出版企业的后顾之忧。

3. 加强制度建设,建立完善的电子书质量保障机制

相对于传统图书而言,电子书还是一种较新的文化商品,尚未建立起完善的质量保障机制和方法。尽管 2013 年以来,国家新闻出版广电总局也与相关机构合作,对电子书内容质量、内容编校、流程控制以及电子书行业准入退出机制等方面制定了相关规定,然而相较传统纸质图书行业对质量保障体系和机制做出明确、细致规定的《图书质量管理规定》而言,则尚未完全成熟,也未强制实行。电子书和传统图书在质量管理方面既有相似之处——其核心都是对内容的管理,又有极大区别——传统图书还包括印装质量的管理,比较容易量化和监控;电子书则包括阅读体验质量的管理,难于评估和控制。因此,尽管传统图书质量保障体系有很多可供电子书行业借鉴之处,却不能全盘照搬。政府相关管理部门还需要结合电子书的特点,加强制度建设,建立适合电子书行业的完善的质量保障机制。

4. 加强队伍建设,提高电子书编辑素质

电子书编辑是电子书质量的直接责任人,要将电子书质量提升落到实处,就要加强队伍建设,提高电子书编辑的素质。电子书的编辑任务相对传统图书而言更为复杂,其既要负责内容的审核加工,又要进行功能和数据质量的检测,同时还要抓住纸本书的版式精神,用电子化的方式加以呈现和表达,这就对电子书编辑队伍提出了较高的要求:既要掌握电子书排版设计技术和网页制作技术,能够对相关素材进行处理;又要具备传统出版编辑的"书感",寻找到数字载体与内容的最佳结合方式,并完美地呈现出来。然而,当前电子书行业入职门槛低,编

辑队伍以没有出版从业经历和职业资格的新人为主，专业素养和编辑技能的缺失使其无法真正承担起对电子书的内容、版权、版式等进行加工、审核和设计，对高品位的电子书阅读环境进行建设的职能。这一方面要求在引进人才时既要注意引进有着丰富出版经验的传统纸书编辑，又要引进熟悉电子书功能开发和设计的技术人才；另一方面还要对电子书编辑队伍进行以职业素质提高为导向的培训。

5. 从读者的角度出发，提升阅读体验

与传统纸质图书相比，阅读体验也是电子书质量的重要构成要素之一。如果读者能够从阅读电子书当中获得愉悦的阅读体验，不仅其本人将会成为电子书消费的拥护者，其还会影响到身边的亲朋好友，鼓励他们加入到电子书阅读中来。相反，如果电子书给其带来了糟糕的阅读体验，则其会热衷于向更多人传播其负面感受，心安理得地选择盗版，从而影响电子书付费阅读市场的形成和发展。因此，不仅要提升电子书的质量，加强电子书的质量管理，还要提升电子书的阅读体验。要提升电子书的阅读体验，最重要的是从读者而不是从技术的角度出发。多看阅读得到了很多读者的认可就在于其定位为"精品阅读"，真正做到了以读者为中心，关注细节，不断提升其阅读体验。例如多看阅读对电子书功能的设置不是靠想象，而是有效地利用几十万用户帮其做测试、找bug、反馈他们的体验，并基于这些体验设置电子书的功能。其特有的排版引擎技术就是通过每周征集用户的意见，坚持做产品的升级，在用户的意见、反馈以及反复验证中逐渐获得进步的。阅读体验的提升不仅为多看阅读积累了大量的忠实读者，提高了其竞争力，而且，对于整个行业而言，其提高了用户对阅读体验的要求，其他平台为了吸引读者也不得不重新制作电子书，关注电子书的用户体验，从而提升了整个行业的质量水准。当然，提升读者阅读体验也要有一定的原则，其底线是必须坚持民族文化价值观，传播先进的文化内容。

四、电子书质量保障机制建设构想

在传统图书出版领域，图书质量保障机制的建设和严格施行是纸质图书质量得以保证的重要基础，因此，为了保证电子书的质量，也有必要建立电子书质量保障机制，在各个流程实行严格的质量管理措施。

1. 前期保障机制

（1）建立电子书资源评估、选择和论证机制。

当前，我国电子书平台销售的多为已经公开出版的图书，这些图书经过了传统的编辑出版流程，因此很多平台都忽略了电子书资源的选择环节，将足够数量的电子书版权的获取或合作作为自己的主要目标。然而，近年来我国传统图书产业也存在着质量下降的问题，因此即使是公开出版的经过三审三校的图书也可能存在质量问题而不宜进入电子书出版领域，即使质量没有问题的图书，也可能存在内容是否适宜电子阅读或相似选题的电子书资源是否过多而存在重复出版的问题。因此，要做好电子书的前期质量保障工作，还有必要建立电子书资源评估、选择和论证机制，建立电子书资源质量评估标准，广泛收集电子书资源质量评价和读者反馈信息，注意加强与传统出版专家、学者、书评人、创作者、文学爱好者的联系，综合他们的意见，选择优质的电子书资源，并坚持论证制度，从宏观和微观方面全方位地对电子书资源的内容质量、编校质量、是否适合电子阅读等进行考察，最终做出是否将其制作成电子书的决策。

（2）规范电子文档制作和管理工作。

为解决电子书格式纷乱的问题，原国家新闻出版总署于2013年2月28日以方正的CEBX技术为基础，发布了统一的《数字阅读终端内容呈现格式》行业标准，旨在帮助电子出版企业用统一的格式出版电子阅读内容。然而，事实上，国际数位出版论坛（IDPF）标准EPUB格式已经具备国际化、自动重新编排、不同电子阅读器通用等优势，撇开其另外制定各种国内标准没有太大的实践意义。问题其实出在源头——各出版社使用的排版软件各异，其中很多在转档时就不允许转为其他格式，因此除非政府制定真正适合我国电子书产业发展的统一的国际化的格式标准，且从电子文档的制作阶段就强制执行，否则就会成为一纸空文，无法真正对电子书质量和阅读体验起到保障作用。除此之外，电子书原出版机构不仅要制作易于转换为平台所需格式的电子文档，还要注意对编辑部门、数字出版部门和印刷厂等相关业务部门和机构做出明确要求和规定，妥善保存和管理电子文档及其相关图片、图表等数据资源。总之，只有在一开始就对电子文档的制作和管理进行规范，才能从源头保障电子书的质量。

2. 中期保障机制

（1）建立电子书内容质量标准体系。

所谓电子书，指的是通过电子技术手段将图、文、声、像等信息存储于磁、光、电等介质上，通过一定的电子阅读设备进行阅读的图书。从电子书的定义中可以看到，其区别于传统图书，是一种多媒体形式的阅读产品，其内容质量标准体系也不同于传统图书，应当涵盖图、文、声、像四种不同的内容形式。电子书质量标准体系建设包括两个方面，一方面涉及格式问题，政府或行业组织需要对

电子书图片、文本、音频、视频的格式进行统一规定，防止看不同的电子书需要安装不同的图文识别软件和播放器来支持；另一方面，还要对图、文、声、像的质量例如图片分辨率、音频频率等做出限定。这个标准体系涉及的内容非常繁琐，建议由政府相关管理部门和行业组织参考电子书出版商、发行商和读者的意见后，逐步制定。只有建立一个规范的、统一的电子书质量标准体系，才能在电子书制作伊始就有章可循，节省人力、物力和资金资源，为电子书的质量保障建立基础。

（2）建立自动化与人工相结合的审核机制。

传统图书出版领域主要采取以编辑、校对人员为主体的人工审核机制，这种审核方式更加细致、精确，既可以"校异同"，又可以"校是非"，是传统图书质量得以保障的重要基础。然而，在电子书领域，如前所述，大多数电子书都是已经公开出版的作品，"是非"方面的问题相对较少，且问题多来自电子文件转档过程中产生的错误，这些错误大多数可以通过一些专业的校对软件检查和修正，因此，电子书销售平台可以通过开发、购买和使用专业的电子书编辑和校对软件，引入自动化审核机制保障电子书质量。然而，这并不意味着在电子书的编辑制作过程中可以省略人工审核流程，事实上，很多电子书的质量问题正是人工审核流程的缺失带来的。这是因为电子书的"是非"问题虽然较少，但并不是绝无仅有，很多传统图书在出版的过程中也会遗留一些知识讹误问题；同时，任何一种软件在设计的过程中都不可能考虑到所有可能发生的校对问题。因此，在电子书的制作编辑过程中，为了确保其质量，电子书销售平台还有必要成立包含有专业的编辑、校对人员的质量检查和监督部门，在通过相关软件完成技术上的审核后，进一步进行人工审核，完成处理软件无法审核的"是非"和内容导向等问题。这些问题只有通过人工审核的方式才能完成。因此，必须建立完善的自动化与人工相结合的审核机制，分别发挥软件和专业人员的优势，节省成本，提高质量管理效率。

（3）实施三审责任制度、责任编辑制度和责任校对制度。

传统图书出版领域通过采取三审责任制度、责任编辑制度和责任校对制度等中期图书质量保障措施，有效地控制了图书的差错率，保证了图书质量。而相对传统图书而言，电子书只是载体和阅读方式发生了变化，其核心都是知识文化内容，因此，可以借鉴传统图书领域的这几项质量保障措施，并适应电子书的发展环境，做出适当的调整。传统图书领域的三审制度和责任编辑制度指的是由初审者担任责任编辑，对出版各个环节的质量进行监督，编辑室主任复审以及总编终

第十一章 数字出版产业管理

审的制度。引入电子书领域，可以采取由文字编辑作为初审担任电子书的责任编辑，对著作权、内容是否齐全、对应关系是否正确、是否含有垃圾文件等问题进行初步检查，编辑部门经理级别的人员则对政治、版权、技术、内容等问题进行复审，最后，由检测编辑对文档数据存储的质量、运行的质量以及阅读体验等进行检查。同时，和传统图书出版一样，专业校对也是电子书出版流程中确保电子书质量必不可少的一个环节，因此，责任校对制度也是电子书平台需要借鉴的质量保障措施之一。传统图书领域的责任校对制度指的是"出版社每出一种书，都要指定一名具有专业技术职称的专职校对人员为责任校对，负责校样的文字技术整理工作，监督检查各校次的质量，并负责付印样的通读工作"，电子书领域在有条件的情况下，也应当聘请专业的校对人员担任责任校对工作。当然，出于成本的考量，很多电子书销售平台都将其校对工作外包，在当前电子书还未探索出有效盈利模式的情况下，这并不是不可行，不过平台仍然需要指定一名人员担任责任校对人员，由其负责与校对公司以及电子书原出版机构的联系工作。

3. 后期保障机制

（1）建立阅读体验评估体系。

传统的图书质量保障体系除了要求对内容质量和编校质量进行保障外，还要求保障印刷质量和版式设计质量，对应到电子书领域，除了基本的内容质量、编校质量外，阅读体验也是影响其质量和价值的非常重要的部分。因此，除了内容质量、编校质量保障机制外，还要建立电子书阅读体验评估体系。这个体系的建立有较大的难度，因为阅读体验是一项非常主观的感受，要尽量把涉及阅读体验的各项指标分解和量化，例如分化为翻页速度，图、文、声、像等内容打开的速度，书签、超链接、标注等交互性元素的设计，多媒体化的程度以及增加的图、声、像信息对文字内容的阐释程度等指标，确定各个指标的权重以及合格分数，并向一定数量的读者开放免费阅读以及阅读体验评估活动。将读者引入阅读体验评估体系建设中，不仅可以获取最真实的阅读体验评估数据，在电子书正式发布前就建立与读者的联系，而且也可以有效节省电子书质量管理成本。

（2）建立质量监控合作机制。

根据《网络出版服务管理办法》（修订征求意见稿）的相关规定，在网络上出版其他出版单位已合法出版的作品，需在网络出版物的相应页面显著标明原出版单位名称以及书号、刊号、网络出版物号或者网址信息。其内容由原出版单位提供的，网络出版服务单位需验证原出版单位的出版许可证，并由原出版单位承担内容审查责任；其内容由原出版单位以外的权利人提供的，网络出版服务单位

须验证网络出版的内容是否与原出版内容一致，并不得改变原出版物内容。这就意味着原出版机构和电子书平台需要共同为电子书的质量负责，因此，二者有必要建立质量监控合作机制，明确双方各自承担的责任。原出版机构从电子书数据源建立阶段就从各个环节加强其质量管控，平台在将数据源转换成自己所需的格式后积极与原出版机构的责任编辑进行联系，协商、合作完成电子书的校对、审核工作，最后，二者共同建立一个质量监控团队，对拟上线的电子书的内容质量、编校质量、阅读体验进行最后的检查，检查合格者才能进入最后的销售环节。质量监控合作机制的建立可以有效地发挥原出版机构和平台的优势，更可有效地保障电子书的质量。

（3）实施不合格电子书召回制度。

2013年8月，Kindle版《一场风花雪月的事》由于存在严重的编校质量问题而从亚马逊网站上下架，2014年5月，Kindle版《说话的魅力：你不可不知的沟通技巧》因为同样的问题而下架，其说明文字均只有一句话："该书由于相关描述、内容或格式存在问题，暂时无法购买。"其后，亚马逊在与电子书原出版机构合作，修改了错误内容并对其重新加工后，才重新上架，并向该书的读者发送邮件，提醒其可以通过电子书阅读设备获取新的版本或选择退货退款。这成为我国电子书行业实施不合格电子书召回制度一则值得参考的操作案例。事实上，不合格电子书召回制度是保障电子书质量的最后的补救措施，除了召回不合格电子书并实施错误修改、退款等相关措施外，该制度还应该包含对原出版机构以及电子书平台的惩罚措施，并形成规范性文件，对不合格的电子书或不合格电子书的比例超过规定标准的出版机构和平台，按有关规定进行处罚。

本 章 小 结

本章首先分析了数字出版行政与行业管理现状，包括数字出版行政管理体制、管理规定和范围、行业管理的范围等。其后，介绍了我国数字出版标准化管理现状，明确了数字出版标准的含义和范畴，介绍了数字出版标准管理的体制以及我国数字出版标准建设发展的原则。还分析了数字版权管理的问题，包括其含义和范围、数字版权技术管理与行政管理的范围和方法。最后，以电子书产业为例，分析了数字出版产品质量管理的问题，包括我国电子书质量现状和质量管理现状、我国电子书质量问题的成因，提出了解决我国电子书质量问题的对策，并提出了建立我国电子书质量保障机制的构想。

第十一章　数字出版产业管理

□ **思考与练习题**

1. 我国数字出版行政管理体制是怎样的？
2. 分析我国数字出版行业管理现状。
3. 我国数字出版标准化管理体制是怎样的？
4. 数字权利管理的含义和范围是什么？面向机构用户的电子书分销模式有哪些？
5. 我国电子书质量问题是如何产生的？
6. 请提出关于解决我国电子书质量问题的建议。

第十二章　数字出版技术应用前沿

> **教学目标与教学重难点**

目标：了解大数据技术、虚拟现实技术、人工智能技术的含义和范围；了解大数据技术、虚拟现实技术、人工智能技术产生的背景以及由此驱动的出版业变革。

重难点：能够明确哪些新兴技术会深刻影响出版业的发展，哪些新兴技术只是出版业创新的"噱头"；能够分析大数据技术、虚拟现实技术、人工智能技术应用于出版业面临的挑战；能够提出出版业大数据技术、虚拟现实技术、人工智能技术等新兴技术应用的建议；能够预测技术推动下未来出版业的发展趋势。

近年来，云计算、大数据、社交媒体、物联网、人工智能、AR 和 VR 等新兴信息技术不断发展，其中，一些新兴技术已经开始应用于数字出版业，影响和引导着数字出版业的未来发展方向。

第一节　大数据技术在数字出版业的应用

2012 年美国政府发布《大数据研发倡议》，这一举措使得大数据（big data）成为 2012 年最热门的名词。事实上，"大数据"这个概念并不是近年才出现，早在 20 世纪 80 年代就有美国学者提出。20 多年来，随着各领域数据量的爆炸式增长，这个名词开始受到越来越多的关注，并成为众多国家、政府、产业和企业的发展战略。大数据并非一个确切的概念，最初，这个概念是指需要处理的信息量过大，已经超出了一般电脑在处理数据时所能使用的内存量，目前，其强调的是在多样或大量数据中快速收集数据并对这些数据进行有效分析的能力。大数据引发信息技术（information technology）变革的重点由"T"（技术）逐渐转向"I"

第十二章 数字出版技术应用前沿

(信息),必然也将会对以"信息"为主要工作对象的出版业形成直接而巨大的冲击。

一、基于大数据的传统出版模式变革

1. 大数据环境下我国传统出版产业面临的困境

(1)出版信息交流和共享缺失使得图书库存量居高不下。

目前,我国既未建立真正的全国性的图书发行平台,也没有覆盖全国的图书发行数据监测机构,新华书店、网络书店、民营书店这三类图书发行渠道中,尽管前面两种的销售库存信息都已做到准确和及时,但新华书店系统的地区壁垒很高,各省新华书店之间未能做到信息共享,网络书店系统更是竞争激烈,缺乏基本的信息交流,民营书店的销售信息,尤其是占据民营书店主体的中小书店的销售信息则更是无从获取。准确地销售、库存信息的缺乏使得出版社无法准确地预测市场需求、确定图书印数,往往只能凭借经验甚至靠"猜",而这种感性的决策方式往往又容易放大读者需求,造成大量无谓的库存图书。原新闻出版总署的统计数字显示,2012年全国新华书店系统、出版社自办发行单位纯销售67.69亿册(张、份、盒)、688.48亿元,与上年相比数量增长2.90%,金额增长5.34%。其年末库存总量与销售总量相比,仅少了6.47亿册(张、份、盒),达到61.22亿册(张、份、盒),金额甚至远远高于销售额,达到880.94亿元,库存增长率更是远远高于销售增长率。与上年相比,库存数量增长9.60%,金额增长9.56%。我国图书库存量居高不下在很大程度上是由于出版行业缺乏信息交流和共享。

(2)读者需求预测失效引发图书供给结构性矛盾。

2012年,我国图书出版品种达到332 042种,已经成为当之无愧的出版大国。然而,与图书出版品种的增长不符的是,我国国民阅读情况却有些不尽如人意。根据中国出版科学研究所发布的《第十次全国国民阅读调查》显示,2012年,我国18~70周岁国民图书阅读率仅有54.9%,人均纸质图书阅读量仅为4.39本,很多读者表示尽管市场上销售的图书品种很多,但是能够引起阅读兴趣的书却非常少。这表明,我国图书供给与需求不相匹配,产生了结构性矛盾,而读者需求预测失效是产生这种现象最为直接的原因。准确的读者需求预测是出版产业供应链运转的基础,其能保证供应链以最快的速度为读者提供最佳的服务。但实际上,由于图书出版产业客观环境的复杂性和认识能力的局限性,读者

需求预测本身带有明显的不确定性。一方面,与其他产业不同,图书出版行业全新产品所占比例非常高,例如2012年我国出版的图书中,初版书有223 125种,占到67.20%,这就增加了需求预测的难度,使得出版企业很难基于过去的经验判断市场需求;另一方面,我国出版业的退货政策也是造成读者需求预测失效的重要原因。我国图书出版业长期由出版社单方面承担退货成本,这就使得图书分销商的退货成本远远低于销售利润,所以分销商很容易放大图书市场需求,超量采购,这也就造成了读者需求预测的困难。当然,出版社和读者直接沟通渠道的匮乏也使得出版社很难真正准确了解和预测读者需求。读者需求预测的困难和频繁失效,引发图书供给结构性矛盾,既无法充分满足读者的阅读需求,又无法实现出版社的经济和社会效益。

(3)数字化思维缺乏导致出版业数字化转型遇困。

尽管数字浪潮席卷出版业已逾十年,然而,目前,我国传统出版社和出版人仍未真正建立数字出版思维,在选题策划和组稿阶段未能充分利用数字阅读平台和软件以及社交网络所提供的读者需求偏好和读者阅读行为方面的数据;在编辑出版纸质图书的过程中也未自觉考虑后续的向数字出版延伸的问题,建立并保存一份易于转换为内容一致的电子书的数据源;在销售电子图书的过程中未能与销售商以及其他出版社之间建立深度战略合作关系,共享读者数据,实行精准营销。数字化思维的缺乏也使我国出版业虽然早已开启数字出版项目,也将大量的人力、物力和财力投入数字出版的建设中,然而,时至今日,却仍然处于初步探索阶段,尚未走出一条适合自己的数字化转型发展道路。

2. 大数据对传统出版模式的变革

(1)用户行为数据而非编辑经验主导图书生产。

作为文化发展趋向和出版市场需求的"把关人",编辑过去一直是图书生产的中心,编辑环节也是图书生产的核心环节。编辑通过调研,了解市场需求,并结合社会的文化导向,发现选题,再经过严格的论证和审核流程,确定选题,进行组稿。完成这一套流程,不仅会花费较长时间和精力,而且,效果还经常不尽如人意,如前所述,我国图书市场存在巨大的供给结构性矛盾就是例证。事实上,在传统图书生产环节中,尽管有调研环节,然而这种调研方法多采用的是随机抽样问卷调查和访问的方法,大多数图书选题的产生甚至没有经过市场调研,完全基于编辑的感性经验。因此,一直以来,出版业也被许多人视为一个强调艺术追求、专业经验而缺乏科学实证的行业。大数据则可以改变这种现状,其将理性的决策工具和方法引入图书生产的核心环节,以用户行为数据整合与分析为基

第十二章　数字出版技术应用前沿

础指导图书生产。例如编辑可以基于社交网站、搜索引擎、电子阅读平台以及个性化阅读应用搜集海量读者行为数据，在这些海量数据中挖掘出关于读者阅读偏好的数据集，包括喜欢搜索哪种类型的图书内容，喜欢哪些作者，喜欢哪个平台等，把这几者结合起来，就会产生一项甚至一系列理性的选题决策。大数据还会对组稿环节产生影响。过去，当编辑向作者提供某些建议的时候，总是因为没有足够的证据去支持自己的判断和建议而无法得到作者的认可，在大数据技术的支持下，编辑可以以数据为基础向作者提供建议，例如其可以基于图书评论数据，向作者展示其他作者引起书迷不满的原因，作者想要建立并保持相关读者群对自己的品牌忠诚度，有哪些需要避免和加强的部分，以更加科学的方式提出相关建议，建立更加融洽的作者关系。除了组稿环节外，印数的确定也非常重要，然而因为出版业的核心价值是满足人们的精神需求，而精神需求一直是非常难以量化的，因此，这也成为一项非常困难的工作。在大数据技术的帮助下，编辑则可以收集相关内容图书的销量、库存、读者分布、读者评论等数据集发现市场的真实需求，准确确定图书印数，避免图书库存和资源浪费。

（2）全国性发行平台而非分散渠道整合图书销售。

大数据对图书发行环节的影响就更为深远了。我国因为缺乏全国性的图书发行平台，长期存在图书销售数据不明的情况。出版社主要依赖于分销商的报告，例如新华书店和网络书店的相关销售信息以及某些商业媒体的畅销书排行榜来获取销售信息。且不论我国出版业的"买榜"现象非常普遍，数据真实性堪忧，即使这些数据都是真实的，出版社也只能获得自身生产的图书的相关销售信息，无法了解竞争对手或其他同类图书的市场销售数据。然而，要取得商业成功，了解相关竞争对手以及整个行业的发展情况也是至关重要的。当然，如果一个出版社对某一本书特别感兴趣或者很关心一本书的销售情况，其可以通过其区域发行人员对这本书的销售全程进行跟踪调查，然而，这些发行人员通常只能获取这个地区的少数书店的销售信息，而且，要获得真实的信息，发行人员通常要去进行实地调查，这就意味着出版社最终获得这些数据反馈需要花费大量的时间，而图书本身是一种生命周期非常短的商品，这些也许已经失去了时效性的销售数据很难让出版社真正准确地了解全国性的图书销售情况。大数据技术则可以改变这一现状，基于大数据技术建立的全国性图书发行平台具备图书销售数据整合与分析职能，可以让出版社实时了解到全国图书发行情况。民营出版商"新经典文化"就基于大数据技术，开启了"私有云"平台建设项目，在"云"上成立提供出版信息服务和物流服务的全国出版发行网络平台，以改变图书发行信息不透明的

现状，项目总投资需要 10 亿～ 15 亿元，目前已经获得国际风险投资巨头红杉资本 1.5 亿元的投资，这也是迄今为止民营书业获得的最大单笔投资。"私有云"平台建立起来后，将不仅承担收集、整理图书销售数据这样的基础性工作，而且还要利用数据可视化的技术将海量销售数据中隐藏的有价值的知识揭示、展现出来，不仅可以帮助出版社全面了解图书销售信息，而且还能帮助更加准确地预测图书市场需求。

（3）"需求"而非"供应"或"直觉"驱动图书营销。

过去，出版社直面的是销售渠道，以 B2B（Business to Business，企业到企业）的商业模式运行，因此，出版社的营销多基于"供应"驱动，大量的诸如作者签售、渠道推广等营销活动旨在吸引销售渠道，向其供应更多的图书。随着数字出版和网络传播技术的发展，出版社开始直面读者而不是企业，传统的以"供应"驱动图书营销的方法逐渐不再适用。然而，"直觉"又逐渐成为出版社营销活动方案的驱动因素。因为缺乏图书营销效果监测工具，传统出版社经常采用的作者见面会、媒体访问、广告、价格促销等营销策略耗费了大量的成本，可是对于这些营销活动是否真的对图书销售起到了作用，或者其中哪一项活动促进了图书销售，哪一项活动毫无价值，出版社却一无所知。在大数据技术的帮助下，出版社可以很清楚地监测其开展的营销活动的效果，迅速取消那些没有价值的营销活动，转而策划更有效的营销活动。美国出版巨头哈珀·柯林斯就积极利用大数据技术，挖掘读者需求，科学制定图书营销方案。2013 年，哈珀·柯林斯的数字出版部门专门成立了数据部门。其数据部门基于其自有的数据库和图书销售平台，采用大数据技术获取其消费者数据，包括一手和二手数据，整合和聚集数字销售和定价的相关数据集，并初步尝试通过数据分析和可视化技术向其员工提供数字销售影响因素以及需求弹性的可视化数据分析报告，帮助其员工发现图书营销中哪些因素在发挥作用，分享成功的图书营销实践经验。目前其已经开始将分析结果综合运用到市场战略和定价战略中，解释为什么品牌 X、图书 X 或系列 Y 未能获得成功。当然，目前哈珀·柯林斯对大数据技术的应用还在起步阶段，非常遗憾的是它只是事后分析，目前尚未能真正起到预测的作用，但是它仍然有效，并且可以对其下一图书项目营销活动的策划提供一些参考。除了哈珀·柯林斯外，美国还产生了专业的出版数据挖掘公司，例如图书观察者（Bookseer）、封面蛋糕（Covercake）等，这两家公司目前在出版大数据方面的实践也主要集中于图书营销领域，主要是基于社会媒体的用户阅读行为和图书评论进行图书营销效果的追踪和利用，前者目前还获得了兰登书屋、阿歇特、哈珀·柯林斯和企鹅的投资。

（4）知识而非技术推进我国出版产业的数字化转型。

过去谈到出版业的数字化转型的时候，一直在强调技术的推动作用。柳斌杰提出要"运用高新技术和先进设备改造传统基础设施""积极采用数字、网络等高新技术和现代化生产方式，改造传统创作、生产和传播模式，建立新型内容生产方式和数字化传播载体、传播渠道""以新技术新业态提升出版业的核心竞争力和整体"。大数据技术是以技术为手段，以知识的提纯、重组和有效利用为内核，推动我国出版产业的数字化转型向知识驱动的方向持续演进。在大数据的影响下，出版产业将会改变以往依托于数字出版技术，以书、文献的数字化生产和传播为发展方向的数字化发展路径，转而以知识要素为单位，通过对出版内容和读者需求数据的深入了解，将内容分化为一个个高度浓缩的知识要素，并将其与读者的知识需求紧密结合，实现专属内容智能定制和精准推送。这并不是由计算机制定决策，而是知识驱动的人类与机器协作制定出版决策，推动出版产业向知识服务型转变。

二、出版业应用大数据面临的挑战

1. 海量数据的获取难题

海量数据是实现大数据应用的基础，然而与其他行业相比，出版业很少拥有大数据和高度结构化数据形成的数据集。这一方面是因为出版内容，也就是俗称的创意并不是大数据，它更容易被描述，而不是被分析。另一方面则是因为出版业过去长期采用 B2B 的商业模式运行，出版企业直面的是销售渠道，而不是读者，因此，出版商处于一个被锁定的数据管道中，无法获得全面的数据，他们并不拥有读者，所以他们也不了解他们的读者。亚马逊、苹果、谷歌、当当网、京东商城等网络书店的兴起和销售量的增长，为通过网络渠道更好地了解读者创造了机会，然而遗憾的是，出版企业并不是那些了解读者的人，读者数据被锁定在这些网络图书销售平台手中，他们才掌握着海量的读者需求和阅读行为数据，而出版企业从这些网络平台上只能获取被四面墙围起来的数据——企业内部的数据。这些数据当然也是有价值的，可以让出版企业了解企业内部的情况，然而却无法了解其竞争者以及整个读者群体的情况。阅读体验和阅读行为数据是出版数据中的"黄金"，其看到了人们消费和体验图书产品的过程，也看到了人们讨论图书产品的过程。在代表着未来数字出版的亚马逊大举进军"陈旧"的出版业，

收购传统出版企业的时候，很多传统出版人乐观地认为这说明传统出版仍然前途光明，事实上，这是因为亚马逊非常善于寻找和挖掘出版数据中的"黄金"，能够据此发现读者真正的需求，但是他们不愿与出版企业分享"黄金"，因此，为了联系最受欢迎的作者、掌握书源，以亚马逊认为最佳的出版发行方式和最合适的价格将内容送到读者手上，他们才反其道而行之，进入传统出版。如果无法获取并控制海量读者数据，大数据对于出版业而言只能是一个伪命题，不仅不能因此得力，反而将在大数据时代受到更多的竞争和冲击。

2. 专业的出版数据挖掘和分析人才缺乏

正如美国《出版商周刊》所言：出版业开发利用大数据需要依靠专业的"数据科学家"。所谓"数据科学家"是指同时兼具传统的数学、统计技能及编程技术、企业家本能与调查天赋的复合型专家。然而，目前出版业非常缺乏具备专业出版数据挖掘和分析能力的"数据科学家"。编辑需要理解技术视角，技术人员则需要理解商业和文化生产、营销的相关问题。例如美国著名出版商阿歇特、西蒙与舒斯特和企鹅共同出资建立的书呆网（www.bookish.com）致力于利用大数据技术成为"图书发现工具"，还聘请了麻省理工学院的毕业生卡伦·桑（Karen Sun）负责监督"万亿计算"，然而，从目前的实际运作情况来看，传统的书评人推荐仍然是书呆网的读者发现图书的主要方式，利用机器学习（machine learning）和大数据（big data）技术帮助读者找到下一本适合的图书的理想还未能实现。产生这种情况的重要原因就是卡伦·桑还未能真正理解出版业大数据应用需要，尚未成长为出版业的"数据科学家"。

3. 难以平衡商业价值和文化价值

与以商业价值为核心的其他行业不同，出版业是一个强调内容积累、文化语境与知识传承的行业，除了经济功能外，文化传播和积累也是其至关重要的功能之一。大数据时代来临后，已经有出版人实现了这样的设想：量化读者阅读题材、场所、时长、鼠标移动痕迹、标注章节及重复浏览内容等，据此定制内容，例如专为亚马逊 Kindle 提供浪漫小说的电子书公司根据对浪漫小说读者阅读状态的统计分析，"勾勒出读者眼中完美男人的标准——有着纯正欧洲口音、30 岁上下、黑头发、绿眼睛"，并以此来指导浪漫小说作者对于男主角的塑造。尽管在大数据环境下，定制生产模式精确到将每一个用户视作独立的细分市场是对读者真实需求的最大尊重，然而，过于强调读者阅读行为数据分析很容易形成对读者的曲意逢迎，干扰作者的创作和文化风格，如果欧美所有浪漫小说的男主角都是"欧洲口音、30 岁上下、黑头发、绿眼睛"，这一定会成为对以文化传承为主要

第十二章　数字出版技术应用前沿

责任的出版业的莫大讽刺，同时，也会极大地影响文化的多样性，形成"媚俗"的大众文化环境。因此，在大数据热潮兴起伊始，诗人徐江就提出"文化的根本性价值，在于维系一个社会精神层面的平衡与推进。文化中的不同分支，属性差异极大，不能强行将其全部导入市场化思维。还是让它和大数据离婚吧"。这种倡议虽然有些因噎废食，然而，如何在利用大数据技术深掘出版业的商业价值的同时坚持出版业的文化品位和价值，确实是出版业应用大数据面临的重大挑战。

三、欧美传统出版企业大数据应用策略探析

1. 大众出版企业：联合建立大数据分析平台，促使需求驱动图书营销

与教育出版和专业出版企业不同，大众出版企业面临的读者较为分散，依靠单个企业获取海量读者数据几乎是一项不可能完成的任务。面对这种情况，欧美大众出版企业加强合作，联合建立大数据分析平台，网络书店书呆网就是其合作的产物。

除了阿歇特、西蒙与舒斯特和企鹅这三家企业，书呆网还包括霍顿·米夫林（Houghton Mifflin Harcourt）、哈珀·柯林斯、麦克米伦、兰登书屋等大众出版巨头和编年史书出版社（Chronicle Books）、孤独行星出版社（Lonely Planet）、普林斯顿大学出版社（Princeton University Press）等中型出版企业。书呆网的核心是其图书推荐平台，该平台采用编辑独立的方针，聘请了 6 名经验丰富的编辑，每天根据不同主题在大量出版企业中挑选优秀的图书和作者，为其撰写书评，并向读者推荐相关好书。书呆网以图书为中心，结合读者的个性化体验，利用机器学习和大数据技术帮助读者找到下一本适合的图书。"机器学习"指的是读者可在个性化推荐页面、新书推荐页面、常销书推荐页面和畅销书推荐页面分别给出的五本不同类型和风格的图书中选择自己最喜欢或最想读的一本，点击该书后，页面就会新增一栏，左边"你的图书（Your Book）"一栏显示挑选的图书，右边"我们的推荐"（Our Recommendations）一栏则是网页基于所选图书的类别、作者和内容新推荐的与该书有关联的四本图书。读者多次选择图书以后，平台就能根据读者提交的信息改善算法，推荐更符合读者要求的书籍。书呆网还将大数据技术应用到图书知识中，试图模仿人们提出建议的方式，收集关于图书的所有描述，包括作者、类别、出版日期、风格等以及流行的至关重要的评论，利用现代信息技术挖掘出图书相关的所有重要主题，提供一个强大的功能数据集。目前，书呆网的图书数据库中一共收藏了 30 余万种图书，横跨 18 个类别，并且数量每

天都在增加，其还内置了与亚马逊、巴诺 & 鲍德斯、苹果 iBookstore、库伯（Kobo）等大型图书零售商官网的链接，读者也可以通过这些平台购买图书。因为书呆网建立的时间较晚，因此，其一开始并没有读者的个人数据，直到读者选择图书后，平台将自动根据相关元数据（例如作者、标题、种类等）推荐类似图书。

书呆网以及美国大众出版商支持建立的其他出版大数据应用平台，例如封面蛋糕等，运作时间都较短，从目前实际运作情况来看，均主要着力于图书营销环节的变革，尚未触及图书内容生产环节，包括选题策划、组稿等环节。而事实上，这个环节对于将原有的直觉和经验驱动图书生产变革为数据驱动图书生产的需求更加强烈，且目前大数据在图书营销环节的应用也更多倾向于事后分析，因此，欧美大众出版商想要建立足以与亚马逊、苹果、谷歌相抗衡的出版大数据分析平台，未来还有很长的路要走。

2. 教育出版企业：基于内容和用户需求数据，开发个性化教学方案和智能学习平台

在数字化浪潮席卷出版业的时候，很多人认为教育出版领域的数字化前景是比较灰暗的，甚至有些大型出版企业出售了教育出版板块，例如里德·爱思唯尔 2001 年 7 月收购哈考特教育（Harcourt Education），2007 年便将其出售给培生教育出版集团；汤姆森集团也于 2007 年 7 月 5 日以 77.5 亿美元出售了其一直运行良好的教育出版公司与书籍网络资讯公司，转而与路透合并，成立汤姆森路透集团。然而，随着 2013 年培生集团以 93.33 亿美元的收益超越里德·爱思唯尔 72.88 亿美元的收益，成为世界排名第一的出版集团；圣智学习出版公司（Cengage Learning, Inc.）在 2013 年 7 月宣布破产后，2014 年 4 月甩掉 40 亿美元债务，完成财务重组，登上 2014 年全球出版业 50 强榜单，并获得 11 名的好成绩，且其数字产品及服务的收益在总收益中的比重均超过 50% 时，我们有理由相信，教育出版业同样有着光明的数字化前景，而且，欧美教育出版企业的数字化转型已经卓有成效。因此，当大数据浪潮席卷到教育出版领域，欧美教育出版企业在已经具备数字化基础的情况下，也开始基于已有的内容和用户需求资源，利用大数据技术，开发个性化教学方案和智能学习平台。

作为世界上最大的教育出版集团，培生拥有最为丰富的教育内容资源，因此，其首先将大数据技术运用于内容数据的优化方面。为了满足不同群体的海量知识信息需求，培生教育依托传统内容资源优势，将海量信息资源数字化，建立起方便读者随时取用的在线信息资源库，并增加附加值服务。集团开发的伊葵勒

第十二章　数字出版技术应用前沿

(EQUELLA)就是一个专业的教育内容数字在线仓储,该资源库可以方便读者随时随地获取需要的内容,同时还从读者需求的角度出发,提供各种在线内容的搜索、创建和管理等功能。除此以外,2013年4月培生还收购了美国哈佛大学开发的基于云计算的学习分析与管理系统学习催化剂(Learning Catalytics),该平台使得教师能够向学生发布开放式的问题,并且实时获得学生提交的答案,帮助教师确定哪些知识领域需要进一步深入讲解,以便更早地干预来提高学生的记忆和学习成果,帮助教师更加灵活、便捷地管理学生的学习进度和学习效果。近年来,培生还和多家大学和研究机构合作,积极开发智能学习平台,例如与海洋社区学院、印第安纳州卫斯理大学和罗格斯大学、阿德菲大学、维拉诺瓦大学和马里兰大学等全球200多所大学合作,开发了在线教育平台亚利桑那州立大学在线(Arizona State University Online)、电子大学(E-College)、温吧网(Embanet)等智能学习平台。这些平台可以对学习者的学习行为自动进行提示和评价。例如通过记录鼠标的点击和光标停留的位置,平台可以记录学习者在某个页面上停留的时间,判断学习者对知识点的掌握情况,从而总结出哪些知识点是教学难点和重点,哪种学习工具在哪种情况下最有效等规律。该平台之所以如此强大,正是因为其有大数据技术作后盾,将混乱的个体学习者的学习行为数据收集起来,当这些数据积累到一定程度时,群体的行为就会在数据上呈现一种秩序和规律,然后有的放矢,对不同的学习者提供有针对性的帮助。

3. 专业出版企业:开发大数据分析技术,推动客户数据的智能化和知识数据的可视化

专业出版是欧美出版业中数字化程度最高的部门,这一点可以从欧美各大出版集团2013年的销售数据中得到佐证。六大大众出版集团中,数字化程度最高的兰登书屋,其2013年数字产品收益占总收益的比例仅为24%,最低的阿歇特图书出版集团其数字产品收益甚至仅占总收益的10%;教育出版企业中,数字化程度最高的培生教育出版集团,其2013年数字产品和服务销售额占集团总销售额的58%;专业出版企业中,里德·爱思唯尔、斯普林格、自然出版集团(Nature Publishing Group)、沃尔特斯·克鲁维尔等,其数字化收益占总收益的比重均在60%以上,其中里德·爱思唯尔出版集团的数字产品收益更是占到集团总收益的66%。对于出版业而言,大数据的本质是更为广阔、深入的数字化以及全社会范围内的数据的互联互通,从这个意义上来说,数字化程度最高的欧美专业出版企业在大数据应用方面显然具备更多的优势和能量,事实也正是如此。欧美专业出版企业在大数据应用的路上走得更远,他们利用已有的技术基础和内

容优势，积极开发新的大数据技术，推动客户数据的智能化和知识数据的可视化。

里德·爱思唯尔集团旗下的律商联讯（LexisNexis）就投资开发了高性能计算集群系统（high performance computing cluster systems，HPCC）技术，推动客户数据的智能化。目前 HPCC 技术已经成为该部门的核心产品，并广泛应用于里德·爱思唯尔开发的各种数字化产品和服务。HPCC 系统在其主要产品科学指引（Science Direct）数据库中，帮助其向研究者推荐更需要的相关文章，该应用有效帮助科学指引增加了 65% 的点击率。作为目前最先进的大数据处理技术，HPCC 技术帮助里德·爱思唯尔集团共享各大细分市场的数据资源及其分析结果，有效实现数据的互联互通，应对数据的海量增长给数据分析带来的挑战。该技术结合成熟的数据处理方法以及里德·爱思唯尔专有的连接算法，推动了客户数据的智能化。除了自己投入巨资开发新的大数据分析技术外，里德·爱思唯尔还和一些大学和研究机构开展合作，资助其技术创新。例如 2013 年 12 月 18 日，爱思唯尔和伦敦大学学院（University College London，简称 UCL）宣布共同建立 UCL 大数据研究所。UCL 的研究范围非常广，近年来，其在大数据和研究分析方面取得了丰富的成果。为了充分认识和实现二者在资源共享方面的协同作用，UCL 将访问爱思唯尔的世界级的研究数据和企业技术，为大数据在更广阔的范围内得到应用开辟出新的可能性。里德·爱思唯尔还收购了门德里公司（Mendeley），该公司位于东伦敦科技创业园中心，是一款免费的跨平台文献管理软件和在线学术社交网络平台，向用户提供基于社交网络的学术成果分享和合作服务，可追踪论文引用记录等。斯普林格科学与商业媒体集团公司也与伦敦的新创业公司社会媒体指标公司（Altmetric）合作，为其旗下的斯普林格在线平台（SpringerLink）上的每篇文章的摘要页中加入衡量研究成果影响力的社会媒体指标信息，对围绕学术文献的线上活动加以追踪和分析，这一方面可以更好更全面地追踪到用户阅读行为数据，另一方面，也可以使用户更容易获得论文的社会媒体影响力信息。

除了将大数据技术用于客户数据智能化外，欧美专业出版企业还将其应用于知识数据的可视化。例如 2014 年 1 月 30 日，泰勒·弗朗西斯就与在线知识分享平台"图表分享"（Figshare）达成合作协议，帮助研究人员安全地建立、发布和分享其研究成果。"图表分享"是专门为研究者、学术研究机构和出版商服务的研究数据管理工具，该平台允许浏览器对任何形式的文件可视化，因此，图表、数据集、媒体报道等各种在传统学术出版模式下不允许传播的内容均可以在这里传播。泰勒·弗朗西斯与在线知识分享平台"图表分享"的合作将会帮助泰勒·弗朗西斯1700多种期刊中不同类型的数据实现可视化，使其期刊论文的补充材料有了新的传播渠道。从此，泰勒·弗朗西斯网络在线平台（Taylor & Francis Online）也可以即时阅读图表、数据集、文件集、视频等期刊论文的补充材料，这些材料还可以被"图表分享"主办的搜索引擎轻松地检索到。这项技术合作可以帮助期刊论文作者使用"图表分享"的技术发布其补充数据，这使得作者不仅可以看到其论文的补充材料，还可以很方便地与其他研究者分享这些材料，并通过"图表分享"的度量函数追踪到用户的使用情况。上传到"图表分享"的每一份文件都很容易被引用，与此同时，"图表分享"上的每一项数据都将链接回泰勒·弗朗西斯在线平台相应的文章，这样，研究者不仅更容易发现补充材料，也更容易关注到相应的文章，帮助研究者非常便利地通过搜索引擎找到更加丰富的研究材料，同时也会提高作者及其研究文献的知名度。

四、出版业大数据应用策略建议

1. 从"小数据"做起，逐步推进

数据战略家马克·波切克（Mark Bonchek's）2013年在《哈佛商业评论》（*Harvard Business Review*）上发表了《小数据让大数据更加强大》（*Little Data Makes Big Data More Powerful*）一文。文中指出，小数据是大数据的基础，二者结合起来的效果远远大于大数据单独应用的效果。大数据可以通过分析数百万计的社交媒体交互行为让出版企业更深入地了解读者的情感和需求，可以通过分析百万计的读者消费行为让出版企业实现精准推广，其实质是帮助出版企业更好地了解其读者。而小数据（little data）包括数字出版系统中的出版系统、发行管理系统和作者管理系统中存储的生产记录、财务记录、资源消耗统计等数据以及图书销售商分类数据、销售数据和库存数据等，这些数据可以让出版企业增进对自身的了解。目前，我国大多数出版企业尚未充分利用和挖掘这些"小数据"，对自身尚且了解不足，又何谈大数据应用？美国出版业也是随着2001年尼尔森图书观察（Nielsen Bookscan）项目的启动以及数字化程度的日益提高，建立了能够让出版企业对自身及其竞争对手的了解更加深入的"小数据"分析能力的基础，才能顺利开启大数据应用的探索。跨越"小数据"的大数据应用是不现实的，只能沦为概念炒作。笔者建议国内出版企业学习湖南科学技术出版社的做法，其在大数据尚未到来之时，就开始重视相关资源数据档案的整理和利用，目前已经建立了多元的数据信息体系，具备了较强的"小数据"分析基础和能力，为大

数据的应用奠定了坚实的基础。

2. 增加与读者直接接触的机会，提高数据共享能力

因为缺乏与读者直接接触的机会，出版界完全不了解其图书的销售和阅读情况，而这些信息几乎都可以通过数据分析得知。对于传统出版企业而言，除非他们能够建立与消费者的直接接触渠道，否则他们就会被大数据给抛弃。因此，出版业要想利用大数据技术完成产业转型升级，就必须增加与读者直接接触的机会。欧美出版企业通过在自己的网站上增设售书业务，自建数字图书仓库，将读者从谷歌图书搜索（Google Book Research）页面拉回自建的数字图书页面以及联合建立图书大数据分析平台书呆网等方式增加与读者直接接触的机会，逐步收回对出版大数据的控制权。目前我国也有很多出版企业自建和联合建立了图书网络销售平台，只是这些平台覆盖面和流量都较低，未能为出版业提供大数据应用所需的海量数据源。建议出版企业首先还是要加强数字图书仓库的建设以及与搜索引擎和社交媒体的合作，利用这些平台增加图书信息被读者发现的机会，再通过这些媒体提供的链接，将读者拉回自建的数字图书仓库。同时，还要尽可能地加大合作范围，建立一个尽可能覆盖全行业出版企业产品及其信息的平台，提高数据共享能力。

3. 强化文化把关人角色和文化价值标准，在依托专业团队的基础上加强出版大数据专业人才的培养

在大数据环境下，人们的阅读体验第一次可以被观察。有了这些观察，出版企业不仅能够改进发行和营销决策，而且可以改进其作者和产品，以更好地满足读者的需求，更好地实现出版业的商业价值。因此，可以肯定的是，出版业确实非常需要大数据。但是我们不能忘记了出版业还承担着重要的文化功能，出版工作是一项独特的文化活动，出版人在这一活动中进行文化选择、优化和传播，扮演着文化把关人的角色，其依据社会公认的文化价值标准，发挥着把关人所应发挥的选择、建构、传播和增值作用。因此，出版业在大数据应用过程中必须强化文化把关人角色和文化价值标准，这样才不会在数据中迷失。当然，将大数据应用于出版业，推动出版业由"数据"驱动而非"直觉"驱动，并不意味着计算机将会取代出版人制定出版决策，而是需要具备大数据技术能力和视野的专业出版人与机器协作做出决策。目前，大数据技术已经日趋成熟，然而，出版大数据专业人才却非常缺乏。要解决这一问题，一方面可以借助外部从事图书大数据挖掘与分析的专业公司的力量；另一方面，也可以采取校企合作或建立出版大数据博士后流动站等方式，培养拥有大数据技术且了解知识文化信息生产和传播规律

的人才。这种新型人才应当是大数据技术和出版业的"中间人",由他们来推动出版业尽快融入大数据时代。

第二节 虚拟现实技术在数字出版业的应用

据 2015 年数字投资（Digi-Capital）的研究报告,2015 年全球虚拟现实（Virtual Reality,VR）/增强现实（Amplified Reality,简称 AR）共获得总计 6.86 亿美元投资。然而,2016 年,该领域投资爆发式增长,仅 2016 年第一季度这个数字已达 12 亿美元,因此 2016 年被许多学者和业内人士称为"VR 元年"。

虚拟现实技术是仿真技术与计算机图形学人机接口技术、多媒体技术、传感技术、网络技术等多种技术的集合。虚拟现实技术是仿真技术的一个重要方向,包括实时三维计算机图形技术,广角（宽视野）立体显示技术,对观察者头、眼和手的跟踪技术,以及触觉/力觉反馈、立体声、网络传输、语音输入输出技术等。2006 年国务院颁布的《国家中长期科学和技术发展规划纲要》就将 VR 技术列为信息领域优先发展的前沿技术之一。随着近年来软硬件技术的突破,虚拟现实和增强现实技术与云技术、移动互联技术迅速结合,推动了 VR（和 AR）的发展和普及,逐渐从游戏体验延伸到行业应用。该技术已经广泛应用于医学、军事航天、工业仿真、文物古迹展示、设计等工业和艺术领域,目前也开始应用于数字出版业,不过,目前 VR 直接用于出版业还处于起步阶段,还在摸索中,但市场上已有此类图书出现。美国谷歌公司申请了两项专利,一为"交互式图书"（interactive book）,一为"媒体增强式立体书"（media-enhanced pop-up book）,其目的就是让书本"活"过来,可以与读者互动,或者通过电脑实现更多功能。国内也有"图书+VR 眼镜"式销售。对 AR 和 VR 的合理运用,将为出版业开启一个与纸质阅读和传统电子阅读不同的全新"视界"。

一、虚拟现实技术在各个出版领域的应用

1. 虚拟现实技术在大众出版领域的应用

虚拟现实技术在大众出版中的应用可以增加为大众讲解文学作品中的相关知识的机会,有效增强电子书信息呈现和传播的趣味性与创新性。目前已经有出版商利用 VR 技术打造全新出版物。例如出版商 Tigger Global 在书籍中结合增强式

VR 系统应用，读者在下载应用后，用 iPad 对准正在阅读的书籍，屏幕上就会呈现出书中所描述的场景以及对应的章节。索尼公司与《哈利波特》的作者 J. K. 罗琳合作，用虚拟现实技术打造了《神奇图书》；卡尔顿公司运用虚拟现实技术出版了以恐龙为主题的图书。迪士尼 2015 年在国际增强现实和混合现实研讨会上展示过一个把 AR 同图书上色结合起来的研究性项目。具体效果是这样的：当孩子们在给纸上的卡通形象上色的时候，智能设备里的移动应用（APP）会通过摄像头根据纸上绘画的颜色和形状创建一个相应活动的 3D 模型。也就是说，如果孩子给一头小象上色，那么他能在 Pad 或者手机上看到自己涂的小象变成立体的，站在桌面上或者自己手背上，还会做些小动作。涂什么颜色，它就是什么颜色，还没上色或图中被遮挡的部分，APP 在创建 3D 模型时会机智地通过一些算法智能猜测并填充相应的部分——就像是简单的特效制作。

现在国内部分出版社开始将平民化的初级 VR 技术运用于图书内容补充，做一些简单的立体图或者全景图。例如山东教育出版社 2015 年出版的"恐龙大世界"系列图书，既能实现前述 AR 技术所营造的效果，又利用硬纸板（cardboard）眼镜提供类似 VR 效果的沉浸式体验。另外还有一本书《梵高地图》，采用 AR 还原书中经典梵高画作，通过手机能观看立体效果。编辑们还用 VR 影像拍摄还原《梵高地图》书中内容，并制作虚拟现实纪录片随书发行。这种艺术类的书籍确实非常适合 VR 技术，因为其带给读者的感觉就是走进美术展馆，或者到艺术家的家乡虚拟旅游一番。VR 在大众出版领域的应用进一步扩大了大众出版物的受众领域，实现了科技时代科技发展与文字的完美对接。媒体、三维立体内容等自由阅读和互动，使读者获得全新的信息阅读体验。

2. 虚拟现实技术在专业出版领域的应用

专业出版的目的是向专业人士提供专业知识查询与学习的服务，早在 21 世纪初，国外大型专业出版集团纷纷定位为专业信息及其服务提供商。然而，在很长一段时间内，专业研究成果的主要展示方式都是文字。文字限制了专业技术成果的展现，将虚拟现实技术应用到技术类领域中，一方面为技术行业的知识构架提供了模拟知识的模型，增强了应用专业知识的立体效果，能够激发人们对专业知识的学习兴趣和创新能力，进一步提升其专业能力。另一方面，虚拟现实技术能够为演示专业技术的实际操作提供良好的模拟演练环境。随着数字化时代到来，VR 技术的发展和成本的进一步降低，多媒体传播和实现交互阅读是专业出版的发展方向。专业出版商可以在提供传统纸质文献以及专业资源数字化的基础上，运用 VR 使二维的、平面的信息资源变为三维的、立体的信息资源，并拓展

第十二章　数字出版技术应用前沿

信息及技术咨询服务的方式与服务内容。虚拟现实技术还可以虚拟实验设备展示、实验过程展示、实验结果对比等场景和过程，增强读者对专业知识的理解。可视化的虚拟现实制作技术还可以快速生成与论文关联的3D知识，通过与论文关联的虚拟现实数字信息，自动构建论文与论文、论文与图书、论文与在线数据之间的知识关联体系。同时，虚拟现实技术可以加强知识组织、知识导航和知识评价等知识链接服务功能，形成基于知识链接的专业出版数字化集成服务平台。

3. 虚拟现实技术在教育出版领域的应用

相较专业和大众出版领域而言，虚拟现实技术在教育出版领域的应用更深入。目前，国外一些教育出版商已经进行了一些与VR技术相结合的尝试。例如，2016年培生和霍顿·米夫林·哈考特集团（HMH）都加入了谷歌的虚拟现实课程教学应用（APP）项目"谷歌远征"（Google Expeditions）。目前，VR技术在幼儿教育出版、中小学教育出版、高等教育和职业教育出版领域都获得了应用。其中，在幼儿教育出版领域，多元化的幼儿教育虚拟现实内容产品已经出现，如《迷幻大象仿真》《幸运传说》《童话森林》和《邦尼兔的故事》等。澳大利亚联邦银行（Commonwealth Bank of Australial）推出的一本名为《魔法门冒险记》的儿童故事书及其相应的虚拟现实应用就是一个经典案例。在《魔法门冒险记》中，主角是一只名叫萨米的考拉，它穿行在银河系之中，希望可以为奶奶找到一份神奇的生日礼物。阅读这本书并配合使用APP的小朋友会进入一个虚拟现实世界，并在其中围绕金融学中的供需关系进行学习。这样的组合结合了传统故事书和虚拟现实世界的优势，建立起一个沉浸式的故事叙述新平台，对儿童进行既有趣又有效的知识教育。在中小学教育出版领域，VR与教育游戏相结合，提供虚拟现实内容体验层，让中小学学生更快、更好地吸收文化知识。例如2016年6月，尤尼莫丝弗（Unimersiv）更新了一款历史教育类应用——"历史老师去哪儿了？"。游戏背景设定在一个热闹的小镇上，有一名历史老师在公园里失踪了。参与游戏的学生要通过老师留下来的线索对现场进行调查，推理出历史老师失踪的真相。这款产品与一般的教育类游戏相比，不仅需要玩家有一定的历史知识储备，还需要有一定的逻辑分析能力，因此能够真正地实现寓教于乐。在高等教育和职业教育出版领域，虚拟现实产品和服务都不多，但还是有部分高校已经开始使用虚拟现实技术进行教学。例如德州理工大学健康学中心、圣地亚哥州立大学开始使用培生的混合现实护理教育产品，美国宾州著名的百年名校布林茅尔学院也开始让其学生在物理、生物、考古学课堂上试用培生的混合现实产品。

4. 虚拟现实技术在书店的应用

自 2000 年起,在历经多次倒闭潮后,实体书店走上了转型升级的道路。与其说实体书店是售卖图书的场所,不如说是体验文化的空间。虚拟现实技术可以根据设定的虚拟环境进行环境还原,为再现现实提供完整的场景设定;然后向用户提供仿真的 H 维视觉、听觉、触觉、力觉等感知体验,让用户在特定的场景中进行互动行为,从而给用户创造沉浸式的体验的特点正好与实体书店面向用户体验的转型之路相契合。因此,一些实体书店开始尝试应用 VR 技术。"VR + 书店"的初步体验要追溯到 2008 年,甚至更早。在初步体验时期,"VR + 书店"更多是一种概念性的想法,当时只有祖米易(Zoomi)虚拟书店将这种概念性的想法付诸实践。与现在的虚拟现实书店不同,当时的技术水平只能将祖米易做成可视化的在线虚拟书店,它参照实体书店的布局设定界面,可使用方向键、图书分类、图书查找和圈书购买等交互功能。"VR + 书店"的推广体验大致是在 2014 年 VR 技术如火如荼发展后兴起的。在推广体验阶段,"VR + 书店"融合发展大多是体验馆入驻,它更多是一种 VR 场景营销手段,为读者用户提供最新的技术体验。如泸州西西弗书店拍摄制作了全景 VR 影像版供全国各地的读者用户通过手机在线体验。"VR + 书店"的发展体验是在 2016 年 VR 技术被大众普遍认识后。国内有不少实体书店引入 VR 设备为读者提供 VR 体验,而国外则更多是通过 VR 技术把它设定为满足读者用户交互体验的平台。如沃克斯特("Voxtor")VR 书屋应用等,通过 VR 技术开发的 VR 书屋 APP,为读者用户提供了在线体验 VR 书店的平台。

二、VR 应用于出版业面临的挑战

虚拟现实技术在大众出版、专业出版、教育出版和书店中的应用,改变了图书的出版形态、阅读方式和消费方式,顺应了文化传播与新媒体相结合的发展趋势,实现了传播效果最大化。然而,VR 应用于出版业也面临着不少困难和挑战。主要包括以下方面。

1. VR 技术有待进一步成熟

目前 VR 技术和产业的发展还远未成熟。从技术体系来看,近眼显示的颗粒感强、分辨率低。基本的计算、传输难以支持完美的用户体验。例如目前的 VR 配套设备容易造成用户身体不适,其中最主要的问题是引发佩戴者的眩晕感。克服眩晕已经成为 VR 真正进入图书出版市场的基本条件。在 VR 技术应用最广泛

第十二章　数字出版技术应用前沿

的少儿出版领域，很多家长都会质疑这种技术是否成熟，是否会影响视力以及晃动的画面引起眩晕感的问题。要妥善处理 VR 图书引起的眩晕、眼部疲劳等用户体验问题，必然要借助 VR 软硬件不断完善升级诸如 VR 一体机的研发推广。

2. 对传统的阅读方式形成了挑战

阅读的本质是获取知识，VR 是一种调动阅读兴趣的方式，但是同时也是新媒介对阅读的干扰，不利于思考。并不是每本书都适合做成 VR 图书，目前大多数是应用在少儿科普类图书上，科学的图书更适合使用 AR 或 VR 技术，一些经典著作就不太适合使用 VR 技术，它会影响深度阅读和思考。目前应用 VR 技术较多的图画书也不太适合应用 VR 技术，目前市场上做得好的 VR 图书其实并不太多。

3. VR 技术应用的成本有待进一步降低

通过 VR，数字出版业得以将二维世界提升到三维世界，操作和交互方式将更为人性化也更为复杂化，这对于数字出版而言，意味着开发成本的上升。根据产品复杂程度不同，VR 图书花费的资金要大大高于普通图书。电子工业出版社综合管理部主任王钰就指出，这种用了 VR 技术的图书，成本一般比普通图书要高上 3～5 倍。因此，一般只有资金比较雄厚的出版社才能尝试，暂时没办法大范围应用。即便如此，资金雄厚的数字出版企业也普遍面临着 VR 技术运用于本领域之后进一步研发升级的压力，实现成本的控制要求行业本身需要就内容、人力、技术等进行务实性的资源整合。"大开眼界"丛书责任编辑李玉帼认为，VR 图书需要出版社与合作的技术公司一起负担 VR 内容制作成本、硬软件成本，这导致 VR 图书的成本计算方式与传统图书的成本计算方式完全不同。制作 VR 图书投入的财力、人力、精力和常规图书不可同日而语。布局 VR 图书需要从出版社层面进行统筹，此外，数字出版业自身要注重优化产业链的资本投入结构，在内容与技术层面的资金注入务必双管齐下，追求优质内容资源需要与追求高质量场景沉浸同步进行，在互相匹配中塑造 VR 出版的竞争优势。

4. VR 图书的技术标准有待制定

VR 图书的制作牵涉很多技术标准和行业标准问题，非常多的东西需要进行标准化管理。VR 在数字出版产业的有效应用，需要国家加强战略布局和政策规划，带领产业发展；制定包括概念、标识、技术、管理在内的 AR 出版物标准，研发和完善行业标准体系；充分发挥行业协会、机构的作用，在实践中不断完善行业管理。同时，还需要数字出版业在行业内部的竞争机制中推动 VR 技术标准的出台，通过建立行业协会进行社会公示，以解除图书消费者的使用顾虑。

三、VR 出版的发展趋势

1. 内容资源的整合是关键

新技术就像外星人,带着巨大的力量冲进自身并不熟悉的内容产业。然而根据人们使用谷歌硬纸板(Google cardboard)的反馈,观看设备的门槛降低之后,虚拟内容的质量就成为关键。读者不想看分辨率极低、虚拟物体有棱有角像一堆几何体的堆砌、反应速度慢、没有创意的内容,他们并不会因为自己看的是图书的附加内容而不是电影和游戏就降低标准。因此,在数字出版企业开发 VR 出版产品,与科技联姻的过程中,还需要注意,内容仍然是发展的重中之重,优质的内容必须坚守。对于数字出版业而言,VR 的运用在本质上将对出版作品内容质量与主题的表达提出更高的要求,优质的内容需要具有持久的吸引力并与针对性的用户引导相结合,通过 VR 场景呈现程度的合理调度给予受众有限的自由,其目的是让受众与作者来到更为平等的位置,在同一频道上实现更为有效的交流与互动。出版与 VR/AR 的结合,实际只是为内容提供了一种新的展现方式,所有技术都必须搭载一定的内容提供给读者。做出版,不是出版一种技术,而是扎实的内容以及实用的功能,再结合技术应用,才是产品的生命力所在。所有技术应用都应该是服务于产品内容需要的。

2. 从提供信息到提供服务是出版业利用 VR 技术转型的重要方向之一

VR/AR 进入内容以后是以服务来完成的,VR/AR 更重要的是用户体验。过去出版商始终把重点放在产品上,然而,做 VR 出版,不光是卖一个产品,要延伸去提供相应的服务,因此,从提供信息到提供服务是出版业利用 VR 技术转型的重要方向之一。VR 出版平台应根据内容供应方的需求提供个性化服务,服务费用与服务需求相挂钩,服务级别越高,服务内容也越丰富。对于出版商而言,数字出版业目前只是停留在平台管理上,出版商可以在平台上进行销售,销售的利润由出版社和出版商共同分享,但风险主要由出版商承担,这就容易导致市场尚不稳定的 VR 出版商不敢轻易在新领域尝试产品开发。基于此,为了实现多元化盈利,要确定合理的利益分配方式,同时注重 VR 出版内容版权的保护,相关的出版商需要对出版社征收必要的费用。

3. VR 教育将成为出版社转型重点

在数字化教育领域,出版社不仅是行业内部竞争,而是与众多互联网公司同台竞技,争夺市场。因此,从争取核心竞争力和先发优势考虑,出版社涉足 VR

教育，势在必行。VR 教育结合的不仅是物理、化学、工程技术等理工类学科，还包括人文、历史、语言学习等，凡是可视化的学科都可以通过 VR 实现。这为出版业开拓教育领域的 VR 化发展进一步开拓了思路。

4. AR 和 VR 融合，MR（Mixed Reality，混合现实技术）进一步发展

虚拟现实是一种用于创建人造世界的计算机系统，在这个世界里，使用者有沉浸其中的感觉，能在其内漫游并能操纵其内的物体。AR 是指将计算机生成的虚拟信息叠加到真实场景上，并借助感知和显示设备将虚拟信息与真实场景融为一体，最终呈现给使用者一个感官效果真实的新环境。AR 和 VR 虽然是两个不同的概念，但到虚拟现实技术和增强现实技术普及的时候，兼容两者的 MR 将是未来的发展方向。无论是虚拟现实技术还是增强现实技术，二者都是为了将真实空间和虚拟世界结合起来。因此，理想状态是可以把多个设备整合成一款产品，通过一个设备就能实现两个技术的效果。

第三节 人工智能技术在数字出版业的应用

人工智能（Artificial Intelligence，AI）是计算机学科的一个重要分支。这个名词最早是由约翰·麦卡锡（John McCarthy）于 1956 年在达特茅斯（Dartmouth）学会上正式提出，是研究、开发用于模拟、延伸和扩展人的智能的理论、方法、技术及应用系统的一门新的技术科学。就像每一次大的技术浪潮一样，人工智能的发展伴随着掌声和批评，然而，其应用越来越广泛也成为不争的事实。对于出版业而言，亚马逊是大数据和人工智能应用的先行者，在过去的 10 年里，也有越来越多的传统出版商和数字出版商开始增加人工智能技术应用方面的投资。而今，这些努力已经初见成效，人工智能推动出版业的决策权从编辑经验主导转换为算法主导，其应用已经成为出版模式创新的巨大推动力。

一、选题策划：从经验判断到实证测量

出版一直都是建立在全球编辑和出版代理人的学识、经验、直觉的基础上，他们努力在数百万书稿和文章中进行筛选，判定哪一本书稿有可能成为畅销书，哪一篇文章可能更有影响力。但是这种传统模式并不是完全可靠，人脑不可避免地会产生偏见，自然地不愿承担风险。J. K. 罗琳"哈利波特"系列第一部《哈

利波特与魔法石》被不同出版社的编辑拒绝了12次;美国著名惊悚小说家斯蒂芬·埃德温·金(Stephen Edwin King)的成名作品《嘉丽》在出版前被编辑拒绝了30次,尽管在此之前他已经出版了两部作品;2001年度诺贝尔生理或医学奖获得者蒂姆·亨特(Tim Hunt)博士的那篇让其得到诺贝尔奖的论文也曾经被顶级期刊拒绝,另外一份期刊虽然表示会接受论文,但是要求其在没有任何新数据的情况下全部重写;2004年另一位诺贝尔生理或医学奖获得者保罗·罗特博(Paul Lauterbur)获得诺贝尔奖的论文也曾被顶级科技期刊《自然》拒绝,直到其抗议被拒绝后才让论文得以发表。西班牙一位物理学家的统计显示,至少20位诺贝尔奖获得者的获奖论文曾被多家期刊拒绝。然而,在很长的一段时间内,人类除了使用头脑,一直没有其他方法。有多少伟大的小说和科学发现,由于行业专家的决定,从来没有机会出版和发表呢?在最初的几次拒绝之后又有多少作者就此放弃了?

2014年以来出版商开始大规模增加基于人工智能的投资阅读分析,以确保畅销书、经典作品、有影响力的文献不因编辑的直觉、偏好、知识局限而被放弃。选题策划环节的人工智能应用能起到平衡器的作用,为每位作者提供公平、平等的出版机会。总部在德国柏林的数据驱动出版商英科特(Inkitt)通过制定算法分析用户的阅读模式,从畅销书中选出最佳的内容生产和编辑模式。艾琳·斯旺(Erin Swan)的作品《明星》(*Bright Stars*)是首批通过英科特推荐出版的小说之一,被麦克米伦的出版品牌"托尔图书"(Tor Books)系列收录,在亚马逊上销售,很快就占据亚马逊前100位畅销书排行榜。位于美国德克萨斯州的数字出版创新企业"作者.我"(Authors.me)使用机器学习软件来分析书籍手稿,并将其与畅销书的特点进行比较,它的"智能编辑分析"可以帮助作者、出版商和文学代理人确定最有市场的出版项目。2016年底,白羊座系统公司(Aries Systems Corporation)宣布将元计量智能(Meta Bibliometric Intelligence)集成到其编辑经理(Editorial Manager)这一学术刊物稿件和同行评审跟踪系统中,旨在帮助科技出版商和编辑在同行评审期间利用人工智能估算一篇稿件的未来引用次数和影响。多项测试表明,该人工智能在对新稿件影响力评估的速度、准确性和一致性方面远远超过了人的能力,可以帮助编辑做出更加准确的论文出版决策。

二、内容生产:从复杂的人工劳动到自动化创作与审稿

内容创作和生产是出版活动的原点,传统的内容创作和生产都是由作家、专

第十二章 数字出版技术应用前沿

家学者和编辑等专业人士完成,计算机仅仅作为工具辅助作者和编辑进行记录和审校工作。近年来,随着人工智能的发展,不仅可以将语音实时正确地转录成文字实现速记和录入,还能通过神经网络学习掌握文学、科学和教学文本的写作规则和技巧,进而自主写出内容产品。例如喜马拉雅FM早就采用人工智能技术自动将语音实时转换成文字。龙源期刊网旗下的为自媒体人提供多媒体素材的高效编创工具"知识树"则是一个人工智能写作平台。在知识树的帮助下,个人或企业用户可以利用龙源背后数千万篇文章的积累,按照不同主题和关键词,将知识聚合,编辑成一本书。当编辑定义了一部分内容以后,系统会自动帮其组成剩下的内容,大大提高图书编写的效率。咪咕阅读的人工智能程序不仅可以语音录入文字,而且还可以将文字转化成音频文件,并对人的语言进行模仿,设置了多个声音模板文件,实现了多场景、多角色的个性化智能配音。除了这些相对简单的内容编创工作,近年来,人工智能还侵入到真正的创造性文本的生产环节,在修辞、剧情和结构复杂的小说和诗词等高级文本创作上进步神速。2016年,日本松原仁教授(Hitoshi Matsubara)领导的团队创作的由人工智能与人类合作完成的短篇小说《当有一天电脑写起了小说》(Konpyuta ga shosetsu wo kaku hi)成功通过了《日本经济新闻》星新一文学奖(Nikkei Hoshi Shinichi Literary Awardceremony)的初审。微软亚洲研究院开发的多个诗词创作机器人也已经出版了诗歌集,为文学文本的创作积累了丰富的经验。在科学论文写作上,人工智能可以根据上下文进行引文推荐、观点提示,甚至可以自动创作文献综述。计算机创作的学术论文也早已骗过审稿人,被正规学术期刊接受。

除了自动化创作外,人工智能在审稿环节的应用更加普遍。国内最大的原创文学集团——阅文集团面对巨大的文学作品量,单凭人工编辑不仅成本高,而且难以完成海量内容的审核。因此,其在编辑环节开发和应用了人工智能来进行反剽窃以及政治、社会敏感内容和涉黄内容的挖掘和审查,极大地提高了机械、反复的审稿工作的工作效率。目前国内外的很多科技出版机构都在使用自然语言处理,采用可以识别整个句子或段落的算法和软件进行剽窃内容的审查。近年来,人工智能还帮助期刊编辑从所有相关学科在线学者资源库中找出潜在的同行评审人,确定研究的重要组成部分是否缺失以及所应用的统计数据是否有缺陷、论文中的实验数据是否被修改等,简化了同行评审流程,提高了科技论文的审查效率。

三、内容营销：从以供应方为导向的营销活动到以终端读者为对象的"精准营销"

过去，出版商直面的是销售渠道，因此，出版社的营销多基于"供应"驱动，尽管几乎每一家出版商都专门配备了营销费用，但是这些费用大部分用在了诸如图书订货会、国内和国际图书展览。还有一部分用于图书营销信息推送网络平台的返点、作者见面会、媒体访问、赠书营销、价格促销等常规内容产品营销活动中。大多数出版社的营销编辑的工作就是发营销通稿、联系媒体赠书发文、刷排行榜、组织作者开讲座和进行签售活动等。可是对于这些营销活动是否真的对内容产品销售起到了作用，或者其中哪一项活动促进了图书销售，哪一项活动毫无价值，畅销书的销量与哪一项营销活动产生关联，出版商，包括营销编辑自身都一无所知。

确定读者的阅读需求才是所有图书营销活动的起点，为每一位读者精准推荐其需要的内容产品才是图书营销活动真正的目标，然而这是一项艰巨的任务，因为不可能大规模地追踪读者的偏好，尽管图书俱乐部的普及和焦点小组座谈的使用为发现读者需求提供了方向，但因为参与人数有限，且难免存在群体偏差，因此无法确定读者的广泛偏好。因为技术和营销成本的限制，为每一位读者生成个性化的内容推荐就更困难了。电子阅读器和在线阅读论坛的引入极大地增加了出版商可以获取的数据量，人工智能技术则可以帮助出版商对这些珍贵的、庞大的读者阅读、评论等行为数据进行分析，帮助出版商了解读者的阅读习惯和真实需求，并能推断出他们可能购买的下一个内容产品的数据以便于出版商做出个性化的产品推荐。例如西蒙与舒斯特（全球五大大众出版商之一）旗下的机器学习时代的出版业先锋品牌——艾特瑞亚图书（Atria Books），采用人工智能技术创建了一个定制的分析仪表板，以帮助定位和推销出版社的重要图书。智能推荐公司英特罗格（Intellogo）利用大数据分析图书内容和读者行为，通过机器学习掌握已有图书的主题、写作风格、节奏、情感等，以便更精准地为读者推荐图书。其创新性地采用用户与机器的自然对话来推荐图书，在对话过程中，读者可以对机器人提出要求，机器人也会根据自己的理解和对话情景提出进一步的问题。最终，机器人只会向每一个读者反馈最合适的、唯一的图书，而且会说明推荐这本图书的原因。如果读者对图书不满意，可以通过和机器人反复对话来完善推荐的书目。人工智能可以在与读者的不断沟通中完善自己对内容和读者的理解，变得更加聪明和高效，越来越精准地为每一个读者推荐最需要的内容产品。

第十二章　数字出版技术应用前沿

四、内容消费：从文本、多媒体阅读到定制化、体验式阅读

李德成在《阅读辞典》中将阅读定义为"是人们从书面语言和其他书面语言符号中获得意义的社会行为、实践活动和心理过程"。史蒂文·罗杰·费希尔（Steven Roger Fisher，2009）将阅读定义为"从任何编码系统中获取视觉信息并理解其相应意义的能力"，包括"对书写在物体表面上的连续文本符号的理解"，迄今，"亦包括从电子屏幕上获取编码信息的能力"。尽管二者对于阅读的定义有所不同，但是都认为阅读是对文本符号的理解。事实上，正如两位学者所言，在很长的一段时间内，以阅读为主题的内容消费行为就是以文本阅读为主要特征的。在数字技术的推动下，多媒体阅读逐渐开始受到读者的青睐，集合了文本、图像、声音、视频的多媒体内容产品的出现在一定程度上拓宽了人们的阅读体验。而人工智能的信息筛选方式则为个性化信息消费创造了便利的条件，进一步推动读者的内容消费行为变革，促进了定制化、体验式阅读的发展。例如咪咕阅读让不同的用户可以选择自己所喜欢的语音语调，"让1000个读者读出1000个哈姆雷特。"斯科特博士（Dr. Scott）创建的内容技术有限公司（Content Technologies，Inc.）应用人工智能技术创建的人机交互解决方案帕利特（Palitt）可以让读者创建自定义的讲座系列、教学大纲或教科书。另一项产品克拉姆101（Cram101）利用人工智能技术让读者可以自由地抽取公司所有取得授权的教科书的任何章节，将其整合成一个独一无二的学习指南。项目工厂（The Project Factory）创始人盖·加德利（Guy Gadney）正在进行将"以人工智能驱动的故事"整合到其平台作家的作品中的实验。该实验让作者写出人物角色、基本框架以及几个叙事片段，将读者行为和社会化元素统筹纳入故事创作，人工智能支持读者以类似网络游戏的方式，与故事或角色进行互动，让每一个读者可以根据自己的需要读到独一无二的故事，例如当不同读者阅读同一本书时，其看到的笑话与其他读者完全不同，使"阅读"过程更具个性化，让读者在阅读中体验到代入感。

本 章 小 结

本章主要分析了大数据技术、虚拟现实技术、人工智能技术这三大目前媒体最为热门的技术在出版业的应用。具体而言，主要分析了这三大技术驱动的出版业变革，国内外出版业应用这三大技术的现状，这三大技术应用于出版业面临的

挑战，并在现有的情况下，提出了出版业应用这三大技术的策略。

□ 思考与练习题

1. 大数据和人工智能技术有哪些联系和区别？

2. 欧美传统出版企业的大数据应用策略给我国出版业的数字化转型带来了哪些启示？

3. 你阅读过 VR 出版物吗？你如何看待 VR 技术在出版业的应用？

3. 人工智能技术主要在哪些方面驱动出版业变革？

4. 你认为未来哪种新兴热门技术对出版业的影响最为深远？为什么？

参考文献

[1] 迈克尔·波特. 竞争优势 [M]. 北京：华夏出版社，1997.
[2] 刘银娣，唐敏珊. 欧美大型学术出版机构营销战略研究 [M]. 广州：华南理工大学出版社，2011.
[3] 方卿，姚永春. 图书营销学 [M]. 太原：山西经济出版社，1998.
[4] 康芒斯. 制度经济学（上册）[M]. 于树生，译. 北京：商务印书馆，1983.
[5] 谢国敏. 我国数字出版法律问题研究——以数字版权交易为视角 [D]. 北京：中国政法大学，2012.
[6] 郝婷. 我国数字出版法律制度的现状、问题及对策研究 [J]. 中国出版，2011（16）.
[7] 黄先蓉，李晶晶. 中外数字版权法律制度盘点 [J]. 科技与出版，2013（1）.
[8] 魏彬. 我国数字出版产业政府管制探析 [J]. 出版科学，2010，8（1）.
[9] 方卿. 论科技出版的制度竞争力 [J]. 科技与出版，2007，15（2）.
[10] 吴江文. 我国数字出版产业政策内涵与体系 [J]. 科技与出版，2016（9）.
[11] 班子嫣. 我国出版业宏观管理体系研究 [D]. 北京：北京印刷学院，2009.
[12] 黄先蓉，赵李寿，刘玲武. 数字技术环境下的出版产业政策调整——基于2000年—2010年数字出版的政策分析 [J]. 编辑之友，2011（7）.
[13] 姚德权，曹海毅. 新闻出版业融资模式：国际比较与现实选择 [J]. 湖南财经高等专科学校学报，2005，21（6）.
[14] 姜占峰. 数字出版类财政资金项目申请探析 [J]. 科技与出版，2013（6）.
[15] 李华成. 数字出版业专项资金制度探析 [J]. 科技与出版，2015（3）.
[16] 全国国民阅读调查课题组，魏玉山，徐升国，等. 第十四次全国国民阅读调查主要发现 [J]. 出版发行研究，2017（5）.
[17] Pew Research Center. Book Reading 2016 [R/OL]. [2017-11-1]. http：//www.pewinternet.org/2016/09/01/book-reading-2016/.
[18] 潘福达. 多少人愿意付费阅读？[N]. 北京日报，2015-1-27（012）.
[19] 周海英. 我国数字出版产业竞争状况分析 [J]. 中国出版，2008（7）.
[20] 陈静，张凌. 数字出版机构与数字图书馆的竞争关系及相互合作的探索 [J]. 图书馆，2015（4）.
[21] 吴赟. 中外出版市场的垄断与竞争 [J]. 经济导刊，2008（2）.
[22] [美] 威廉·E. 卡斯多夫. 哥伦比亚数字出版导论 [M]. 徐丽芳，刘萍，译. 苏州：苏州大学出版社，2007.
[23] 匡导球. 二十世纪中国出版技术变迁研究 [D]. 南京：南京农业大学，2009.
[24] 汪署华. 数字环境下出版传播的变迁研究 [D]. 北京：北京印刷学院，2003.

[25] 张晗. 文化科技融合创新下的美国数字出版业 [J]. 新闻界, 2013 (20).
[26] 吴赟. 中外出版市场的垄断与竞争 [J]. 经济导刊, 2008 (2).
[27] 中国出版科学研究所. 编辑实用百科全书 [M]. 北京: 中国书籍出版社, 1994.
[28] 罗紫初, 汪林中, 宋少华. 出版发行学基础 [M]. 太原: 山西经济出版社, 2000.
[29] 新闻出版总署. 新闻出版总署关于加快我国数字出版产业发展的若干意见 [R/OL]. [2013-8-13] http: //www.gov.cn/gongbao/content/2011/content_1778072.htm.
[30] 王东临. 数字出版的现状与对策 [C] // 中国编辑学会电子与网络编辑专业委员会. 首届电子与网络出版发展暨学术研讨会论文集, 武汉, 2003.
[31] 刘隽. 传统出版向数字出版发展的思考 [J]. 中国科技纵横, 2013 (1).
[32] 周海英. 数字新媒体论 [D]. 长沙: 湖南师范大学, 2009.
[33] 徐丽芳. 数字出版: 概念与形态 [J]. 出版发行研究, 2005 (7).
[34] 谢新洲. 数字出版技术 [M]. 北京: 北京大学出版社, 2002.
[35] 张立. 数字出版相关概念的比较分析 [J]. 中国出版, 2006 (12).
[36] 匡文波. 电子与网络出版教程 [M]. 北京: 中国人民大学出版社, 2008.
[37] 黄凯卿. 电子出版学科建设浅议 [J]. 出版科学, 2003 (3).
[38] 朱伟峰. 网络出版的概念界定及发展中存在的问题 [J]. 中国出版, 2005 (8).
[39] 沈彬. Internet 时代的网络出版 [J]. 电子出版, 2003 (9).
[40] 匡文波. 网络出版论 [J]. 中国出版, 1999 (2).
[41] 张志刚. 网络出版技术概述 [M]. 北京: 印刷工业出版社, 2004.
[42] 陈仲原. 浅析网络出版的发展模式 [C] // 中国编辑学会电子与网络编辑专业委员会. 首届电子与网络出版发展暨学术研讨会论文集, 武汉, 2003.
[43] 刘鲁川, 孙凯. 移动出版服务受众接纳的行为模式——基于信息技术接受模型的实证研究 [J]. 国际新闻界, 2011 (6).
[44] 朱音. 移动阅读点亮出版未来 [J]. 中国出版, 2008 (6).
[45] 李记旭. 网上三大西文书目数据库的比较和利用 [J]. 现代情报, 2009 (6).
[46] 陈越. 三种中文书目数据库及其 CNMARC 数据的比较研究 [J]. 图书馆理论与实践, 2003 (4).
[47] 翟中文. 中美引文数据库比较研究 [J]. 图书馆工作与研究, 2011 (9).
[48] 莫雪. 浅谈多媒体数据库管理系统及应用 [J]. 科学之友, 2010 (3).
[49] 胡志鹏. 按需印刷: 未来发展大趋势 [J] 印艺, 2004 (7).
[50] 练小川. 企鹅重金"协助"自助出版 [J]. 出版参考, 2011 (12).
[51] 隅人, 保华. 数字出版的使命与特征 [J]. 现代出版, 2011 (4).
[52] 谢国敏. 我国数字出版法律问题研究——以数字版权交易为视角 [D]. 北京: 中国政法大学, 2012.
[53] 夏萍. 我国数字出版产业的问题及政府监管研究 [D]. 武汉: 湖北大学, 2013.

参 考 文 献

[54] 张新华. 数字出版产业的经济特质分析 [J]. 科技与出版, 2011 (1).

[55] 李宗闻. 出版数字化转型中科技文化融合特征研究 [D]. 北京: 北京印刷学院, 2014.

[56] 黄孝章. 数字出版产业发展研究 [M]. 北京: 知识产权出版社, 2011.

[57] 罗良道. 国外电子期刊的发展研究 [J]. 图书情报工作, 2001 (3).

[58] 乔欢, 刘漫, 陈志新. OPAC 历史沿革及发展趋势 [J]. 国家图书馆学刊, 2006 (4).

[59] Paul Ginsparg. Winners and losers in the global research village [EB/OL]. [2018-1-25]. https: //www.tandfonline.com/doi/pdf/10.1300/J123v30n03_13.

[60] 赵一丹. 电子报刊一瞥 [J]. 出版广角, 2001 (5).

[61] 谢新洲. 电子出版技术 [M]. 北京: 北京大学出版社, 2016.

[62] 陈昕. 美国数字出版考察报告 [M]. 上海: 上海人民出版社, 2008.

[63] 杨贵山. 汤姆森集团的经营理念 [J]. 大学出版, 2004 (4).

[64] The Thomson Corporation Annual Report 2007 [EB/OL]. [2008-11-5]. http: //www.thomsonreuters.com/content/PDF/corporate/07_AR/AR07_Full.pdf.

[65] 孙亚飞. 美国数字出版发展现状及启示 [J]. 理论前沿, 2009 (4).

[66] 李明德. 美国知识产权法 [M]. 北京: 法律出版社, 2003.

[67] 黄先蓉. 美国数字出版法律制度的现状与趋势 [J]. 中国出版, 2012 (21).

[68] 黄先蓉, 陈玉凤. 日本数字出版法律制度的现状与趋势 [J]. 出版科学, 2013 (1).

[69] 张立宪. 中国数字出版现状及未来展望 [J]. 科技传播, 2011 (9).

[70] 汤雪梅. 2011—2012 中国数字出版发展述评 [J]. 编辑之友, 2012 (6).

[71] 贺德方. 中外数字出版现状比较给我国出版业的启示 [J]. 科技与出版, 2006 (5).

[72] 郝婷. 我国数字出版法律制度的现状、问题及对策研究 [J]. 中国出版, 2011 (16).

[73] 匡文波. 电子与网络出版教程 [M]. 北京: 中国人民大学出版社, 2008.

[74] 张立, 李广宇. 数字出版学导论 [M]. 北京: 中国书籍出版社, 2015.

[75] 郝振省. 2005—2006 中国数字出版产业发展报告 [R]. 北京: 中国书籍出版社, 2007.

[76] 郝振省. 2007—2008 中国数字出版产业发展报告 [R]. 北京: 中国书籍出版社, 2008.

[77] 郝振省. 2009—2010 中国数字出版产业发展报告 [R]. 北京: 中国书籍出版社, 2011.

[78] 郝振省. 2012—2013 中国数字出版产业发展报告 [R]. 北京: 中国书籍出版社, 2013.

[79] 张立. 2015—2016 中国数字出版产业发展报告 [R]. 北京: 中国书籍出版社, 2016.

[80] 刘银娣, 苏宏元. 国内外出版集团数字化转型路径比较研究 [J]. 中国出版, 2015 (19).

[81] 原新闻出版总署科技与数字出版司. 2013 年数字出版转型示范单位公示 [N]. 中国新闻出版报, 2013-06-28 (专版 07).

[82] 马俊珊, 张俊. 我国出版集团的数字出版探索实践 [J]. 北京印刷学院学报, 2012, 20 (1).

[83] 何国军. 出版集团数字化转型的特色化路径探析 [J]. 编辑学刊, 2014 (3).

[84] 刘艳，徐丽芳，朱嘉蕊. 兰登书屋数字化发展研究［J］. 出版科学，2012（1）.

[85] 孙宝寅. 我国出版集团的组建模式分析［J］. 河北大学学报（哲学社会科学版），2005，30（5）.

[86] 张晓林. 数字对象的唯一标识符技术［J］. 现代图书情报技术，2001（03）.

[87] 顾诗. SGML 应用软件与网络出版［J］. 电子出版，2002（04）.

[88] 任瑞娟，孙玲玲，赵然，等. DOI 在网络信息资源管理中的应用价值分析［J］. 情报科学，2010（16）.

[89] 卫宇辉. 数字出版的元数据标准概况［R］. 全国新书目，2011（9）：32.

[90] 史元春，徐光祐，高原，等. 中国多媒体技术研究：2010［J］. 中国图象图形学报，2011（07）.

[91] 李元. 统一资源定位器 URL 与 Web 页链接［J］. 上海微型计算机，1997（11）.

[92] 张祖荫. HTML 的缺陷［J］. 现代电子技术，1998（08）.

[93] 裴庆祺. 数字版权管理关键技术及应用研究［D］. 西安：西安电子科技大学，2007.

[94] 王美华，范科峰，岳斌，等. 数字媒体内容版权管理技术标准研究［J］. 广播与电视技术，2007（06）.

[95] 俞银燕，汤帜. 数字版权保护技术研究综述［J］. 计算机学报，2005（12）.

[96] 吕井华. 移动数字出版版权保护使用控制技术研究［D］. 北京：北京邮电大学，2013.

[97] 张伟，王立，李岩. 数字版权管理中的访问控制研究［J］. 计算机技术与发展，2011（07）.

[98] 门建华. 元数据在数字图书馆中有效利用关键技术分析［J］. 现代情报，2008（11）.

[99] 李艳欣. 搜索引擎中中文分词的研究［J］. 电脑知识与技术（学术交流），2007（08）.

[100] 陈洪猛. 全文检索技术的研究与实现［D］. 北京：北京工业大学，2008.

[101] 中文 DOI 的起源［EB/OL］. http：//www.doi.org.cn.

[102] NISO. Understanding metadata［EB/OL］. http：//www.niso.org/publications/press/Understanding Metadata.pdf.

[103] 薛学彦. 标记语言和数字出版的内容加工［OL］. http：//www.bookdao.com/article/40156/？type＝103.

[104] 朱时良，王震. 浅谈 EPUB 3.0 电子书格式［J］. 出版与印刷，2015（01）.

[105] 施勇勤，须海茵. EPUB3 电子书格式标准的启示［J］. 出版发行研究，2012（03）.

[106] 冯项云，肖珑，廖三三，等. 国外常用元数据标准比较研究［J］. 大学图书馆学报，2001（04）.

[107] 罗紫初，汪林中，宋少华. 出版发行学基础［M］. 太原：山西经济出版社，2000.

[108] 方卿，姚永春. 图书营销学［M］. 太原：山西经济出版社，1998.

[109] 戴维 W. 克雷文斯，奈杰尔 F. 皮尔西. 战略营销［M］. 韦福祥，译. 第 7 版. 北京：机械工业出版社，2004.

参 考 文 献

[110] 菲利浦·科特勒. 营销管理 [M]. 梅清豪,译. 第 11 版. 上海:上海人民出版社,2003.
[111] 张贯一. 现代市场营销 [M]. 武汉:华中师范大学出版社,2007.
[112] 宝利嘉顾问组. 细分:从客户区隔中牟取利润 [M]. 北京:社会科学出版社,2003.
[113] 甘碧群. 市场营销学 [M]. 第 3 版. 武汉:武汉大学出版社,2002.
[114] 周建新. 中外出版集团经营特点比较 [J]. 出版经济,2002 (2).
[115] 肖怡. 市场定位策略——找准顾客心 [M]. 北京:企业管理出版社,1999.
[116] Al Ries, Jack Trout. Positioning: The Battle for Your Mind [M]. New York: Warner Books, 1982.
[117] 刘银娣. 数字出版启示录:西方数字出版经典案例研究 [M]. 广州:世界图书出版公司,2014.
[118] 梁奋东. 图书馆数字资源建设与服务 [M]. 深圳:海天出版社,2007.
[119] 章云兰,万跃华,舒炎详. 数字资源检索教程 [M]. 北京:科学出版社,2006.
[120] 张国强,沈菁. 浅谈数字出版资源的结构化 [J]. 出版与印刷,2017 (2).
[121] 方卿,陶莉. 论科技出版的资源竞争力 [J]. 编辑之友,2007 (5).
[122] 方卿. 资源、技术与共享:数字出版的三种基本模式 [J]. 出版科学,2011 (1).
[123] 吴一鹏. 论传媒集团资源整合与管理 [D]. 长沙:湖南师范大学,2004.
[124] 刘银娣. 我国数字内容产业价值链建设初探 [J]. 编辑之友,2011 (10).
[125] 查先进. 物流与供应链管理 [M]. 武汉:武汉大学出版社,2003.
[126] 张敬文. 供应管理中"牛鞭效应"的成因分析及弱化 [J]. 企业管理,2007 (23).
[127] 迈克尔·波特. 竞争优势 [M]. 李明轩,邱如美,译. 北京:华夏出版社,2005.
[128] 迈克尔·波特. 竞争战略 [M]. 陈小悦,译. 北京:华夏出版社,2005.
[129] 迈克尔·波特. 国家竞争优势 [M]. 李明轩,邱如美,译. 北京:华夏出版社,2002.
[130] 迈克尔·波特. 竞争论 [M]. 北京:中信出版社,2003.
[131] 赵子忠. 内容产业论 [M]. 北京:中国传媒大学出版社,2005.
[132] 韩洁平. 数字内容产业成长机理及发展策略研究 [D]. 长春:吉林大学,2010.
[133] 郭毅夫,李玉苾. 文化创意产业商业模式创新研究 [J]. 商场现代化,2009 (7).
[134] 王刚,张福莉. 互联网时代出版产业链整合模式探析——以盛大文学为例竞争优势 [J]. 新闻前哨,2015 (4).
[135] 约翰·B. 汤普森. 数字时代的图书 [M]. 南京:译林出版社,2014.
[136] 菲利浦·科特勒. 营销管理 [M]. 上海:格致出版社,2009.
[137] 陈生明. 数字出版概论 [M]. 南京:南京大学出版社,2011.
[138] 袁勤俭,孙秀翠,侯治,等. 数字出版物的营销模式研究 [M]. 北京:清华大学出版社,2014.
[139] 方卿,曾元祥,敖然. 数字出版产业管理 [M]. 北京:电子工业出版社,2013.

[140] 彭向阳. 专业出版社的内容资源数字化管理——以哲学社会科学专业出版社为例 [J]. 出版参考, 2012 (27).

[141] 肖洋. 我国数字出版产业发展战略研究 [D]. 南京: 南京大学, 2013.

[142] 杨昭茂. 谈出版社作者资源的经营管理 [J]. 出版发行研究, 2004 (05).

[143] 彭向阳. 专业出版社的内容资源数字化管理——以哲学社会科学专业出版社为例 [J]. 出版参考, 2012 (27).

[144] 杨东来. 数字出版 目见不如足践——专业出版数字产品建设在实践中求变 [J]. 出版参考, 2014 (21).

[145] 张祥合, 王丹. 数字出版的概念、特征及相关技术分析 [J]. 长春师范学院学报 (人文社会科学版), 2013, 32 (09).

[146] 肖洋, 谢红焰. 数字出版产业生命周期研究 [J]. 中国出版, 2014 (20).

[147] 余庆. 数字出版产品的用户体验研究 [J]. 编辑之友, 2012 (10).

[148] 蒋成龙. 出版社全媒体出版研究 [D]. 西安: 陕西师范大学, 2012.

[149] 马文娟, 陈珂. 大学出版社作者资源的客户关系管理 [J]. 编辑学刊, 2013 (04).

[150] 方卿, 王清越. 关于数字出版模式的思考 (一) ——内容资源主导模式 [J]. 中国出版, 2011 (17).

[151] 张豫. 论出版社作者资源的开发 [J]. 吉首大学学报 (社会科学版), 2005 (03).

[152] 国家新闻出版广电总局出版专业资格考试办公室. 数字出版基础 [M]. 北京: 电子工业出版社, 2015.

[153] 周发明. 市场营销学 [M]. 长沙: 国防科技大学出版社, 2001.

[154] 刘银娣. 中美电子书价格现状与定价制度比较研究 [J]. 编辑之友, 2015 (4).

[155] 刘银娣. 我国电子书定价的影响因素及方法探析 [J]. 华南理工大学学报, 2014 (6).

[156] 刘银娣. 电子印本仓储——arXiv 运营情况研究 [J]. 出版科学, 2009 (3).

[157] 刘银娣. 我国电子书定价现状及模式探究 [J]. 中国出版, 2014 (8).

[158] 中国新闻出版研究院. 第十一次全国国民阅读调查 [R/OL]. [2014-4-29]. http://site.douban.com/210084/widget/notes/13276908/note/346734454/.

[159] StatShot. BOOKSTATS 2013 [R/OL]. [2014-4-25] http://www.publishers.org/press/103/.

[160] Pew. E-Reading Rises as Device Ownership Jumps [R/OL]. [2014-4-25]. http://www.pewinternet.org/2014/01/16/e-reading-rises-as-device-ownership-jumps/.

[161] 大卫·卡普兰.《纽约时报》推出团体数字订阅服务 [J]. 中国报业, 2011 (23).

[162] 孙志刚, 吕尚彬.《纽约时报》付费墙对中国报纸的启示 [J]. 新闻大学, 2013 (3).

[163] 王颖, 龙旭梅. 国外网上电子期刊定价模式分析及对采购工作的建议 [J]. 图书馆学研究, 2003 (11).

[164] 李淼, 郝鑫岐. 数字阅读内容质量令读者最"闹心" [N/OL]. [2014-6-14]. http://www.chinaxwcb.com/2012-03/15/content_239321.htm.

参 考 文 献

[165] 练小川. 电子书应该如何定价？[J]. 出版参考, 2011 (9).

[166] 石剑峰, 庄春晖. 京东商城高调开卖付费电子书 [N]. 东方早报, 2012 - 02 - 21 (A40).

[167] 胡兴球, 曲文凤. 电子书定价的价格歧视策略探讨 [J]. 科技与出版, 2013 (8).

[168] 刘晖. 电子书定价难题之解：引入读者主体的定价机制 [J]. 编辑之友, 2010 (10).

[169] 朱珊. Kindle 部分用户抗议电子书定价过高 [N]. 中国新闻出版报, 2009 - 04 - 13 (003).

[170] 陈露. 电子书价格策略对消费者购买意愿影响研究 [J]. 现代商业, 2012 (5).

[171] 蓝齐. 苹果电子书分成模式遭诟病 美国司法部暗中帮扶亚马逊 [J]. IT 时代周刊, 2012 (9).

[172] 张养志, 叶文芳. 电子书的固定价格制度研究 [J]. 现代出版, 2013 (4).

[173] 方卿, 姚永春. 图书营销学 [M]. 太原：山西经济出版社, 1998.

[174] 罗紫初, 汪林中, 宋少华. 出版发行学基础 [M]. 太原：山西经济出版社, 2000.

[175] 徐丽芳, 刘锦宏, 丛挺. 数字出版概论 [M]. 北京：电子工业出版社, 2014.

[176] 陈辉. 数字出版营销渠道分析 [J]. 华章, 2013 (25).

[177] 塔娜. 电子书分销模式例谈 [J]. 内蒙古教育, 2015 (3).

[178] 贺子岳, 张天竹. 电子书发行模式研究 [J]. 科技与出版, 2012 (10).

[179] 朱婧婷. 电子书发行模式探究 [D]. 上海：复旦大学, 2014.

[180] 徐丽芳. 网络科技期刊发行模式研究 [J]. 出版科学, 2009 (6).

[181] 王晓光, 何姣, 李巧明, 等. 消费类期刊数字化发行模式研究 [J]. 出版科学, 2010 (3).

[182] 袁勤俭, 等. 数字出版物的营销模式研究 [M]. 北京：清华大学出版社, 2014.

[183] 刘拥军. 现代图书营销学 [M]. 苏州：苏州大学出版社, 2003.

[184] 李先国. 促销管理 [M]. 北京：中国人民大学出版社, 1998.

[185] 彭星闾. 营销管理学 [M]. 北京：中国统计出版社, 1995.

[186] 胡莉莎. 体验营销在商业设施中运用的研究 [D]. 上海：华东师范大学, 2017.

[187] 武晓鲁. 数字图书的营销策略 [D]. 郑州：郑州大学, 2011.

[188] 韩元春. 浅议互联网时代图书出版的网络互动营销——以《豆瓣网》为例 [J]. 出版广角, 2016 (4).

[189] 张炯. 试析数字出版营销的战略创新 [J]. 今传媒, 2010 (10).

[190] 孙启东. 大众图书策划与社交媒体营销 [J]. 新闻传播, 2014 (9).

[191] 张翠. 浅议网络时代出版物的数字化营销 [J]. 编辑学刊, 2015 (5).

[192] 张立. 数字出版学导论 [M]. 北京：中国书籍出版社, 2015.

[193] 胡知武. 数字出版行政管理探析 [J]. 今日中国论坛, 2008 (6).

[194] 陈敬良, 张冉, 宗利永, 等. 数字出版管理机制研究综述——基于社会化内容生产

[J]．出版发行研究，2016（10）．

[195] 黄先蓉，郝婷．数字出版标准与法规体系建设研究［J］．科技与出版，2012（3）．

[196] 黄玉寅，陈思．浅析我国数字出版标准化现状与出路［J］．中国出版，2014（8）．

[197] 边莉．出版发行——数字出版的标准体系［J］．知音励志，2016（19）．

[198] 陶玉霞．数字出版标准建设发展研究［J］．中小企业管理与科技，2015（13）．

[199] 刘一鹏．中国数字出版的版权问题研究［D］．北京：北京邮电大学，2011．

[200] 苏静．基于补偿金制度的数字版权管理模式新探究［D］．北京：北京邮电大学，2013．

[201] 毕琼媛．数字出版视野中的版权集体管理制度创新［J］．出版广角，2016（17）．

[202] 王金凤．我国出版社数字出版的版权问题与对策研究［D］．合肥：安徽大学，2011．

[203] 刘银娣．我国电子书质量管理现状与对策研究［J］．科技与出版，2014（8）．

[204] 刘银娣．电子书质量保障机制建设初探［J］．出版发行研究，2014（8）．

[205] 刘银娣．数据驱动出版：基于大数据的传统出版模式变革研究［J］．中国出版，2014（15）．

[206] 刘银娣．大数据时代图书出版业面临的机遇与挑战［J］．科技与出版，2015（1）．

[207] 刘银娣．欧美传统出版企业大数据应用策略探析［J］．中国出版，2014（23）．

[208] 张丹．虚拟现实技术在出版领域的应用及展望［J］．新闻研究导刊，2016（7）．

[209] 张瑞静，王冉，李金城．虚拟现实技术在出版领域的应用［J］．出版发行研究，2015（5）．

[210] 李广欣，武锐燚．虚拟现实技术与童书出版发展［J］．现代出版，2017（4）．

[211] 徐玲英．基于虚拟现实技术的学术期刊出版研究［J］．山东理工大学学报（社会科学版），2017（3）．

[212] 徐丽芳，王钰，陈铭．国外VR教育出版发展现状与趋势［J］．出版参考，2017（3）．

[213] 莫剑琴．VR场景在实体书店中的应用研究［D］．南京：南京大学，2017．

[214] 周敏，李一男．虚拟现实技术（VR）视野下的数字出版发展探究［J］．科技与出版，2016（6）．

[215] 王扬．VR+：出版融合发展的新方向［J］．出版参考，2017（3）．

[216] 中国新闻出版广电网．VR/AR来袭，"撬动"传统出版变革［OL］．［2016-12-15］．http：//www.xinhuanet.com/zgjx/2016-12/15/c_135906945.htm．

[217] 刘银娣．从经验到算法：人工智能驱动的出版模式创新研究［J］．科技与出版，2018（2）．

[218] 刘银娣．出版业应用人工智能的机遇与挑战［J］．出版科学，2018，26（4）．